ISBN: 978-3-944610-61-0
ISSN: 0942-7244
1. Auflage 2020/Novo Band 129

www.novo-argumente.com

Covergestaltung und Satz: www.elenareiniger.de
Druck und Bindung: Orthdruk, Bialystok
Printed in Poland

ALEXANDER HORN
MIT BEITRÄGEN VON **MICHAEL VON PROLLIUS**
UND **PHIL MULLAN**

DIE ZOMBIEWIRTSCHAFT

Warum die Politik
Innovation behindert und die Unternehmen
in Deutschland zu Wohlstandsbremsen
geworden sind

INHALT

7
Einleitung

377
Autorenübersicht

I
FAHREN AUF SICHT

21
Die Erosion unseres Wohlstands

II
DIE URSACHEN SINKENDER ARBEITSPRODUKTIVITÄT

63
Geld für Zombies

101
Die unterschätzte Bedeutung der Investitionen

143
Schöpferische Zerstörung oder Zombifizierung

III

DIE POLITISCHEN WURZELN DER ZOMBIEWIRTSCHAFT

163
Stabilität statt Veränderung

205
Intellektuelle Krise und Antihumanismus

223
Innovationsbremsen

IV

DIE ÜBERWINDUNG DER ZOMBIEWIRTSCHAFT

265
Wohlstand für alle

V

ZWEI ERGÄNZENDE ERKLÄRUNGSANSÄTZE DER ZOMBIFIZIERUNG

319
MICHAEL VON PROLLIUS
Zombieökonomie: Die Perspektive der Österreicher

345
PHIL MULLAN
Zombieökonomie und Rentabilitätskrise

Einleitung

Das Drehbuch der Corona-Epidemie ist noch nicht geschrieben. Und doch behaupten viele Amateur-Regisseure in den Medien, es werde „nichts mehr so sein wie zuvor". Die Schwierigkeit zu beantworten, was genau anders wird, umgehen sie mit der apokalyptischen Vorahnung, es werde sich eben „alles" ändern. Was die Wirtschaft betrifft, ist es jedoch sehr wahrscheinlich, dass sich auch nach der Corona-Pandemie nicht allzu viel ändern wird, sofern die Krise nicht wesentlich gravierendere Ausmaße annimmt als die Finanzkrise 2008. „Prognosen sind schwierig, besonders wenn sie die Zukunft betreffen", aber es spricht einiges dafür, dass ähnlich wie nach der Finanzkrise auch heute gilt: „Nach der Krise ist vor der Krise."

Erstens gibt es gute Gründe anzunehmen, dass sich das marktwirtschaftliche System erneut als robust erweist und eine eskalierende wirtschaftliche Krise von international koordinierten Staaten eingedämmt werden kann. Zweitens blieben nach 2008 die bereits zuvor erkennbaren sozioökonomischen und wirtschaftspolitischen Trends bestehen. Auch heute liegt kein radikaler Bruch in der Luft. Zu schwach ist das Murren der Bürger, zu wenig Widerspruch kommt von der politischen Opposition und zu einig sind sich die Wirtschaftswissenschaftler.

Die in diesem Buch vorgebrachte Analyse lässt darauf schließen, dass sich drei wirtschaftspolitisch entscheidende Trends der letzten Jahre und Jahrzehnte nun durchsetzen oder verfestigen. Erstens wird sich das hartnäckige Problem sinkenden Produktivitätswachstums sowie der dadurch stagnierende Lebensstandard der breiten Masse weiter verschärfen, und dennoch auch weiterhin ignoriert, beschönigt oder verschleiert werden. Zweitens ist nach mehr als zehnjähriger wirtschaftlicher Malaise in den entwickelten Volkswirtschaften offenbar die Einsicht gewachsen, dass die Niedrigzinspolitik der Zentralbanken an ihr Ende gelangt ist und keinen wirtschaftlichen Aufschwung mehr bewirken wird. Deutlich zeichnet sich – weit über die unmittelbare Überwindung der Corona-Krise hinaus – die Stunde der Fiskalpolitik und starker staatlicher Intervention ab. Drittens wird die Entpolitisierung wirtschaftspolitischer Themen im Zuge der Corona-Krise voraussichtlich weiter voranschreiten. Schon heute werden viele wirtschaftspolitische Entscheidungen nicht als Interessensabwägung verstanden, sondern als reine Sachfragen, die an demokratieferne Experten delegiert werden können. Die Reaktion auf die Corona-Krise zeigt auch eine andere Art der Entpolitisierung, die bislang eher im Hintergrund blieb. Wirtschaftspolitische Eingriffe werden nun sehr klar übergeordneten Prinzipien oder Notwendigkeiten untergeordnet. Nach Ansicht von Bundesfinanzminister Olaf Scholz sind Überlegungen, die nicht die Verhinderung des Corona-Todes als oberste Prämisse anerkennen, zynisch und daher indiskutabel. Gegenüber der Bild am Sonntag[1], sagte er, er wende sich gegen „jede dieser zynischen Erwägungen, dass man den Tod von Menschen in Kauf nehmen muss, damit die Wirtschaft läuft".

Bedrohungsszenarien haben zwar schon in der fernen Vergangenheit zur Legitimation von harten Entscheidungen gedient, werden aber immer häufiger herangezogen. Sie drohen zur Normalität zu werden. In ähnlicher Weise

1 Gehalts-Bonus für Corona-Helden soll steuerfrei sein", Bild am Sonntag online, 29.03.2020.

wurde bereits die Rettung des Euros mit dem vermeintlich drohenden Ende Europas legitimiert.

In einer Talkshow des ZDF-Moderators Markus Lanz vom 31. März 2020 vertrat Marcel Fratzscher, der Präsident des Deutschen Instituts für Wirtschaftsforschung (DIW), prototypisch die eben angesprochene neue Normalität der Wirtschaftspolitik. Auf die Frage, worin sich die Finanzkrise 2008 von der Corona-Krise unterscheide, antwortete Fratzscher, die damalige Krise sei aus dem Finanzsystem gekommen: „Das Finanzsystem war marode, die Banken sind zu viele Risiken eingegangen, aber die Realwirtschaft war eigentlich gesund." Dass die Realwirtschaft – vor allem in Deutschland, „der Insel der Glückseligen", wie er meinte – weder zur Zeit der Finanzkrise, noch heute ein Problem hat, ist das herrschende Narrativ.

Wie wir in diesem Buch zeigen, lagen die Auslöser der Finanzkrise 2008 zwar in den Finanzmärkten, das zugrundeliegende wirtschaftliche Problem lag jedoch schon damals in der wertschöpfenden Wirtschaft. Die Finanzwirtschaft war nur die Überbringerin der schlechten Botschaft, die man hinterher verantwortlich machte und zur Rechenschaft zog. Schon Jahrzehnte vor der Finanzkrise wurden in den entwickelten Volkswirtschaften Bedingungen geschaffen, durch die die Finanzwirtschaft und die Zentralbanken eine bedeutendere Rolle spielen konnten. Der Antrieb hierfür war die zunehmende Schwäche der nichtfinanziellen Wirtschaft. Zwar gelang es, die Wirtschaft zu stabilisieren, die neuen finanzpolitischen Hebel konnten jedoch nicht verhindern, dass die für neue wirtschaftliche Aufschwünge wichtigen Unternehmensinvestitionen immer schwächer wurden. Die Unternehmen benötigen immer weniger Kapital von den Kapitalmärkten, um ihre Investitionen zu finanzieren. Dieser

Trend hat sich so sehr verschärft, dass sie in Deutschland – aber auch in anderen entwickelten Ländern – bereits seit der Finanzkrise nicht mehr auf die Kapitalmärkte angewiesen sind, um neue Projekte zu finanzieren. Die Verhältnisse stehen auf dem Kopf. Erstmals in der kapitalistischen Entwicklung finanzieren die Unternehmen andere wirtschaftliche Sektoren, vor allem die privaten Verbraucher und Staaten. Die Folge dieser Entwicklung war bereits lange vor der Finanzkrise 2008 eine Geldschwemme, die unter anderem vom ehemaligen Chef der US-Notenbank Ben Bernanke als „Sparschwemme" interpretiert wurde, obwohl sie von dieser Investitionsschwäche verursacht wurde. Da die Unternehmen also schon lange vor der Finanzkrise immer weniger Kapital benötigten, drängte das überschüssige Kapital in die Finanzmärkte und bewirkte Preisblasen. Da die Vermögenspreise zwar stiegen, die wertschöpfende Basis aufgrund schwächelnder Investitionen jedoch kaum durch die Einführung von produktivitätssteigernden Innovationen verbessert wurde, klafften Realwirtschaft und Finanzwirtschaft immer weiter auseinander, was das System destabilisierte. Die Finanzkrise 2008 resultierte daher – entgegen Fratzschers Einschätzung – ursächlich aus dieser Investitionsschwäche der wertschöpfenden Wirtschaft.

Die Geldpolitik der EZB ist ein deutlicher Ausdruck für die Malaise, in der sich Deutschland und andere entwickelte Volkswirtschaften befinden. Mehr als zehn Jahre nach der Finanzkrise von 2008 ist es noch immer nicht gelungen, den offenbar nicht enden wollenden Krisenmodus, zu überwinden. Im Gegenteil: Noch bevor die Corona-Krise am Horizont erschien, sackte die europäische Wirtschaft ab. Wie neue Zahlen des Statistischen Bundesamts belegen, befand sich die Industrie in Deutschland schon vorher in der Rezession.

Die Geldflut nahm kein Ende. Im September 2019 entschied der EZB-Rat, die Zinsen für Einlagen der Banken von minus 0,4 auf minus 0,5 Prozent weiter abzusenken und das 2,6 Billionen Euro schwere Anleihekaufprogramm um 20 Milliarden Euro pro Monat aufzustocken. Die EZB sei über „das Ziel hinausgeschossen", kommentierte sogar Bundesbankpräsident Jens Weidmann. Obwohl sie immer weitere Geschütze aufgefahren hat, führt all das keineswegs zu neuer wirtschaftlicher Blüte, neuen und besser bezahlten Jobs oder einer technologischen und digitalen Revolution – von der aber umso mehr geredet wird.

Die geldpolitische Stimulierung bewirkt kaum mehr die erhoffte Stabilisierung und schafft neue Probleme. Sie hält Unternehmen wie auch Staaten über Wasser. Dadurch werden jedoch auch geschwächte Unternehmen erhalten, die unter anderen wirtschaftlichen Rahmenbedingungen die Segel streichen müssten. So überleben Zombieunternehmen, die trotz der günstigen Rahmenbedingungen nicht mehr, oder nur noch gerade so, profitabel arbeiten. Unternehmen, die viel zu geschwächt sind, um in neue Technologien zu investieren. Sie hemmen die Entwicklung der Arbeitsproduktivität. Von ihnen geht keine wohlstandssteigernde Wirkung mehr aus. Da die profitableren Unternehmen mit Blick auf die Investitionen inzwischen die gleichen Merkmale wie die Zombies aufweisen, ist die Wirtschaft umfassend geschwächt. Die magische Wirkung des Kapitalismus, die darin bestand, den Wohlstand der Massen enorm zu steigern, ist in den entwickelten Volkswirtschaften inzwischen versiegt. Sie sind zu Zombiewirtschaften geworden.

Die Corona-Krise birgt aufgrund des herrschenden Narrativs, dass die „Realwirtschaft eigentlich gesund" sei, eine große Gefahr. Es steht zu befürchten, dass Entscheidungen getroffen werden, die die Zombifizierung weiter vorantreiben. Da die Corona-Krise keine typische Wirtschaftskrise ist, trifft sie nicht in erster Linie die unprofitablen Unternehmen. Wenn durch die politischen Eingriffe Absatzmärkte oder Lieferketten zusammenbrechen, sind profitable Unternehmen und Zombies gleichermaßen betroffen. Um den dann resultierenden Stillstand zu überbrücken, ist Liquidität entscheidend. Die Verfügbarkeit hoher Cash-Reserven ist jedoch kein geeigneter Indikator, die Profitabilität zu messen. Gerade Unternehmen, die viel investieren, verfügen in der Regel über geringe liquide Mittel. Um weitere Schäden an der wirtschaftlichen Substanz zu vermeiden, ist es daher so wichtig, dass allen Unternehmen über die Durststrecke geholfen wird. Sonst könnten die falschen Unternehmen aus dem Markt gedrängt werden. Gehen jetzt Unternehmen unter, brechen die komplexen und anfälligen Wertschöpfungsketten auf und lösen Kettenreaktionen aus.

Die Grenzen der Zentralbankpolitik sind in den letzten Jahren deutlich geworden. Zwar gelang es, die Wirtschaft zu stabilisieren, ein Aufschwung ist jedoch ausgeblieben, und die Zentralbanken haben inzwischen ihr Pulver verschossen. Der ehemalige EZB-Präsident Mario Draghi hat daher schon lange gefordert, die Staaten müssten mehr tun. Seit Jahren werden immer höhere Staatsausgaben gefordert. Der Staat solle massiv in die Infrastruktur investieren, ist eine Forderung, die vor allem Fratzscher und das DIW in den letzten Jahren sehr offensiv vertreten haben. Bundeswirtschaftsminister Altmaier hat erstmals in der Geschichte der Bundesrepublik überhaupt eine Industriestrategie formuliert, in der er dem Staat eine explizit dirigistische Rolle zuspricht. In den USA steigen die Staatdefizite seit Trumps Amtsantritt ungebremst. In Deutschland wird seit Langem das Ende der

Schuldenbremse gefordert. Die Corona-Krise war letztlich nur der Anlass, sie endgültig zu kippen.

Bei den politischen Entscheidern und ihren Beratern hat sich schon vor Corona die Einsicht durchgesetzt, dass die Geldpolitik nicht ausreicht, um die wirtschaftliche Malaise zu beheben. Die Corona-Krise hat nun dem Stimmungswandel zum Durchbruch verholfen: Nun soll der Staat als wirtschaftlicher Akteur und mittels Fiskalpolitik eine entscheidende Rolle einnehmen. Die Leichtigkeit, mit der die riesigen Rettungsschirme nicht nur in Deutschland durchgewunken wurden, ist aus dieser Vorstellung erwachsen und nicht nur dem Ernst der Corona-Krise geschuldet. Es ist die Stunde des Staats. Der muss zwar völlig zu Recht in der akuten Krise eine große Rolle spielen. Ihm wird jedoch auch wegen der zugrundeliegenden Trends eine generell gestärkte Rolle zuwachsen. Die jetzige Krisenintervention ist eine Blaupause für die „neue Normalität" im Verhältnis zwischen Staat und Wirtschaft. Der Staat wird sowohl fiskalisch als auch regulierend eine dominierende Rolle erhalten, diese vermutliche auf lange Sicht behaupten und weiter verfestigen. Anstatt die Realwirtschaft zu reparieren, die ja „eigentlich gesund" ist, übernimmt der Staat das Ruder. Er tritt als Investitionstreiber auf. Er nutzt das Kapital, das die Unternehmen händeringend loswerden wollen. Er nimmt gemäß der Altmaierschen Industriestrategie den Aufbau nationaler Champions (statt der Herausbildung eines hochinnovativen Unternehmertums) nun selbst in die Hand.

Im Gespräch mit Markus Lanz betonte Fratzscher in der jetzigen Krise könne die Politik „eine ganze Menge tun, um Sicherheit und Stabilität zu geben". Zusätzliche staatliche Maßnahmen müssten folgen. Und schon jetzt sei klar, dass die Krise auch eine große Chance sei, „eine Transformation" anzutreiben, die den „Prozess in Richtung Elektromobilität beschleunigt" und „in vielen Bereichen so etwas wie einen Neustart" in Richtung mehr Nachhaltigkeit und Klimaschutz sein könne. In der Tat ist es sehr wahrscheinlich, dass dieser „Neustart", dass diese vom Staat getriebene große „Transformation" das bisher etwa im Rahmen der Energiewende Geschehene in den Schatten stellen wird. Seit Jahren wird ein „Green New Deal" gefordert, der mit tiefen staatlichen Eingriffen einen sozialen und wirtschaftlichen Umbau, ähnlich dem New Deal während der Großen Depression in den USA, herbeiführen soll.

Die tiefere Ursache hierfür liegt in der bereits angesprochenen Entpolitisierung der Wirtschaftspolitik. Wirtschaftspolitische Fragestellungen werden immer weniger als Abwägung verschiedener Interessen, sondern zunehmend als Sach- oder Moralfragen verstanden. Es erscheint daher gerechtfertigt, diese Themen der öffentlichen politischen Diskussion und Meinungsbildung zu entziehen. Es erscheint geboten, Spezialisten die Aufgabe zu übertragen. Bei wirtschaftspolitischen Entscheidungen mit großer Tragweite, wie etwa beim Atomausstieg oder beim Kohleausstieg, werden heute ganz selbstverständlich Experten- und Ethikkommissionen gebildet, die weitgehend unter Ausschluss der Öffentlichkeit tagen.

Eine spezielle Form dieser Entpolitisierung zeigt sich in der Rolle der EZB. Sie hat sich, wie es der ehemalige Bundeswirtschaftsminister Sigmar Gabriel noch zu seiner Amtszeit treffend formulierte, zu einem „Ersatz-Wirtschaftsministerium" entwickelt. Die Politik hat das einst eng gefasste geldpolitische Mandat zunehmend aufgeblasen. Wichtige wirtschaftspolitische Entscheidungen werden heute nicht mehr von den gewählten Volksvertretern getroffen, sondern der EZB überlassen. Sie hat faktisch elementare wirtschaftspolitische Aufgaben übernommen. Sie hat sogar ordnungspolitische Pfähle eingerammt und obendrein die Notenpresse zur Finanzierung der Eurostaaten angeworfen. Und dennoch wurden die damit einhergehenden tiefen Eingriffe in materielle Interessen der Bürger zu jeder Zeit von den Regierungen sowie vom Europäischen Gerichtshof und vom Bundesverfassungsgericht als mit dem geldpolitischen Mandat der EZB im Einklang befindlich verteidigt. Diese Position wird noch immer verteidigt, ist jedoch – auch wegen den immer offensichtlicheren Grenzen und Nebenwirkungen der Geldpolitik – nicht mehr haltbar. Der Dissens im Rat der EZB kurz vor dem Abgang von Mario Draghi ließ das sehr deutlich werden.

Experten und Ethikkommission wie auch supranationale Institutionen, wie die EZB, dienen der Politik als Legitimitätsbeschaffer. Diese Funktion ist wichtiger geworden, weil sich politische und staatliche Entscheidungsträger von den materiellen Interessen der Bürger weitgehend entkoppelt haben. Bedrohungsszenarien, wie die Corona-Pandemie, die in einer verunsicherten Gesellschaft Ängste mobilisieren können, kommen da gerade recht. Jetzt kann die Politik Handlungsfähigkeit demonstrieren. Politiker stehen erheblich unter Druck, nicht als „Verharmloser" oder gar „Leugner" einer Bedrohung angesehen zu werden, die unterschiedlichste Kreise gezielt zur Durchsetzung ihrer Ziele nutzen. Sie müssen versuchen, die Deutungshoheit zu erlangen, sich als Problemlöser präsentieren, um an Autorität gewinnen.

Da die die Politik ihre Legitimität und Autorität aus diesen Quellen erhält, spielt das Interesse der Masse der Bevölkerung nach wachsendem Wohlstand nur noch eine untergeordnete Rolle. Im Kontext des möglichen Corona-Todes erscheinen materielle Interessen, wie von Olaf Scholz formuliert, sogar als illegitim und dürfen gar nicht erst in die öffentliche Diskussion eingebracht werden.

In diesem Buch zeigen wir, dass die Unternehmen in Deutschland die Wohlstand schaffende Fähigkeit zur Steigerung der Arbeitsproduktivität weitgehend verloren haben. Wir erklären die dafür verantwortlichen wirtschaftlichen sowie politischen Ursachen. Außerdem wird beschrieben, wie die von der Stagnation der Arbeitsproduktivität ausgehende Wohlstandsstagnation überwunden werden kann.

Im ersten Teil gehen wir der Frage nach, in welchem Ausmaß die Entwicklung der Arbeitsproduktivität beeinträchtigt ist und wie diese mit der Entwicklung des gesellschaftlichen Wohlstands und dem Reallohnniveau zusammenhängt. Die Politik ignoriert diese Entwicklung weitgehend. Das gelingt, weil die deutsche Wirtschaft von besonders förderlichen wirtschaftlichen Rahmenbedingungen begünstigt wird. Eine zentrale Rolle spielt der Euro, der wesentlich dazu beiträgt, die negativen Wohlstandseffekte zu kaschieren.

Im zweiten Teil wird aufgezeigt, wie die von der gemeinsamen Währung ausgehenden Effekte die deutsche Wirtschaft stimulieren, ohne jedoch deren Fähigkeit zu verbessern, produktivitätssteigernde Technologien einzuführen. So können sogar die schwächsten Unternehmen dauerhaft überleben und erzielen oft sogar noch Gewinne. Sie sind jedoch aufgrund ihrer wirtschaftlichen Verfassung kaum mehr in der Lage, die erforderlichen Investitionen für wettbewerbssteigernde Produktivitätsverbesserungen zu stemmen. Dadurch schwächen sie die gesamtwirtschaftliche Produktivitätsentwicklung. Die Fähigkeit zur Steigerung der Arbeitsproduktivität ist jedoch nicht nur bei den besonders schwachen Zombieunternehmen beeinträchtigt.

Auch die Vielzahl der gut aufgestellten und teilweise hohe Gewinne erzielenden Unternehmen ist kaum mehr fähig, die Arbeitsproduktivität zu steigern. Dreh- und Angelpunkt dieser Investitionsschwäche ist eine Diskrepanz zwischen dem enormen Kapitalaufwand, der erforderlich ist, um neue Technologien einzuführen, und dem bereits in den Unternehmen gebundenen Kapital.

Im dritten Teil geht es um die Frage, wie die politischen Voraussetzungen geschaffen werden können, um eine erfolgreiche Überwindung der Zombiewirtschaft zu erreichen. Die entscheidende Ursache dafür, dass sich diese in Deutschland und anderen entwickelten Volkswirtschaften herausbilden konnte, liegt in der staatlichen Stabilitätsorientierung. Sie ist Folge einer politischen Kultur, die sich bereits nach dem Zweiten Weltkrieg und sehr deutlich ab den 1970er Jahren von einer positiven Sicht auf Veränderung abgewendet hat. Der Glaube daran, dass die mit der Einführung neuer Technologien verbundenen Risiken gesellschaftlich beherrschbar bleiben, ist einem grundlegenden Pessimismus gewichen. Es geht darum, zu einer grundsätzlichen Neuorientierung zu gelangen, die Veränderungen nicht einseitig negativ gegenübersteht.

Im vierten Teil wird beschrieben, warum diese veränderte Orientierung des Staates eine veränderte politische Kultur erfordert. Die heute dominierende antihumanistische Grundhaltung, in der die Menschen nicht in erster Linie als Problemlöser, sondern selbst als Problem erscheinen, muss aufgebrochen werden. Hierin liegt letztlich der Schlüssel zur Überwindung der Zombiewirtschaft.

Im abschließenden fünften Teil ergänzt Michael von Prollius die in den ersten vier Teilen präsentierte Analyse in einem separaten Beitrag aus Sicht der Österreichischen

Schule der Ökonomie. Und zuletzt analysiert Phil Mullan die Ursachen der Investitionsschwäche der Unternehmen und erklärt, warum die heutige wirtschaftliche Krise den Charakter einer wirtschaftlichen Depression hat.

I

FAHREN AUF SICHT

Die Erosion unseres Wohlstands

Die Finanzkrise 2008 hat zwei bedeutende Wesensmerkmale des heutigen Wirtschafts- und Finanzsystems offenbart. Zum einen zeigte sich die enorme Fragilität des internationalen Finanzsystems, das damals wie ein Kartenhaus einzustürzen und die gesamte Wirtschaft in einen Abwärtssog mit sich zu reißen drohte. Andererseits bewies das Wirtschafts- und Finanzsystem eine bemerkenswerte Anpassungsfähigkeit. Die Krise wurde schnell überwunden, und es wurde eine bis heute währende Stabilisierung erreicht.

Der Konflikt zwischen Fragilität und Stabilität ist jedoch nicht, wie viele meinen, eine Folgeerscheinung unregulierter Globalisierung. Entscheidend ist vielmehr die Rolle des Staates in den entwickelten Volkswirtschaften Europas, Nordamerikas und Japans. Die Finanzkrise war vor allem eine Demonstration *international koordinierter staatlicher Wirtschafts- und Finanzmacht.* Es waren politische Entscheidungen, welche die Finanzkrise zunächst anfachten, dann stoppten und schließlich eine Stabilisierung der Situation erreichten.

Die Stunde des Staates

Dies zeigte sich besonders deutlich auf dem Höhepunkt der Finanzkrise im September 2008. Eine einzige Intervention der US-Regierung bewirkte, dass die im Jahr 2007 entstandene Krise des US-Immobilienmarkts zu einer globalen Finanzkrise mutierte. Die Regierung verweigerte der amerikanischen

Investmentbank Lehmann Brothers eine staatliche Rettung vor der Insolvenz.

Bis zu diesem Zeitpunkt hatte die Maxime in den USA wie auch in Europa darin bestanden, ins Straucheln geratene Immobilienfinanzierer und Banken durch staatliche Rettungsmilliarden vor dem Untergang zu bewahren. So waren noch in den Monaten zuvor die großen Hypothekenbanken Fannie Mae und Freddie Mac sowie die Banken Bear Stearns in den USA und Northern Rock in Großbritannien gerettet worden.

Im Geschäftsjahr 2008 hatte Fannie Mae 58,7 Milliarden Dollar Verlust gemacht. Ähnlich war die Lage bei Freddie Mac. Im Juli 2008 bezeichnete William Poole, der Chef der Federal Reserve Bank of St Louis, Fannie Mae erstmals als „faktisch zahlungsunfähig". Er forderte die Politik auf, nach Rettungsmöglichkeiten zu suchen. Am 7. September 2008 übernahm die Administration in Gestalt der zuständigen Aufsichtsbehörde Federal Housing Finance Agency (FHFA) die Kontrolle über Fannie Mae und Freddy Mac. Beide Banken erhielten einen Rettungskredit von 187 Milliarden Dollar.

Der plötzliche Kurswechsel bei Lehman Brothers im September 2008 traf die globale Finanzwirtschaft ins Mark. Jahrzehntelang durften sich die Akteure sicher sein, dass staatliche Institutionen, wie auch die Politik frühzeitig gegen drohende oder bereits entstandene Wirtschafts- und Finanzkrisen intervenieren würden. Eine immer wichtigere Rolle übernahm dabei die staatliche Geldpolitik. Legendär ist der sogenannte „Greenspan put". Alan Greenspan, der ab 1987 amtierende Vorsitzende der US-Notenbank, installierte ein geldpolitisches Steuerungssystem, das Wertpapiere wie etwa Aktien weitgehend vor Kursverlusten schützte. Seine Nachfolger und andere Zentralbanken haben diesen Kurs übernommen und bis heute fortgeführt. Indem die Notenbanken in Krisenzeiten die Geldschleusen öffnen, können sie Kursverluste weitgehend vermeiden und darüber hinaus für kontinuierlich prosperierende Finanzmärkte sorgen.

Die von der Lehman-Insolvenz ausgehenden Schockwellen resultierten zunächst aus der an den Finanzmärkten aufkeimenden Unsicherheit hinsichtlich der Rolle der Politik. Plötzlich stand das scheinbar unangefochtene Prinzip des „too big to fail" in Frage. Obwohl die US-Regierung bereits einen Tag nach der Lehman-Insolvenz die Wende rückwärts vollzog, indem sie die AIG, einen der größten Versicherungskonzerne der Welt, mit einem Notkredit über 85 Milliarden US-Dollar rettete, gelang es nicht, die in Gang gekommene Kettenreaktion zu unterbrechen. Der Lehman-Schock wirkte über den Tag hinaus, da sich nun die nun von Insolvenzen bedrohten global agierenden Banken untereinander misstrauten.

Zudem entstanden erstmals Zweifel, ob die Politik überhaupt in der Lage sein würde, eine Abwärtsspirale wie während der Weltwirtschaftskrise 1929 zu vermeiden. Die Fragilität des internationalen Finanzsystems ließ eine ebenso schwere wirtschaftliche Depression nicht mehr als abwegiges Szenario erscheinen.

Doch diesmal schrammte die Welt an einer harten Depression vorbei, weil die westlichen Staaten nach anfänglichem Zögern massiv intervenierten. Zwar ließ sich die größte wirtschaftliche Rezession seit 1929 nicht verhindern und die amerikanische Immobilienkrise mutierte zur globalen Finanzkrise. Es gelang aber, den Kollaps des Finanzsystems und den drohenden wirtschaftlichen Zusammenbruch zu verhindern. Dies geschah durch billionenschwere internationale Rettungsaktionen. Im Gegensatz zum Regierungshandeln im Falle Lehman Brothers wurde nun erneut das Prinzip bekräftigt, dass systemrelevante Finanzinstitute auf Kosten der Steuerzahler gerettet werden müssen. So gelang es, die aus dem Ruder laufende Situation wieder zu stabilisieren. Weiteren Billionen teuren Konjunkturprogrammen, an denen sich auch China beteiligte, sowie einer dauerhaft expansiven Geldpolitik, ist der wirtschaftliche Aufschwung der letzten Jahre zu verdanken.

Die Folgen der Lehman-Insolvenz vom 15. September 2008 offenbarten das große *wirtschaftspolitische Dilemma*, in das sich die Staaten in den entwickelten Ländern hineinmanövriert haben. Seit Jahrzehnten ist es ihnen recht erfolgreich gelungen wirtschaftliche Krisen zu dämpfen oder gar abzuwenden. Mit der Durchsetzung dieser Stabilisierungspolitik wurde das wirtschaftliche Gefüge jedoch zunehmend instabiler und das Zerstörungspotenzial der aufgeschobenen Krisen hat zugenommen.

Das Dilemma der Rettung

Die zur Krisenvermeidung und -bekämpfung erforderlichen staatlichen Maßnahmen erreichen kontinuierlich neue Dimensionen. Das zeigt sich an der vor der Finanzkrise undenkbaren, inzwischen aber etablierten Negativzinspolitik, wie an der nun akzeptierten Finanzierung der Staaten durch die Zentralbanken. Ein Entzug der fiskalischen und geldpolitischen Stimulanzien würde den Wirtschaftspatienten unmittelbar in die Krise stürzen. Schlimmer noch: Auch diese Therapie verliert in den entwickelten Volkswirtschaften an Wirkung, wie sich an der seit 2019 heraufziehenden Rezession ablesen lässt. Die Zahl der Kritiker wächst. Die Probleme wurden nur kaschiert, anstatt die Ursachen anzugehen.

Die Lehman-Insolvenz hat deutlich gemacht, dass die Staaten aus ihrer Rolle bei der Aufrechterhaltung wirtschaftlicher Stabilität nicht mehr herauskommen, ohne drastische Folgewirkungen zu riskieren. Nicht nur die Zentralbanken sind, wie einige kompetente Beobachter inzwischen erkennen, zu Gefangenen ihres eigenen Handelns geworden, sondern *die Staaten selbst stecken fest*. Ein „Weiter so" erscheint daher alternativlos, obwohl es – wie Albert Einstein einst formulierte – „niemals" möglich ist, Probleme „mit derselben Denkweise zu lösen, durch die sie entstanden sind."

Das auf Stabilität und die Krisenvermeidung ausgerichtete staatliche Handeln ließ in den letzten Jahrzehnten eine „finanzialisierte Wirtschaft"[1] entstehen.[2] In dieser Struktur steigen die Vermögenspreise weit stärker als der Wertzuwachs, der sich aus der realen Wertschöpfung der Unternehmen ergibt.[3] An den Kapitalmärkten haben sich Preisblasen gebildet, die ein zunehmendes Risiko darstellen, weil die wertschöpfende Basis zurückgeblieben ist. Die wachsende Diskrepanz zwischen finanz- und realwirtschaftlicher Entwicklung führt letztlich zu erhöhter Instabilität und vergrößert die Gefahr von Finanzkrisen. Das Finanz- und Wirtschaftssystem hängt nun, wie Thomas Mayer, Gründungsdirektor des Flossbach-von-Storch-Research-Instituts schreibt, „am Tropf der Zentralbanken".[4] Beim Versuch, es dennoch stabil zu halten, kommt es zu einer Spirale immer drastischerer Maßnahmen.

1 Thomas Mayer: „Die Japanisierung Europas" in: FAS, 21.04.2019, S. 29.

2 Mohamed A. El-Erian: „The only Game in Town – Central Banks, Instability, and Avoiding the Next Collapse", Random House 2016.

3 Costas Lapavitsas: „Profiting without producing – How Finance exploits us all", Verso 2013.

4 Thomas Mayer: „Die Japanisierung Europas" in: FAS, 21.04.2019, S. 29.

Bei ihrer inzwischen jahrzehntelangen Ausrichtung auf die Gewährleistung möglichst krisenfreier wirtschaftlicher Stabilität, folgen staatliche Institutionen und politische Entscheider keinem zuvor ausgearbeiteten Plan, sondern reagieren pragmatisch. Die seit den 1970er Jahren zunehmend schwächere wirtschaftliche Entwicklung ließ sie immer stärker in diese Rolle hineinwachsen. Letztlich sind sie zu Gefangenen der Verhältnisse geworden, die sie selbst maßgeblich herbeigeführt haben.[5] Die Kettenreaktion nach der Lehman-Insolvenz verdeutlicht, was bei einer Abkehr von der Stabilisierungspolitik auf dem Spiel steht. Ein Umsteuern ist nicht möglich, ohne das fragile Gebilde zu erschüttern. Viele Experten halten deshalb eine Abkehr von der Niedrigzinspolitik für kaum realisierbar, obwohl sie das Geschäftsmodell und die Profitabilität der Banken untergräbt und die Finanzmarktstabilität schwächt.[6]

Zwar hat die Stabilisierungspolitik zumindest ein geringes Wachstum aufrecht erhalten, dabei hat sie jedoch den Niedergang nur verwaltet und zunehmend die Wirtschaft geschwächt - wie sich an dem seit Jahrzehnten fortgesetzten Rückgang der Wachstumsraten ablesen lässt. Seit der Finanzkrise hat sich dieser Trend weiter verschärft. In Europa kursiert längst die Angst vor der „japanischen Krankheit", die Japans Wirtschaft seit 1992 mit sehr niedrigen und teils negativen Wachstumsraten lähmt. Auslöser war auch in Japan eine Finanzkrise und der japanischen Wirtschaft gelingt

5 Jürgen Stark: „Die geldpolitische Geisterfahrt der EZB wird auch mit Draghis Rücktritt kein Ende finden", NZZ online, 28.01.2019; Gerald Braunberger: „Notenbanken als Versicherer" in: F.A.Z., 08.08.2019, S. 15; Philipp Vorndran: „Notenbanken: Gefangene ihrer Politik", Flossbach von Storch online, 25.10.2016.

6 „EZB-Rat uneinig über Negativzins – Einige wollen Banken entlasten, andere zögern" in: F.A.Z., 30.03.2019, S. 18.

es bis heute nicht, die Stagnation zu überwinden. Zahlreiche Konjunkturprogramme, die das Wirtschaftswachstum ankurbeln sollten, und eine dauerhafte Niedrigzinspolitik der Zentralbank haben daran nichts ändern können. Durch die Ausweitung der staatlichen Nachfrage ist die japanische Staatsschuld inzwischen auf 250 Prozent des Bruttoinlandsprodukts (BIP) angestiegen. Eine Abkehr von der Verschuldungsstrategie ist nicht in Sicht – ohne permanente Unterstützung scheint selbst niedriges Wirtschaftswachstum nicht mehr möglich.

Trotz dieser nicht realitätsfernen Bedrohungen wird der eingeschlagene Weg noch immer kaum in Frage gestellt. Die wirtschaftlichen, sozialen wie auch die politischen Kosten der Stagnation erscheinen den Entscheidungsträgern in Staat und Politik offenbar weniger problematisch als die befürchteten Konsequenzen einer Abkehr von der Stabilisierungspolitik. Wie groß die Angst vor einem wirtschaftspolitischen Kurswechsel und dessen Auswirkungen ist und wie abwegig dieser derzeit erscheint, lässt sich daran ermessen, dass es eine Diskussion hierüber kaum gibt. Die gegenwärtige Wirtschaftspolitik scheint alternativlos, obgleich sie die Funktionsfähigkeit der Marktwirtschaft unterminiert. Sie hat schon heute erhebliche negative soziale und politische Folgewirkungen.

Weiter so trotz Vertrauensverlust

Noch bevor die Schockwellen des Lehmann-Zusammenbruchs abgeebbt waren, sah der damalige deutsche Finanzminister Peer Steinbrück (SPD) in der Finanzkrise eine epochale Wende und mahnte im Bundestag, die Welt werde „nicht wieder so werden wie vor dieser Krise."[7] Thomas Mayer bezeichnete die Finanzkrise im Rückblick als „Urknall" des Vertrauensverlustes, mit dem das „Versprechen wirtschaftlichen Wachstums und sozialer Sicherheit wie eine Seifenblase platzte."[8] Das Wohlstandsversprechen der Marktwirtschaft hatte in Deutschland spätestens seit der wirtschaftlichen Krise Mitte der 1990er Jahre und durch die Agenda 2010 ernsthafte Risse bekommen. Nun trat die offensichtliche Missachtung von marktwirtschaftlichen und rechtsstaatlichen Grundprinzipien etwa durch die faktische Aufgabe des Haftungsprinzips hinzu. Das Krisenmanagement, das die Kosten der Bankenrettungen auf den Steuerzahler abwälzte, bewirkte einen dramatischen Vertrauensverlust in die etablierten Parteien, den Staat und die Marktwirtschaft.

Steinbrück spielte die Bedeutung der Krise zur Beruhigung der Wähler und Sparer zu jeder Zeit herunter. Weil deren Auslöser in den USA gesehen wurde, sah er in der „Finanzmarktkrise" ein „vor allem amerikanisches Problem" und prognostizierte eine „tiefgreifende Umwälzung des Weltfinanzsystems" und die Ablösung der USA als Supermacht des Weltfinanzsystems.[9]

Damit wurde die Krise *verharmlost*. Die Krisenursachen wurden vor allen in *Defekten der Finanzmärkte*, in *Fehlern bei der Regulierung* oder der *politisch motivierten Beeinflussung von Finanzmärkten* gesucht. Im Kontext der Krise geriet die „Realwirtschaft" nur insofern in den Blick, als der Zusammenbruch der Finanzmärkte auch sie massiv beeinträchtigte. Weitgehend unbeachtet blieb jedoch, dass die wirtschaftliche

7 Peer Steinbrück: „Finanzkrise dramatisch", F.A.Z. online, 25.09.2008.

8 Thomas Mayer: „Europa in der Vertrauenskrise" in: FAS, 13.01.2019, S. 32.

9 „Steinbrück im Bundestag – Finanzkrise wird die Welt verändern", Tagesspiegel online, 25.09.2008.

Entwicklung trotz prosperierender Finanzmärkte schon Jahrzehnte vor der Finanzkrise von erlahmendem Wirtschaftswachstum und steigender Arbeitslosigkeit geprägt war und die Reallöhne in den entwickelten Volkswirtschaften immer weniger stiegen oder sogar stagnierten.

Im Gegensatz zu Steinbrücks damaliger Einschätzung hat sich weder in wirtschaftlicher noch in wirtschaftspolitischer Hinsicht ein epochaler Einschnitt ergeben. Das politische Handeln wie auch die ökonomische Entwicklung zeichnen sich vor und nach der Finanzkrise durch eine bemerkenswerte Kontinuität aus. Es wirkt so, als hätte es die Finanzkrise und das von ihr ausgehende Alarmsignal nicht gegeben. Das gilt insbesondere für die unveränderten Grundzüge der Wirtschafts- und Geldpolitik. Die bereits zuvor relevanten Mechanismen, die darauf ausgerichtet waren, eine blutarme wirtschaftliche Entwicklung durch das Aufpumpen der Finanzmärkte mit billigem Geld anzuschieben, wurden weiter vorangetrieben und perfektioniert. Die durch Liquiditätsschwemmen erzwungenen extrem niedrigen Zinsen sorgen für steigende Vermögenspreise und eine hohe Verschuldungsneigung, was den Konsum beflügelt und damit für Umsätze der Unternehmen sorgt. Hinzu kommt die unmittelbare Wirkung niedriger Zinsen auf die Unternehmen, die sich günstig verschulden und ihr Finanzergebnis verbessern können. Auch der Ausbau direkter und indirekter staatliche Hilfen, wie beispielsweise der Ausbau der Forschungsförderung, und die Senkung von Unternehmenssteuern in den entwickelten Volkswirtschaften, sorgen für einen kontinuierlichen Fluss von Subventionen, die ebenfalls zur Stabilisierung der Wirtschaft beitragen.

Als Folge der Finanzkrise wurde von vielen Ökonomen erwartet und befürchtet, dass die aufgeblähte Verschuldung von Unternehmen, Staaten und auch privaten Kreditnehmern abgebaut werden muss. Dieses „deleveraging“, also die Rückführung zu hoher und langfristig nicht tragfähiger Schuldenlast, so wurde vermutet, könne sich negativ im Wirtschaftswachstum niederschlagen. Der als dringend notwendig erachtete Schuldenabbau ist jedoch nicht eingetreten (siehe Abb. 1)[10]. Zwar verursachte die Finanzkrise eine vorübergehende Delle beim Kreditwachstum, diese wurde aber durch den anschließend sogar beschleunigten Verschuldungsanstieg mehr als wettgemacht. Viele Schuldner, zu denen Staaten und Unternehmen gleichermaßen gehören, leben noch immer über ihre Verhältnisse. Die westlichen Volkswirtschaften drohen, in ihren Schulden zu versinken.[11] Auf das wirtschaftliche Wachstum in den entwickelten Volkswirtschaften hat der Verschuldungsanstieg aber kaum eine positive Auswirkung. Es ist seit der Finanzkrise im Durchschnitt schwächer als zuvor.

10 McKinsey Global Institute: „A decade after the global financial crisis: What has (and hasn't) changed?“, Briefing Note, September 2018.

11 Mathew C. Klein: „Borio to central bankers: the ‚secular stagnation' is coming from inside the house“, Financial Times online, 07.03.2017.

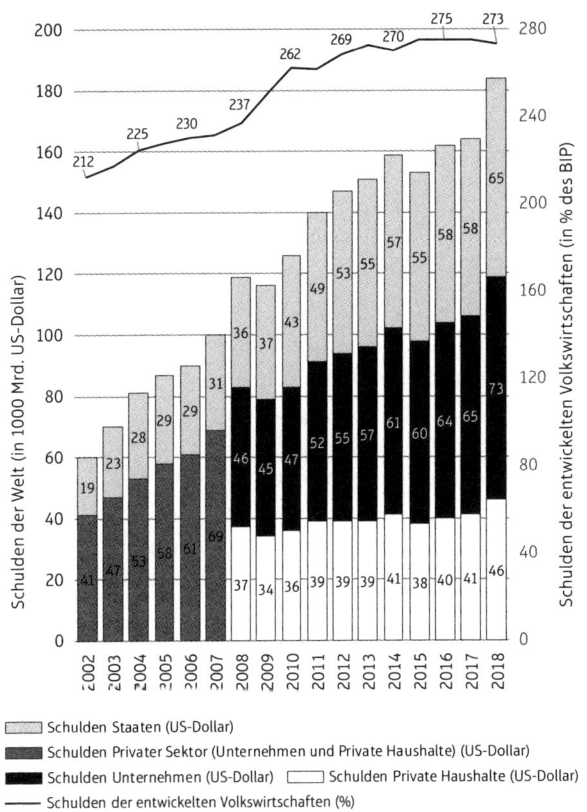

Abbildung 1: Schulden der Welt: Kredite an den nichtfinanziellen Sektor (in 1000 Mrd. US-Dollar) & Schulden der entwickelten Volkswirtschaften: Anteil der Kredite an den nichtfinanziellen Sektor am BIP (%)[12]

12 „Credit to the non-financial sector", BIS online, 04.06.2019. Zahlen beinhalten alle Schulden (außer Schulden des Finanzsektors) gemäß den Länderdaten der BIZ (Bank für Internationalen Zahlungsausgleich).

Flaute trotz Kredit

Seit der Finanzkrise erfolgt die staatliche Dauerstimulierung der Wirtschaft mit deutlich erhöhter Dosis. Wichtige Zentralbanken haben nicht nur für extrem niedrige, sondern erstmals für negative Zinssätze gesorgt.[13] Dadurch wurden die hochverschuldeten Staaten der entwickelten Volkswirtschaften wie auch die Unternehmen enorm entlastet, da sie sich überwiegend über Fremdkapital finanzieren. Zusätzlich schieben die von den Auswirkungen der Finanzkrise besonders betroffenen Länder noch immer enorme Geldsummen in die Stützung und Wiederbelebung der Wirtschaft. Seit mehreren Jahrzehnten engagieren sich die entwickelten Volkswirtschaften in einem Wettrennen zur Senkung der Unternehmenssteuern. So haben die USA erst Anfang 2018 erneut eine massive Kürzung der Unternehmenssteuern in Kraft gesetzt. Diese Unternehmenssteuerreform war umstritten, weil sie zu einem heftigen Anstieg des US-Haushaltsdefizits 2018 auf über 800 Milliarden US-Dollar, rund vier Prozent des BIP, beitrug und die Kosten der Unternehmensentlastung auf die übrigen Steuerzahler abwälzt.

In Europa liegen die Kosten der Stabilisierungspolitik seit der Finanzkrise noch höher. Hier zeigt sich deutlicher, mit welch riesigen Summen Wirtschaft und Sozialsysteme in Folge der Krise gestützt und subventioniert werden müssen. Von 2008 bis heute mussten die Staaten der Eurozone ihre Staatschuld um über vier Billionen Euro ausweiten, um die sozialen Folgen der Malaise auszugleichen.[14] Die Staatschul-

13 Thomas Mayer: „Der große Zins-Irrtum – Manche Ökonomen behaupten, die niedrigen Zinsen lägen am langsamen Wirtschaftswachstum. Unsinn! Schuld daran sind die Zentralbanken" in: FAS, 31.03.2019, S. 29.

14 Eurostat: Pressemitteilung Euroindikatoren 149/2009, 22. Oktober 2009; Deutsche

den hätten sich von damals *sechs Billionen Euro bis heute sogar fast verdoppelt*, wären die Zinsen auf dem Niveau vor der Finanzkrise geblieben. So jedoch erzielten die Euroländer durch die Niedrigzinspolitik der EZB einen Zinsbonus von 1,4 Billionen Euro.[15] Dieser scheint allerdings wie verdampft. Die dringend notwendige Modernisierung der Infrastruktur ist, trotz der fast sechs Billionen Euro mit denen allein die Euroländer in den letzten zehn Jahren über ihre Verhältnisse gelebt haben, ausgeblieben. Nach einem Jahrzehnt niedrigen und zwischenzeitlich rückläufigen Wachstums nähert sich die Eurozone nun wieder einer Rezession.

Welche geringe Wirkung die horrenden staatlichen Ausgaben und die extreme Niedrigzinspolitik seit der Rezession im Jahr 2009 entfalten, zeigt sich an der im Zeitlupentempo verlaufenden konjunkturellen Erholung. Fünf Jahre benötigte die EU, um den Rückgang des Bruttoninlandsprodukts (BIP) um 4,3 Prozent auszugleichen und das Vorkrisenniveau wieder zu erreichen. In der Eurozone dauerte es sogar noch ein Jahr länger. Spanien und Portugal erreichten erst 2017 und 2018 wieder die frühere Wirtschaftsleistung. In Italien und Griechenland ist das Wachstum der letzten zehn Jahre sogar so schwach und von wiederholten Rezessionen durchzogen, dass das BIP beider Länder noch immer *weit unter dem Vorkrisenniveau* liegt.[16]

Bundesbank: „Zur Entwicklung der staatlichen Zinsausgaben in Deutschland und anderen Ländern des Euroraums" in: Bundesbank Monatsbericht Juli 2017, S. 35 ff.

15 „Deutscher Staat spart Milliarden durch Niedrigzinsen" in: F.A.Z., 09.01.2019, S. 17.

16 „Real GDP growth rate – volume", Eurostat online, 17.08.2018.

Das zerstörerische Potenzial niedriger Zinsen

Das größte Problem staatlicher Stabilisierungspolitik ist ihr Erfolg. Den Staaten ist es gelungen, das Finanzsystem zu stabilisieren und über florierende Finanzmärkte, steigende Vermögenspreise sowie allgemein steigende Staatsschulden für leichtes Wachstum und mehr Beschäftigung zu sorgen. Es ist eine Wohlstandsillusion entstanden, die die weitgehende Stagnation der wertschöpfenden Wirtschaft kaschiert und ein hartnäckiges Ignorieren der Ursachen dieser Stagnation ermöglicht.

Die eingesetzten wirtschaftspolitischen Instrumente erzeugen eine Scheinblüte und Scheinstabilität, sind aber nicht geeignet, eine von den Unternehmen ausgehende wirtschaftliche Eigendynamik in Gang zu setzen. Sie können sogar gut aufgestellte Unternehmen nicht dazu bewegen, mehr zu investieren und ihre wertschöpfende Basis weiterzuentwickeln. Den Unternehmen gelingen kaum noch Produkt- oder Prozessinnovationen, die zu Produktivitätssteigerungen führen und ihre Wettbewerbsfähigkeit langfristig verbessern könnten. Ganz im Gegenteil: Staaten und Niedrigzinspolitik führen damit zu Rahmenbedingungen, die es den Unternehmen erlauben, auch *ohne produktivitätssteigernde Innovationen langfristig zu überleben*. Wie enorm schädlich und geradezu zerstörerisch dies wirken kann, hat sich nach der Einführung des Euros gezeigt.

Als sich Mitte der 1990er Jahre der Währungswechsel abzeichnete, führte dies in den südlichen Euroländern zügig zu einer sehr deutlichen und langanhaltenden Zinssenkung. Ausgelöst durch den EU-Gipfel von Madrid im Dezember 1995 und das gefestigte Vertrauen der Kapitalmärkte in die bevorstehende Einführung des Euros, kam es zur zügigen Angleichung der Zinssätze aller zukünftigen Euroländer auf das damals vergleichsweise sehr niedrige deutsche Niveau. In vielen Ländern des zukünftigen Euroraums erzeugte dies einen boomartigen wirtschaftlichen Aufschwung, der über die nun verfügbaren zinsgünstigen Kredite finanziert und angetrieben wurde. Wegen ihres „blinden Vertrauens und gefühlter Stabilität“[17] und weil sie das Risiko von Währungsabwertungen und Kreditausfällen innerhalb der Eurozone kaum mehr fürchteten, stellten Anleger auch in den mediterranen Euroländern bereitwillig zinsgünstige Kredite zur Verfügung. Das beflügelte den Konsum und die Bauinvestitionen der privaten Haushalte und infolge steigender Steuereinnahmen auch die Staatsausgaben. Der Boom wurde zusätzlich angefeuert, als die EZB ab 2001 mit deutlichen Zinssenkungen auf den tiefen wirtschaftlichen Einbruch in Deutschland reagierte, der bis 2005 zu mehr als fünf Millionen Arbeitslosen in den offiziellen Statistiken führte.

Den Ländern der Eurozone haben die niedrigen Zinsen jedoch einen Bärendienst erwiesen. Mit dem Ausbruch der Finanzkrise platzte diese Blase, denn die Kredite versiegten, da nun die Bonität vieler Schuldner in Frage stand. Nun zeigte sich, dass das kreditfinanzierte Wachstum des Konsums *in der wertschöpfenden Wirtschaft keine Eigendynamik* erzeugt hatte. Die Investitionen der Unternehmen waren schwach geblieben, *wodurch sich die Arbeitsproduktivität kaum verbesserte*. Dagegen trieb die von billigen Krediten angeheizte Nachfrage das allgemeine Preisniveau in die Höhe und führte auch zu steigenden Löhnen und Gehältern. Weil sich die Arbeitsproduktivität jedoch nicht im Einklang mit den

17 Ebd., S. 58.

allgemein steigenden Preisen erhöhte, verloren viele Unternehmen über die Jahre schleichend ihre internationale Wettbewerbsfähigkeit.[18] Das Platzen der Blase machte das Problem plötzlich offensichtlich und führte diese Länder, da ihnen der Weg der Währungsabwertung in der Eurozone versperrt war, in eine langjährige wirtschaftliche Stagnation mit hoher Arbeitslosigkeit.

Begünstigt durch die seit der Finanzkrise von der EZB durchgesetzte Niedrigzinspolitik und staatliche Subventionen, die erneut für extrem günstige Kredite sorgen, hält sich bis heute eine Vielzahl von Unternehmen über Wasser, denen keine erfolgreiche Restrukturierung gelungen ist. Diese zweite Welle billigen Kredits hat – nachdem infolge der Euroeinführung schon die erste Welle billigen Kredits die Wirtschaft massiv geschwächt hat – kaum mehr einen stimulierenden Effekt auf die Wirtschaft der südlichen Euroländer. Die Niedrigzinspolitik wirkt dort auf die Wirtschaft, wie die palliative Behandlung eines Todkranken. Dessen medizinische Behandlung beschränkt sich üblicherweise auf die Krankheitssymptome, die durch eine kontinuierliche Verabreichung von Medikamenten gelindert werden. Sie verlieren jedoch mit der Zeit an Wirkung, der Patient wird aufgrund seiner fortschreitenden Krankheit geschwächt und er ermattet zunehmend unter der reinen Symptombekämpfung.

Mit Durchsetzung der extremen Niedrigzinspolitik seit der Finanzkrise wiederholt sich die tragische Geschichte der mediterranen Euroländer. Nun werden nicht nur diese Länder, sondern die gesamte Eurozone mit billigstem Kredit versorgt. Die EZB hält die Zinsen auf Dauer niedrig, um nach

18 Hans-Werner Sinn: „Der EURO – Von der Friedensidee zum Zankapfel", Carl Hanser Verlag 2015.

demselben Rezept die Wirtschaft zu stimulieren, die letztlich zur weitgehenden Zerstörung der Ökonomie der südlichen Euroländer beigetragen hat. Von einer solchen Geldpolitik kann keine grundsätzlich andere Wirkung ausgehen, denn die Verfassung der Unternehmen in der heutigen Eurozone unterscheidet sich nicht grundlegend vom damaligen Zustand der südlichen Euroländer. Auch in der Eurozone haben die niedrigen Zinsen der letzten zehn Jahre nicht zu einem Investitionsboom oder Produktivitätssteigerungen beigetragen – im Gegenteil. Völlig zu Recht hielt der ehemalige Präsident des ifo Instituts, Hans-Werner Sinn daher die zu einem Wirtschaftsboom verklärte gute konjunkturelle Entwicklung der Eurozone Ende 2017 für ein „Strohfeuer".[19]

Probleme mit der Zündung

In allen entwickelten Volkswirtschaften hat sich seit der Finanzkrise ein deutlich abgeschwächtes Wachstum eingestellt. Auch die wirtschaftspolitischen Strategien der Staaten und ihrer Zentralbanken ähneln sich. Dennoch gibt es Unterschiede: Regional oder temporär kommt es auch zu etwas stärkerem Wachstum. So haben sich die USA und Deutschland in den letzten Jahren durch ein kontinuierlicheres Wachstum von den anderen Ländern abgehoben. Doch auch hier fehlt eine wirtschaftliche Eigendynamik, die einen selbsttragenden, also von steigenden Investitionen der Unternehmen angetriebenen Aufschwung generieren könnte. Vor allem in den USA, aber auch zu einem erheblichen Anteil

19 Hans-Werner Sinn: „Merkel trug zum Brexit bei, das ist die bittere Wahrheit" in: F.A.Z., 20.11.2017, S. 19.

in Deutschland ist der Anstieg des privaten Konsums für die gute konjunkturelle Entwicklung verantwortlich. 2018 kratzte das Wirtschaftswachstum in den USA sogar an der Vier-Prozent-Marke. Daraufhin twitterte der amerikanische Präsident Donald Trump, die USA hätten in der Wirtschaft eine „Wende von historischer Dimension" hingelegt.[20]

In einem kurz darauf mit der F.A.Z. geführten Gespräch bekräftigte der amerikanische Ökonom und Wirtschaftsnobelpreisträger Paul Krugman die Einschätzung, dass sich die USA in einem wirtschaftlichen Boom befänden. Daher, so führte er weiter aus, benötigte die US-Wirtschaft nun die keynesianische Nachfragestimulierung durch den Staat nicht mehr. Das „Problem mit der Zündung", also den einen kleinen, wenn auch entscheidenden Defekt, der nach Keynes Auffassung in den 1930er Jahren für die Depression verantwortlich war, habe man in den USA seit 2008 in den Griff bekommen. Durch Nachfragestimulierung sei für die notwendige Starthilfe gesorgt worden, wie Krugman an anderer Stelle ausführte.[21] Darauf angesprochen, dass die Unternehmen in den USA sowohl durch den Konsum als auch durch die massive Senkung der Unternehmenssteuern stimuliert würden, und sich dies dennoch nicht positiv auf die Unternehmensinvestitionen auswirke, gab sich Krugman nachdenklich. Die trotz des enormen Stimulus fehlende Investitionsneigung der Unternehmen bewertete er als überraschend und führte aus: „Auf der Investitionsseite geschieht nicht sehr viel, das meiste Geld fließt einfach in Aktienrückkäufe. Und das überrascht mich selbst ein wenig: Wir haben globale Kapitalmärkte und

20 Winand von Petersdorff: „Konsum treibt Amerikas Wachstum an", F.A.Z. online, 27.07.2018.

21 Paul Krugman: „Austerität: Der Einsturz eines Glaubensgebäudes" in: Blätter für deutsche und internationale Politik, Juli 2013.

wenn dann jemand die Steuern auf Unternehmensgewinne stark senkt, hätte ich wenigstens einen gewissen signifikanten Effekt erwartet. Bislang jedenfalls scheint dies aber keinen sichtbaren Einfluss auf die Investitionsentscheidungen gehabt zu haben."[22]

Storys von „Boom" und „historischer Wende", wie Krugman und Trump sie verbreiten, sind Ausdruck von Selbstgefälligkeit. Zwar mag die Zündung funktionieren, aber nun hat offenbar der Motor ein Problem, wie Krugman selbst erkennt. Die Unternehmen investieren zu wenig, um den massiven staatlichen und geldpolitischen Anschub zu einem Selbstläufer zu machen und den wirtschaftlichen Aufschwung durch vermehrte Investitionen in Gang zu halten. Stattdessen wird eine kreditfinanzierte Nachfrage geschaffen, wodurch Konsumenten und Staaten immer tiefer in Schulden versinken – exakt in der gleichen Art und Weise, wie es bereits vor der Finanzkrise 2008 in den meisten westlichen Ländern der Fall war.

Säkulare Stagnation

Krugman geht entsprechend der keynesianischen Konjunkturtheorie davon aus, dass die Investitionstätigkeit durch den Nachfrageschub irgendwann doch an Dynamik gewinnen wird. Dagegen steht die seit einigen Jahren unter Ökonomen vieldiskutierte These der „säkulären Stagnation". Sie beruht auf der Annahme, dass wir auf absehbare Zeit mit dem defekten Motor leben müssen.[23] Investitionstätigkeit

22 Paul Krugman: „Deutschland ist nicht sicher – Im Gespräch: Paul Krugman, Wirtschaftsnobelpreisträger" in: F.A.Z. 10.11.2018, S. 24.

23 Gerald Braunberger: „Säkulare Stagnation auch unter Trump?", Fazit – das Wirtschaftsblog der F.A.Z. online, 19.01.2017; Guido Baldi / Patrick Harms: „Productivity

und auch Wirtschaftswachstum werden danach langfristig schwach bleiben. Der US-Ökonom Lawrence Summers, langjähriger Berater der Clinton- und Obama-Regierungen, hat diese These erstmals auf einer Konferenz des Internationalen Währungsfonds (IWF) im November 2013 zur Debatte gestellt.[24]

In den USA, wie auch in den anderen entwickelten Volkswirtschaften, war das Wachstum sowohl vor als auch nach der Finanzkrise im historischen Vergleich erkennbar schwach. Es handle sich um eine Phase säkularer Stagnation, in der die Sparwünsche in der Volkswirtschaft größer als die Investitionsnachfrage seien. Dafür führt Summers langfristig wirkende Gründe an. Seit einer Generation gebe es eine „stärkere Spar- und geringere Investitionsneigung entwickelter Volkswirtschaften mit alternden Bevölkerungen."[25] Die Gründe für die höhere Sparneigung sieht er, wie auch andere Ökonomen, unter anderem in zunehmender Ungleichheit und im höheren Einkommensanteil der Reichen. Niedrige Investitionen würden auch durch eine geringe Beschäftigungszunahme sowie eine regulatorisch bedingt restriktivere Kreditvergabe verursacht und seien einfach eine Folge von immer billiger werdenden Investitionsgütern.

Den wichtigsten Grund für niedrige Investitionen sieht Summers jedoch darin, dass die von der Digitalisierung angetriebene „New Economy" kapitalsparend voranschreitet. Apple und Google etwa seien „begierig, die technologischen Grenzen immer weiter auszudehnen, und sind dennoch überflutet mit Geld und unter Druck, mehr davon an die

Growth, Investment, and Secular Stagnation" in: DIW Roundup Nr. 83, 2015.

24 Larry Summers: „Larry summers at IMF Economic Forum", YouTube, 08.11.2013.

25 Larry Summers: „The Age of Secular Stagnation: What It Is and What to Do About it" in: Foreign Affairs, März/April 2016.

Aktionäre zu verteilen."[26] Unternehmen wie Airbnb, Uber oder Amazon hätten kapitalsparende Geschäftsmodelle realisiert. Die Digitalisierung reduziere den Bedarf an „Kopierern, Druckern und Büroflächen." Zudem ergebe es für Unternehmen Sinn, in Zeiten des schnellen technologischen Wandels Investitionen hinauszuzögern. Damit vermieden sie das Risiko, in Technologien zu investieren, die kurze Zeit später wieder überholt sind.[27] Summers These unterstellt also, dass die Unternehmen alles tun, um technologisch voranzukommen. Die ihnen zufließenden Gewinne erwiesen sich jedoch viel größer als die erforderlichen Investitionen. Es bleibe daher kaum etwas anderes übrig, als die überschießenden Gewinne in Form von Dividenden oder Aktienrückkaufprogrammen an die Aktionäre zurückzugeben.

Summers behauptet, dass sich die entwickelten Volkswirtschaften in einer ähnlichen Situation wie während der Großen Depression nach dem Ausbruch der Weltwirtschaftskrise 1929 befinden. Er rekurriert damit auf Alvin Hansen, einen Zeitgenossen von Keynes, der 1938 die These von der „säkularen Stagnation" formulierte. Nach einer kurzen Periode robusten Wachstums von 1933 bis 1937 war die US-Wirtschaft wieder in die Rezession abgerutscht. Im Jahr 1938 war es noch immer nicht gelungen, den Rückgang des BIP während der Krise von 1929 bis 1933 auszugleichen, und die Aussichten schienen düster.

Hansen begründete die säkulare Stagnation damit, dass die rentablen Investitionsmöglichkeiten erschöpft seien. Es fehlten neue Industrien, die an die Stelle der reiferen und kaum mehr wachsenden Industrien, wie der Eisenbahn und

26 Ebd.
27 Ebd.

der Automobilwirtschaft rückten. So müsse „die gesamte Wirtschaft eine tiefgreifende Stagnation erfahren, sofern nicht neue Entwicklungen an deren Stelle treten."[28] Es sei nicht ausreichend, wenn reife Industrien ihre wirtschaftliche Aktivität nur auf einem zuvor erreichten Niveau halten. Nach einer vorausgehenden Depression müsse „gewiss eine kleine Erholung früher oder später erfolgen, wegen der wachsenden Notwendigkeit Kapital zu ersetzen. Aber eine vollwertige Erholung verlangt mehr als nur den Ersatz von zuvor entwerteten Anlagen. Das erfordert riesige Ausgaben für neue Investitionen und dies bedingt die Entwicklung neuer Industrien und neuer Technologien. Aber solche neuen Entwicklungen sind gegenwärtig nicht im geeigneten Ausmaß verfügbar."[29]

Die Argumentation von Summers wie auch von Hansen haben zur Grundlage, dass im langfristigen Trend nicht viel Kapital benötigt wird. Während Hansen dies auf den Mangel an industrialisierungsfähigen Technologien zurückführte, konstatiert Summers einen gegenüber früheren Zeiten veränderten Wachstumscharakter. Der Technologiewandel schreite in der Gegenwart kapitalarm voran. Daraus resultiere die „säkuläre Stagnation" mit langfristig niedrigem Wirtschaftswachstum und anhaltend hoher Arbeitslosigkeit. Die vorhandenen rentablen Investitionsmöglichkeiten seien ausgeschöpft, was einen dauerhaften Sparüberhang über die Investitionen bewirke, der auch bei Nullzinsen nicht verschwindet. Folge sind die Vermögenspreisblasen der letzten Jahre.

28 Alvin H. Hansen: „Economic progress and declining population growth" in: The American Economic Review Vol. XXIX, März 1939, S. 10.
29 Ebd., S. 11.

Diese Situation sei kein temporäres Problem, sondern „vielmehr ein potenziell permanenter Zustand".[30] Für Summers leitet sich daraus die Notwendigkeit ab, dass zumindest der Sparüberhang, also das Nachfragedefizit, vom Staat ausgeglichen wird. Für die USA fordert er eine expansive Fiskalpolitik, „um bei der Überwindung der säkularen Stagnation zu helfen und das Wachstum wieder in die Spur zu bringen."[31] Summers erwartet demnach nicht, dass die Investitionen, selbst bei noch weiter expandierenden Staatsausgaben, an Dynamik gewinnen werden. Es gehe lediglich darum, das schwindsüchtige Wachstum durch dauerhaft höhere Staatsausgaben anzuheben. So sollen die Nebenwirkungen einer Wirtschaftslage eingedämmt werden, die schon seit langem die Wesenszüge einer wirtschaftlichen Depression aufweist.

Trotz der ähnlichen Perspektive, die Hansen und Summers für die entwickelten Volkswirtschaften sehen, nämlich die dauerhaft notwendige Abschöpfung des Sparüberhangs durch permanente Budgetdefizite der Staaten, unterscheiden sie sich hinsichtlich der Bewertung diametral. Während Hansen das Fehlen industrialisierungsfähiger Technologien beklagte und einen Ausweg aus diesem Dilemma suchte, geht Summers – wie viele seiner Fachkollegen – davon aus, dass die Wirtschaft durch die „New Economy" in einen *kapitalsparenden Wachstumsmodus gewechselt* ist, die Situation also gut erklärbar und *mit Blick auf die produktive Basis unproblematisch* sei.

Das Gegenteil ist aber der Fall: Der kapitalsparende Wachstumsmodus hat die Fähigkeit der Unternehmen, die

30 Larry Summers: „The Age of Secular Stagnation: What It Is and What to Do About it" in: Foreign Affairs, März/April 2016.

31 Ebd.

für die gesellschaftliche Entwicklung so bedeutende Arbeitsproduktivität zu steigern, stark beeinträchtigt.

Arbeitsproduktivität

Eine Steigerung der Arbeitsproduktivität bewirkt, dass Waren oder Dienstleistungen mit einem verringerten Arbeitsvolumen erzeugt werden. Gelingt es, etwa durch verbesserte Arbeitsorganisation oder Maschineneinsatz, die über alle Herstellungsstufen insgesamt aufgewendete menschliche Arbeitszeit zur Herstellung eines Erzeugnisses zu reduzieren, so vergrößert dies den gesellschaftlichen Wohlstand. Die eingesparte Arbeitszeit kann zur Herstellung zusätzlicher Dinge genutzt werden. Dann zeigt sich der zunehmende Wohlstand in einem größeren Warenangebot gleicher oder völlig neuartiger Dinge auf die die freigewordene Arbeitszeit verwendet werden kann und der gesellschaftliche Konsum kann steigen. Eingesparte Arbeitszeit kann jedoch auch in mehr Freizeit oder Zeit für andere soziale oder politische Betätigungsfelder umgemünzt werden – eine Möglichkeit, von der die Menschen seit der Industrialisierung in ihrem erfolgreichen Kampf um Arbeitszeitverkürzungen immer wieder Gebrauch gemacht haben.

Die Gesellschaft wird durch Produktivitätssteigerungen insgesamt reicher, wobei damit keine Aussage über die Verteilung des zusätzlichen Reichtums getroffen ist. So sind Kultur oder Wissenschaft davon abhängig, dass ein großer Teil der Menschen nicht damit beschäftigt ist, die überlebensnotwendigen Dinge zu produzieren, sondern durch die gestiegene Arbeitsproduktivität freigesetzt wird. Die freie Verfügbarkeit eingesparter Arbeitszeit ist essentiell für die individuellen Freiheiten. Eine freie Berufswahl oder das

Leben nach den eigenen Interessen ausrichten zu können, ist überhaupt erst möglich, weil die produzierenden Sektoren in der Lage sind, den nicht unerheblichen Teil der Transferempfänger in Universitäten und Schulen, Künsten und Sozialwesen mitzuversorgen. In vormodernen Zeiten wurde man in einen Stand geboren und hatte kaum eine Wahl, schon allein deshalb, weil die große Mehrheit der Arbeitsfähigen in der Landwirtschaft und im Handwerk gebraucht wurde. Die Überschüsse reichten nur für eine Minderheit an Aristokraten und Klerikern. Kurz: Die Steigerung der Arbeitsproduktivität ist essentiell für die Ausweitung der gesellschaftlichen und individuellen Freiheiten und Möglichkeiten.

Mit der Industrialisierung im 18. und 19. Jahrhundert und der Durchsetzung der kapitalistischen Produktionsweise gelang es, die Arbeitsproduktivität in einem bis dahin unvorstellbarem Ausmaß zu steigern. Durch die fortschreitende Arbeitsteilung und den massiv zunehmenden Kapitaleinsatz erreichten im Laufe der Zeit sogar zuvor nicht industrialisierte Produktionszweige wie die Landwirtschaft einen enormen Technologiewandel und riesige Produktivitätssteigerungen. So erzeugte ein deutscher Landwirt um 1900 genügend Nahrungsmittel, um etwa vier Personen ernähren zu können. 1950 ernährte er schon 10 Personen und 2010 sogar 131 Personen.[32]

Die Entwicklung der Arbeitsproduktivität ist allerdings aus betriebswirtschaftlicher Perspektive nicht das primäre Ziel der Unternehmen. Sie vollzieht sich sozusagen hinter deren Rücken. Sie ist kein unmittelbar beabsichtigtes Ergebnis, sondern gewissermaßen ein Nebenprodukt unternehmerischen Handelns. Gewinnerzielung ist unabdingbare

32 „Jahrhundertvergleich", Deutscher Bauernverband online.

Existenznotwendigkeit. Die Konkurrenzsituation erzwingt, sich Wettbewerbsvorteile zu erschließen. Die dabei eingesetzten Strategien sind darauf gerichtet, ein Gewinnoptimum unter Berücksichtigung des magischen Dreiecks von Kosten, Qualität und Verfügbarkeit zu erreichen.

Seit der Industrialisierung ist es den Unternehmen gelungen, die Arbeitsproduktivität, wenn auch in Zyklen und Sprüngen, kontinuierlich zu verbessern. Immer wieder haben neue Technologien so enorme Wettbewerbsvorteile versprochen, dass führende Unternehmen sie trotz erheblicher Investitionen und Risiken angewendet haben. Diese bahnbrechenden Entwicklungen setzen die Wettbewerber in der Regel so enorm unter Druck, dass diese bei Strafe des Untergangs gezwungen sind, die gleichen oder andere bahnbrechende Technologien einzuführen. Schlichte Effizienzsteigerungs- und Kosteneinsparungsprogramme reichen in diesen Fällen nicht mehr aus, den entstehenden Wettbewerbsnachteil zu kompensieren.

Wie sehr der Wettbewerb die Unternehmen angetrieben hat, lässt sich an der Entwicklung der Arbeitsproduktivität in den letzten knapp 200 Jahren in Deutschland gut aufzeigen. Wirtschaftswissenschaftler ermitteln die Arbeitsproduktivität, indem sie das in einer Volkswirtschaft erzeugte reale (d.h. inflationsbereinigte) BIP durch die Anzahl der im jeweiligen Jahr Erwerbstätigen teilen. Die Aussagekraft dieser Kennzahl lässt sich noch verbessern, wenn statt der Anzahl der Erwerbstätigen die tatsächlich geleisteten Arbeitsstunden ermittelt werden. So können verzerrende Effekte wie etwa zu- oder abnehmende Teilzeitarbeit oder auch die Veränderung der von Vollzeitarbeitskräften geleisteten Arbeitsstunden eliminiert werden.

Von 1850 – einem Zeitpunkt, als sich in Deutschland die kapitalistische Produktionsweise bereits durchgesetzt hatte – bis 1913 wurde eine durchschnittliche Steigerung der Arbeitsproduktivität pro Erwerbstätigem von jährlich 1,5 Prozent erreicht. In diesem Zeitraum von etwa 70 Jahren gelang es, die Arbeitsproduktivität um etwa das Zweieinhalbfache zu steigern. Von Verteilungseffekten abgesehen bedeutete dies, dass sich der gesellschaftliche Wohlstand in diesem Zeitraum mehr als verdoppelte.

Im kürzeren Zeitraum der Nachkriegsexpansion von 1950 bis 1973 nahm die Arbeitsproduktivität sogar um durchschnittlich 5,9 Prozent pro Jahr zu, was mehr als eine Verdreifachung des gesellschaftlichen Wohlstands bedeutete. Danach setzte ein bis heute ungebremster Rückgang dieses Zuwachses ein. Von 1974 bis 1991 sank die jährliche Steigerungsrate zunächst auf 2,8 Prozent und sackte danach weiter ab.[33]

Im Zehnjahreszeitraum seit der Finanzkrise, also von 2008 bis 2018, wurde in Deutschland nur noch ein jährliches Wachstum der Arbeitsproduktivität von 0,3 Prozent erreicht.[34] Dieser negative Trend ist durch die stetige Zunahme der Teilzeitarbeit leicht überzeichnet.[35] Eine etwas genauere Aussage über den Einbruch in der Arbeitsproduktivität liefert daher die Entwicklung der Arbeitsproduktivität pro Arbeitsstunde. Seit der Finanzkrise stieg die Arbeitsproduktivität pro Stunde

33 Rainer Metz: „Säkulare Trends der deutschen Wirtschaftsgeschichte" in: Michael North (Hg.): „Deutsche Wirtschaftsgeschichte – Ein Jahrtausend im Überblick", 2. Aufl., C.H. Beck 2005, S. 471.

34 Statistisches Bundesamt: „Volkswirtschaftliche Gesamtrechnungen Inlandsproduktberechnung Lange Reihen ab 1970", Tabelle 2.13 Arbeitsproduktivität je Erwerbstätigen, Fachserie 18, Reihe 1.5, 2018.

35 Statistisches Bundesamt: „Bruttoinlandsprodukt 2017 für Deutschland, Begleitmaterial zur Pressekonferenz", 11.01.2018, S. 15; eigene Berechnungen.

zwar immerhin noch um 0,7 Prozent pro Jahr, damit aber nur noch halb so schnell wie im langjährigen Mittel der Zeit vor dem Ersten Weltkrieg.[36]

Der Niedergang der letzten Jahrzehnte ist demnach enorm und gibt seit vielen Jahren Anlass zu großer Sorge.[37] Der Ifo-Präsident Clemens Fuest bezeichnete den Rückgang des Produktivitätswachstums als die heute „wohl wichtigste Frage der Wirtschaftspolitik und der Wirtschaftswissenschaften".[38] Der Niedergang der Arbeitsproduktivität folgt in allen entwickelten Volkswirtschaften dem gleichen Muster (siehe Abb. 2). Während der wirtschaftlichen Expansion nach dem Zweiten Weltkrieg erreichten die entwickelten Volkswirtschaften bis in die 1970er Jahre hinein historisch einmalige Produktivitätssteigerungen pro Arbeitsstunde – teilweise mehr als zehn Prozent pro Jahr. Seitdem ist das Produktivitätswachstum in zyklischen Bewegungen auf nur noch etwa ein Prozent und weniger geschrumpft. Im Verlauf der kapitalistischen Entwicklung ist dies ein einzigartiger Niedergang. Der Wohlstandsmotor ist zusammengebrochen.

36 Statistisches Bundesamt: „Volkswirtschaftliche Gesamtrechnungen Inlandsproduktberechnung Lange Reihen ab 1970", Tabelle 2.14 Arbeitsproduktivität je geleisteter Erwerbstätigenstunde, Fachserie 18, Reihe 1.5, 2018.

37 Sachverständigenrat zur Begutachtung der gesamtwirtschaftlichen Entwicklung: „Zukunftsfähigkeit in den Mittelpunkt", Kapitel 7: „Produktivität: An den Ursachen ansetzen" in: Jahresgutachten 2015/16, S. 282ff.

38 Ifo Institut: „Digitalisation and Productivity: In Search of the Holy Grail", YouTube, 12.02.2019.

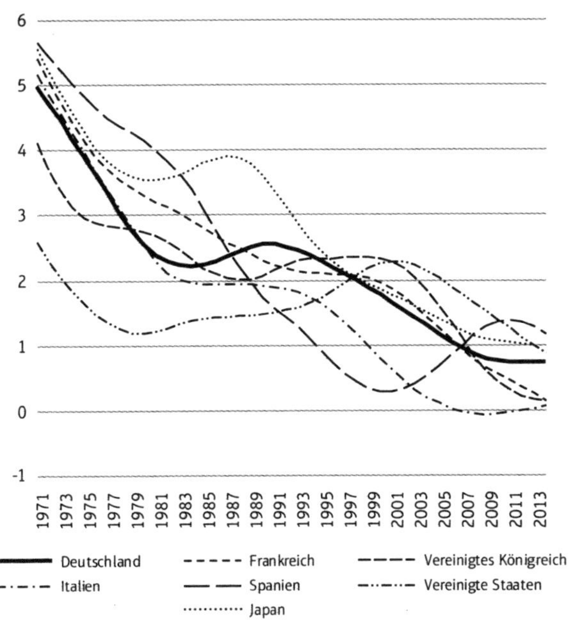

Abbildung 2: Steigerungsrate der Arbeitsproduktivität je Erwerbstätigenstunde in ausgewählten Ländern (jährlich in %)[39]

Zombifizierung und die Entwicklung der Arbeitsproduktivität

Der stark verminderte Anstieg der Arbeitsproduktivität zeigt, dass es den Unternehmen immer weniger gelingt, innovative

39 Sachverständigenrat zur Begutachtung der gesamtwirtschaftlichen Entwicklung: „Zukunftsfähigkeit in den Mittelpunkt", Kapitel 7: „Produktivität: An den Ursachen ansetzen" in: Jahresgutachten 2015/16, S. 286.

Ideen in Prozess- oder Produktinnovationen umzumünzen und diese auch im Markt durchzusetzen. Zwischen Unternehmen und Branchen gibt es jedoch erhebliche Unterschiede. Eine Ausnahmeerscheinung der letzten Jahrzehnte ist die deutsche Automobilindustrie. Ihr ist es im Vergleich zu allen anderen großen Wirtschaftsbranchen gelungen, überdurchschnittliche Produktivitätssteigerungen zu erzielen. Die differenziertere Betrachtung der Gesamtwirtschaft zeigt zudem, dass die gesamtwirtschaftlichen Produktivitätssteigerungen auf technologische Innovationen einer kleinen Minderheit von Unternehmen zurückgehen. Der statistische Durchschnittswert verschleiert, dass wenige Unternehmen und Branchen für das nur noch leicht steigende Niveau verantwortlich sind und die große Masse der Unternehmen aus dem Innovationsgeschehen ausgestiegen ist. Die technologischen Verbesserungen voranschreitender Branchen und Unternehmen strahlt kaum auf die Masse der Unternehmen aus. Seit vielen Jahren beklagt der Deutsche Industrie- und Handelskammertag (DIHK), dass sich der deutsche Mittelstand zunehmend aus dem Innovationsgeschehen verabschiedet. Studien der Kreditanstalt für Wiederaufbau (KfW) bestätigen, dass deutsche Mittelständler immer seltener Neues wagen.[40]

Da es nur wenige Unternehmen schaffen, ihre Wettbewerbsfähigkeit mit der Einführung neuer Technologien zu steigern, stehen alle anderen Unternehmen weniger unter Druck ebenfalls in neue Technologien investieren zu müssen. In diesem Marktumfeld können auch Unternehmen gut überleben, deren wirtschaftliche Substanz und Profitabilität zu schwach ist, um aus dem eigenen Cash-Flow oder über

40 „Trend zu weniger Innovatoren hält an", KfW-Innovationsbericht Mittelstand 2017, KfW Research, März 2018.

Kredite die erforderlichen Mittel für teure und riskante Einführung neuer Technologien zu mobilisieren. Anstatt aus dem Markt auszuscheiden, fristen sie ein Dasein als Untote. Sie werden zu Zombieunternehmen, die aufgehört haben, einen Beitrag zur Steigerung der Arbeitsproduktivität – also zur Entwicklung des gesellschaftlichen Wohlstands – zu leisten.

Als Zombieunternehmen gelten in der wissenschaftlichen Literatur solche Unternehmen, denen es über einen längeren Zeitraum (oft drei Jahre) nicht gelingt, anfallende Schuldzinsen aus dem Betriebs- und Beteiligungsergebnis, also aus dem Jahresüberschuss zu zahlen. Sie machen also Verluste. Ein weiteres Merkmal dieser Zombies ist ihre sehr limitierte Fähigkeit, die Arbeitsproduktivität zu steigern, so dass sich diese im Vergleich zu gesunden Unternehmen deutlich schwächer entwickelt oder sogar stagniert. Sie sind daher nicht nur aus betriebswirtschaftlicher Perspektive Untote, sondern auch mit Blick auf *ihren gesellschaftlichen Nutzen*, denn sie leisten keinen Beitrag mehr, um den gesellschaftlichen Wohlstand zu steigern und die materielle Grundlage für mehr Freiheit zu schaffen. Ihre Entstehung verdanken diese Zombies wirtschaftlichen Rahmenbedingungen, die es ihnen erlauben – obwohl sie nicht oder kaum profitabel sind – dennoch wirtschaftlich aktiv zu bleiben und nicht aufgeben zu müssen.

Analysen weisen auf die Vermehrung dieser Zombieunternehmen hin. Die Bank für Internationalen Zahlungsausgleich (BIZ) hat insgesamt 32.000 Kapitalgesellschaften (ohne Unternehmen der Finanzwirtschaft) aus 14 entwickelten Ländern, darunter auch Deutschland, untersucht. Die Forscher nutzten dabei eine mittlerweile etablierte, sehr scharfe Abgrenzung zur Ermittlung von Zombieunternehmen.

Demnach klassifizierten sie Unternehmen als Zombies, die mindestens zehn Jahre bestehen (um Start-ups auszuschließen, die in den ersten Jahren oft Verluste realisieren) und in mindestens drei aufeinanderfolgenden Jahren nicht in der Lage waren, ihre Schuldzinsen durch Gewinne auszugleichen.[41] Ende der 1980er Jahre lag die Quote solcher Firmen bei zwei Prozent. Unmittelbar vor Ausbruch der Finanzkrise lag sie bereits bei etwa sieben Prozent. Bis 2016 kletterte die Quote auf zwölf Prozent.[42]

In ihrem Überlebenskampf behindern Zombieunternehmen die wirtschaftliche Entwicklung. Sie binden wichtige Ressourcen, wie etwa Fachkräfte, die so jenen Firmen fehlen, die technologisch schneller vorangehen könnten. Die Produktivitätsentwicklung wird dadurch beeinträchtigt, dass sich die weniger produktiven Unternehmen über Wasser halten können und es den produktiveren Unternehmen nicht gelingt deren Marktanteil zu übernehmen. Zudem wird die Innovationskraft der stärkeren Unternehmen geschwächt, da ihnen wichtige Ressourcen fehlen, die in den Zombieunternehmen gebunden sind.

Es entsteht ein sich kontinuierlich selbstverstärkender Teufelskreis. Da es nur sehr wenigen Unternehmen gelingt, produktivitätssteigernde Investitionen durchzusetzen, kommen die schwächeren Unternehmen nicht unter wettbewerblichen Druck. Sie können daher auch ohne Einführung technologischer Innovationen langfristig überleben, binden Ressourcen und behindern so die gesünderen Unternehmen.

41 Diese Unternehmen haben einen Zinsdeckungsgrad (also EBIT/Zinsaufwendungen) kleiner als 1.

42 Ryan Banerjee / Boris Hofmann: „The rise of zombie firms: causes and consequences" in: BIS Quarterly Review, September 2018, S. 67–78.

Die steigende Anzahl der schwächeren Unternehmen wird von der *Aufrechterhaltung eines sie begünstigenden Marktumfelds abhängig*, so dass ein starkes Motiv entsteht, diesen Zustand zu erhalten. Es entsteht ein massiver gesellschaftspolitischer Druck auf Regierungen und Zentralbanken, durch staatliches Eingreifen, ein Massensterben der Zurückgebliebenen zu verhindern. Die Niedrigzinspolitik ist ein wichtiges Element dieser Entwicklung. Auch die BIZ weist darauf hin, dass „der fortschreitende Rückgang der Zinssätze nach jedem Konjunkturzyklus seit den 1980er Jahren den Druck auf die Zombieunternehmen gemildert" hat. Darin sieht sie eine Ursache für deren kontinuierlich ansteigenden Anteil in den entwickelten Volkswirtschaften.[43] Dieser Teufelskreis führt zu einer Abwärtsspirale, in der sich die Staaten geradezu genötigt sehen, die Überlebensbedingungen der Unternehmen immer weiter zu verbessern.

Soziale Konsequenzen

Während die Menschen seit der Industrialisierung davon ausgehen konnten, dass sich der persönliche Wohlstand von einer Generation zur nächsten, also innerhalb von 20 bis 30 Jahren, spürbar vergrößerte oder in guten Phasen verdoppelte, erlaubt die fast bei Nullwachstum angelangte Produktivitätssteigerung keinen spürbaren Wohlstandsgewinn mehr. Dass dies nicht mit voller Konsequenz durchschlägt, verdanken wir dem geliehenen Wohlstand, der sich aus der erfolgreichen Integration Chinas und der osteuropäischen Länder in den kapitalistischen Weltmarkt ergibt. Das niedrige soziale Niveau und die damit verbundenen niedrigen Löhne sowie

43 Ebd.

die dort noch deutlichen Produktivitätssteigerungen sorgen für einen Zufluss günstiger Waren in die entwickelten Länder. Von diesem Effekt profitieren alle Konsumenten.

Ein weiterer Effekt, der vor allem bei der gehobenen Mittelschicht den ausgefallenen Wohlstandseffekt sogar überkompensiert, ist die Steigerung der Vermögenspreise. Da Immobilien und Aktien drastisch an Wert zulegen, während die allgemeine Preisinflation deutlich niedriger ausfällt, entsteht ein enormer Vermögenszuwachs. Dieser kann in mehr Konsum umgesetzt werden und so den individuellen Lebensstandard erheblich verbessern.

Für die große Mehrheit in den entwickelten Volkswirtschaften ist aber eine deutliche Abschwächung des Wohlstandszuwachses Realität. Trotz des nun zehnjährigen Konjunkturaufschwungs spüren die Menschen auch in Deutschland, dass etwas nicht passt: Schon seit langem entwickeln sich die Reallohneinkommen nur schwach. Große Bevölkerungsschichten profitieren vom Aufschwung nicht oder nur wenig. Seit Mitte der 1990er Jahre sind die Reallöhne in Deutschland durchschnittlich um nur etwa ein halbes Prozent jährlich angestiegen.[44] Besonders problematisch ist die Entwicklung beim am geringsten entlohnten Drittel der Beschäftigten. Im Jahr 2015 lagen die realen Stundenlöhne dieses unteren Drittels niedriger als zwanzig Jahre zuvor.[45] Erst in den letzten Jahren steigen – als Folge des allseits beklagten Arbeits- und Fachkräftemangels – die Reallöhne hier wieder moderat an.

44 Hartmut Görgens: „Irrtum und Wahrheit über die Reallohnentwicklung seit 1990 – Gegen den Mythos einer jahrzehntelangen Reallohnstagnation", Metropolis 2018.
45 Karl Brenke / Alexander S. Kritikos: „Niedrige Stundenverdienste hinken bei der Lohnentwicklung nicht mehr hinterher", in: DIW Wochenbericht Nr. 21/2017, S. 407–416.

Wie eng die Verteilungsspielräume bei stagnierendem Wohlstand werden, zeigt die Rentendiskussion. Aufgrund der demographischen Alterung ist absehbar, dass trotz der Heraufsetzung des Rentenalters auf 67 Jahre die Anzahl der Rentner im Verhältnis zu den Personen im erwerbsfähigen Alter steigen wird. Die demographische Alterung ist in Deutschland kein neues Phänomen. Seit dem Rückgang der Geburtenraten, der in Deutschland um 1870 einsetzte, und der damals beginnenden deutlichen Verbesserung von Ernährung und Gesundheit, altert die Gesellschaft. So ist der Anteil der über 65-Jährigen im Verhältnis zu den 20- bis unter 65-Jährigen seit 1870 von weniger als 10 auf inzwischen knapp 40 Prozent gestiegen. Voraussichtlich wird der Anteil der über 65-Jährigen bis 2040 sogar auf 60 Prozent ansteigen.

Bislang war die demographische Alterung, die mit einer immer besseren Versorgung eines kontinuierlich anwachsenden Anteils nicht mehr erwerbstätiger älterer Menschen einherging, keine besondere gesellschaftliche Herausforderung. Im Gegenteil ist es in der etwas weiter zurückliegenden Vergangenheit sogar gelungen, die relativ steigende Anzahl der Rentner immer besser zu versorgen. Ein steigender Lebensstandard der Erwerbstätigen wie auch der Rentner war in den letzten beiden Jahrhunderten eine Selbstverständlichkeit. Künftig dürfte dies schwieriger werden. Die Problematik hat jedoch keine demographischen Gründe, wie der Tenor der Rentendiskussion vermittelt, sondern soziale Ursachen. Unter den gegebenen Bedingungen einer Zombieökonomie stagniert der von den Erwerbstätigen erwirtschaftete gesellschaftliche Wohlstand. Das führt zwangsläufig zu Wohlstandsverlusten, wenn das Erwirtschaftete auf mehr Köpfe verteilt werden muss.

Die in der schwachen Entwicklung der Arbeitsproduktivität liegenden wirtschaftlichen Ursachen der Rentenproblematik, werden in der Rentendiskussion jedoch völlig ignoriert. So erscheint die *wirtschaftliche Entwicklung nicht als soziale Variable, die sich gesellschaftlich beeinflussen lässt*, sondern als hinzunehmendes Faktum. Damit lässt sich die Rentendiskussion auf eine reine Verteilungsdiskussion reduzieren. Es geht nicht darum, den Wohlstand zu mehren, sondern nur darum, den vorhandenen Wohlstand anders zu verteilen.

Ein Problem sozialer Organisation – denn nichts anderes ist die Art und Weise des Wirtschaftens – *wird über den Demographiediskurs zu einem quasi-natürlichen Problem umgedeutet*. Die gesellschaftliche Entwicklung ist demzufolge diesen mehr oder weniger unabänderlichen Fakten unterzuordnen und anzupassen. Wie begrenzt die gesellschaftlichen Handlungsmöglichkeiten hierdurch erscheinen, lässt sich daran erkennen, dass die Diskussion darauf fixiert ist, die demographische Alterung biopolitisch auszugleichen. Wesentliche Vorschläge laufen auf eine Steigerung der Geburtenraten oder mehr Zuwanderung hinaus, um so die Auswirkungen auf die Rente zu begrenzen.

Durch die Reduzierung auf Fragen der Verteilung und der Demographie ist die Rentendiskussion weitgehend entpolitisiert. Sie impliziert, dass die Wirtschaftspolitik keinen Hebel hat, um die Entwicklung der Arbeitsproduktivität positiv zu beeinflussen. Diese Sichtweise führt zu einer starken Einengung des gesellschaftlichen Diskussions- und Handlungsspielraumes.

Soziale Barrieren, die den Wohlstandszuwachs stark limitieren, bleiben von der Politik unbeachtet. Indem sich die Entscheidungsträger durch die Problemlagen durchwursteln, anstatt die Ursachen anzugehen, manövrieren sie sich selbst in eine unglaubwürdige Position. Sie nähren eine Wohlstandsillusion, die schon heute an der Realität scheitert und das Vertrauen der Wähler untergräbt. Der geringe Wohlstandszuwachs macht heute mehr Menschen zu sozialen Verlierern, als es in früheren Zeiten der Fall war. Das Wirtschaftswunder der Nachkriegszeit ermöglichte einen „Fahrstuhleffekt". Die relativen Einkommensunterschiede zwischen den sozialen Gruppen blieben zwar weitgehend unverändert, der absolute Zuwachs war jedoch so deutlich, dass er in allen sozialen Gruppen zu spürbaren Verbesserungen des Lebensstandards führte. Dies ist im gegenwärtigen Empfinden der Beschäftigten heute angesichts der schwachen Reallohnzuwächse anders. Die politischen Parteien versuchen die zunehmenden – oftmals auch nur gefühlten – sozialen Schieflagen, durch eine mehr rhetorische als praktisch erfolgreiche Umverteilungspolitik zu kaschieren. Deren lauter Anspruch auf Verwirklichung „sozialer Gerechtigkeit" ist auf dünnes Eis gebaut.

Typisch für die Versuche, das Vertrauen der Wähler in Politik und Sozialstaat zu stärken, war der von Bundesfinanzminister Olaf Scholz (SPD) 2018 in die Diskussion geworfene Vorschlag, die bis 2025 vereinbarten „doppelten Haltelinien" der Rente bis zum Jahr 2040 fortzuschreiben, um zum einen das Rentenniveau zu fixieren und zum anderen die

Beitragssätze der Erwerbstätigen zu begrenzen.[46] Seine Absicht bestand darin, die Sozialpolitik als Mittel gegen „Populismus“ einzusetzen.[47] Vollmundige Sicherheitsversprechen sollen dem Vertrauensverlust in die etablierten Parteien und die Institutionen des Sozialstaats entgegenwirken.

Diese ursprünglich von der damaligen SPD-Vorsitzenden Andrea Nahles eingebrachte und von der Regierungskoalition bis 2025 festgelegten Haltelinien sind bis dahin unproblematisch. Die demographischen Veränderungen, die diese Haltelinien gefährden, sind erst nach 2025 zu erwarten. So wurde als großer sozialpolitischer Erfolg gefeiert, was der Regierungskoalition durch eine geschickte Fristsetzung ermöglicht wurde.

Die von Scholz geforderte Verlängerung der „Renten-Stabilisierung“ bis in das Jahr 2040 würde, nach Berechnungen des Max-Planck-Instituts für Sozialpolitik, jedoch bis 2030 jährlich 45 Milliarden Euro kosten. Bis 2048 würde der Fehlbetrag auf jährlich 125 Milliarden anwachsen.[48] Diese zusätzlichen Milliarden zur Rentenfinanzierung müssen irgendwie erwirtschaftet werden. Dabei ist es zunächst nicht von Bedeutung, ob dies über die Rentenbeiträge der zukünftigen Erwerbstätigen geschieht oder über Steuern zu Lasten der Allgemeinheit. Letztlich müssen die Erwerbstätigen in der Lage sein, die zusätzliche finanzielle Last kontinuierlich zu tragen, ansonsten werden die Vorschläge als das entlarvt, was sie in Wahrheit sind: Taschenspielertricks, denen viele

46 Auch bei langfristig stagnierenden Reallöhnen würde dies zumindest dazu führen, dass auch die Rentner real keine Wohlstandsverluste erleiden und die Beitragssätze der Erwerbstätigen nicht über einen bestimmten Prozentsatz des Verdienstes steigen, so dass ihre die Belastung trotz der zunehmenden Zahl der Rentner nicht steigt.

47 „Koalition will Populismus durch Sozialpolitik bekämpfen“, Welt online, 14.09.2018.

48 Stefan Sauer: „Der Renten-Vorstoß von Olaf Scholz und was er bedeutet“, Frankfurter Rundschau online, 20.08.2018.

Wähler schon heute kein Vertrauen entgegenbringen, da sie die Diskrepanz zu ihrer unmittelbaren Lebenswelt erkennen.

Das *hartnäckige Ignorieren der Probleme in der werterzeugenden Wirtschaft* führt, wie die Finanzkrise und deren Folgen gezeigt haben, zu starken wirtschaftlichen Verwerfungen. Es bringt die handelnden Akteure immer wieder in die Bredouille. Sie versuchen die Situation durch Behelfslösungen zu retten, um wenigstens die Folgewirkungen abzufangen. Das Problem ist jedoch, dass viele Menschen das Vertrauen in die Behelfslösungen bereits verloren haben. Es gibt zu viele negative Erfahrungen, mit Umsetzungen bei denen wichtige Grundsätze missachtet, Regeln gebrochen und Versprechen gegenüber den Wählern nicht gehalten wurden.

II

DIE URSACHEN SINKENDER ARBEITSPRODUKTIVITÄT

Geld für Zombies

Unmittelbar vor dem offiziellen Teil des G20-Treffens im Februar 2016 in Shanghai warnte Wolfgang Schäuble, damals noch deutscher Finanzminister, dass das schuldenfinanzierte Wachstumsmodell an seine Grenzen gestoßen sei. Es schaffe neue Probleme, indem es „steigende Schulden, Blasen und das übermäßige Eingehen von Risiken" bewirke und zudem die „Wirtschaft zombifiziert."[1] Schäuble griff damit als einer der ersten deutschen Politiker das in der internationalen Forschung schon lange diskutierte Problem auf. Viele Wirtschaftswissenschaftler führen die seit langem rückläufige und seit der Finanzkrise 2008 extrem schwache Entwicklung der Arbeitsproduktivität in den entwickelten Volkswirtschaften auf die Entstehung von Zombieunternehmen zurück. Diese Unternehmen fristen ein Dasein als Untote, da es ihnen nicht mehr gelingt, die erforderlichen finanziellen Mittel zu mobilisieren, um sich durch Investitionen in neue Produkte oder Prozesse wettbewerblich zu verbessern. Ihr Ableben wird durch wirtschaftliche Rahmenbedingungen verhindert, die das von Schäuble kritisierte Wachstumsmodell schafft. Die mit ihm einhergehenden niedrigen Zinsen erleichtern es Staaten, Unternehmen und auch privaten Haushalten sich günstig zu verschulden. Vor allem Staaten und Privathaushalten dient die steigende Verschuldung zur Ausweitung eines Konsums, der über den eigenen Verhältnissen liegt. Staaten nutzen die

1 „German finance minister: expansive policies may have laid foundation of next crises", Reuters online, 26.02.2016.

günstigen Verschuldungsmöglichkeiten zur Stabilisierung der Sozialsysteme und zur Stimulierung der wirtschaftlichen Konjunktur.

Schäuble wies auf die von den Zentralbanken geschaffenen Rahmenbedingungen hin, die eine Zombiewirtschaft begünstigten und so möglicherweise bereits die Grundlage für die nächste Wirtschaftskrise gelegt hätten. Auf einer Konferenz in Shanghai, die in Verbindung mit dem G20 Treffen abgehalten wurde, sagte er: „Fiskal- und Geldpolitik haben ihre Grenzen erreicht. Wenn wir eine wachsende Weltwirtschaft wollen, gibt es keine Abkürzung mit der wir Reformen vermeiden können [...] Über weitere Stimuli zu reden, hält nur von den anstehenden Aufgaben ab". Es stünden jetzt „Strukturreformen" an.[2] Damit deutete er völlig zurecht an, dass die Wirtschaft ihre Dynamik verloren hat. Wachstums- und wohlstandssteigernde Effekte, die aus der Steigerung der Arbeitsproduktivität herrühren, sind zum Erliegen gekommen. Es wird kein zusätzlicher Wohlstand mehr geschaffen, sondern nur mittels wachsender Verschuldung umverteilt, um die Probleme zu verschleiern.

Schäubles Manöver war jedoch rein taktisch motiviert. Es ging ihm nicht um eine grundlegende Diskussion der Produktivitätsschwäche. Er reagierte nur darauf, dass Deutschland wegen seines hohen und ständig steigenden Handels- und Leistungsbilanzüberschusses schon viele Jahre international am Pranger stand. Nicht nur die EU, sondern auch die USA und internationale Organisationen setzten die Bundesregierung unter Druck, dieses Ungleichgewicht durch wirtschaftspolitische Maßnahmen, wie die Steigerung

2 Ebd.; „Warnung vor der Zombie-Wirtschaft" in: F.A.Z., 27.02.2016, S. 18.

staatlicher Ausgaben, zu beheben.[3] Schäuble hatte durch den Vorwurf eines schuldenfinanzierten Wachstumsmodells endlich einen Ansatz, um die Kritik zurückzuweisen und in die Offensive zu gehen. Bei seinen G20-Regierungskollegen konnte er nun seinerseits dringend erforderliche Strukturreformen anmahnen. Sonst werde sich in den entwickelten Volkswirtschaften eine Zombiewirtschaft herausbilden.

Mit diesem taktischen Manöver sandte Schäuble gleichzeitig eine Botschaft an die deutsche Öffentlichkeit. Durch seine Interpretation erhielt das unter den entwickelten Volkswirtschaften einzigartige deutsche Modell der hohen Exportüberschüsse und geringer Neuverschuldung neuen Glanz gegenüber jenen Ländern, die sich zur Stabilisierung und Ausweitung ihres Wohlstands immer stärker verschuldet und gewissermaßen über ihre Verhältnisse gelebt haben. Zudem verwahrte er sich präventiv gegen den möglichen Vorwurf einer Mitverantwortung für die Entstehung einer Zombiewirtschaft sowie einer von ihr ausgehenden nächsten Wirtschaftskrise und beteuerte Deutschland werde sich an dieser Methode der Schuldenfinanzierung nicht beteiligen.

In Wahrheit ist Deutschland ist jedoch ein integraler Bestandteil des von Schäuble problematisierten Wachstumsmodells. Mit einer außergewöhnlich hohen Exportquote (das ist der Anteil der Exporte am BIP) ist Deutschland ein Musterbeispiel für eine tiefe Einbindung in die globale Arbeitsteilung und die damit verbundenen Waren- und Kapitalströme. Sie liegt mit fast 40 Prozent wesentlich höher als die anderer großer Volkswirtschaften.[4] Etwa 70 Prozent

3 „EU-Kommission rügt deutsche Exportüberschüsse“, Reuters online, 05.03.2015.

4 Statistisches Bundesamt: „Statistisches Jahrbuch 2018“, Verarbeitendes Gewerbe, S. 549ff.

der deutschen Exporte gehen in die EU und Nafta-Staaten (USA, Kanada, Mexiko), also in Regionen, in denen das von Schäuble kritisierte schuldenfinanzierte Wachstumsmodell eine bedeutende Rolle spielt. Die deutsche Wirtschaft profitiert daher sehr direkt von der Schuldenpolitik der wichtigsten Handelspartner, die ihre gesamtwirtschaftliche Nachfrage anheben oder zumindest stabilisieren. Aufgrund der starken Exportorientierung wird Deutschland in stärkerem Maß als jede andere große Volkswirtschaft vom hieraus resultierenden Importsog begünstigt. Deutschland kann praktisch auf eigene Konjunkturprogramme verzichten und dennoch am schuldenfinanzierten Wachstumsmodell partizipieren.

Darüber hinaus hat Deutschland eine große Bedeutung als Stabilitätsanker der Eurozone. Dadurch gelingt es, dieses Wachstumsmodell, wie wir sehen werden, in der Eurozone immer weiter auszudehnen. Negative Wohlstandseffekte, die von der Zombiewirtschaft ausgehen, können so in ganz Europa in die Zukunft verschoben und verschleiert werden. Dieses Modell funktioniert jedoch nur deshalb so gut, weil es darauf basiert, dass die deutschen Steuerzahler gemeinsam denen aller anderen Euroländer im gleichen Schuldensumpf sitzen und mithaften.

Finanzieren und partizipieren

Die Rahmenbedingungen für das Fortschreiten dieser Misere werden auch von der deutschen Wirtschaft und vom deutschen Staat geschaffen. Länder mit Leistungsbilanz- und Haushaltsdefiziten sind auf Kapitalexporte aus anderen Ländern angewiesen, um diese zu finanzieren. Der Zusammenhang ergibt sich aus Folgendem: Die Leistungsbilanz eines

Landes, resultiert hauptsächlich aus den Geldströmen, die sich durch Warenexporte und -importe ergeben. Da sich die Geldströme eines Landes ausgleichen müssen, steht einem Saldo in der Leistungsbilanz ein Kapitaltransfer in exakt gleicher höhe gegenüber. Die Kapitalbilanz ist sozusagen der Spiegel der Leistungsbilanz.

Als seit Jahren weltgrößter Kapitalexporteur spielt Deutschland eine große Rolle bei der Finanzierung der Leistungsbilanzdefizite anderer Länder. Im Durchschnitt der letzten Jahre beläuft sich der Transfer auf etwa 250 Milliarden Euro, das sind etwa acht Prozent des deutschen BIP. Möglich ist dieser enorme Kapitalexport, weil das Geld in Deutschland keine profitable Anlage- oder Investitionsmöglichkeit findet, also nicht hierzulande zum Vermögensaufbau beziehungsweise zum Aufbau des Kapitalstocks eingesetzt wird. Stattdessen wandert es in die internationalen Finanzmärkte ab, wo diejenigen, die dieses Kapital ins Ausland transferieren, Vermögenstitel etwa in Form von Staatsanleihen erwerben. Der Kapitalexport gewährleistet letztlich, dass der deutsche Warenexport zahlungsfähige Abnehmer findet.

Auch die Eurozone funktioniert nach diesem Prinzip. Dazu hat die gemeinsame Währung beigetragen, die die ursprünglich vorhandenen wirtschaftlichen Unterschiede zwischen den Euroländern zu einer regelrechten Spaltung vertieft hat. Die infolge der Euroeinführung geschwächte Wettbewerbsfähigkeit vieler Euroländer kann nun nicht mehr durch Währungsabwertungen ausgeglichen werden. Die wettbewerblich schwächere Position vieler Unternehmen in diesen Ländern begünstigt die deutsche Exportwirtschaft und sorgt für weiterhin hohe deutsche Exportüberschüsse.[5]

5 Exakt ist die Leistungsbilanz die zusammenfassende statistische Gegenüberstel-

Im Jahr 2017 erreichte das Leistungsbilanzdefizit der Euroländer gegenüber Deutschland, trotz zuletzt rückläufiger Tendenz, noch immer etwa 2,5 Prozent des deutschen BIP. So fließen vom gesamten deutschen Kapitalexport in Höhe von etwa 250 Milliarden Euro jährlich rund 85 Milliarden Euro in andere Länder der Eurozone, die dazu dienen deren Leistungsbilanzdefizite auszugleichen und ihre Aufnahmefähigkeit für deutsche Exporte zu erhalten.[6]

Die gleiche Funktion hat der sogenannte TARGET2-Saldo.[7] Er entsteht auf Ebene der nationalen Zentralbanken innerhalb der Eurozone und bezeichnet faktisch den Saldo der von den Zentralbanken untereinander gewährten Kredite. In einer ersten Welle stieg er nach der Lehman-Pleite 2008 bis zu Draghis Euro-Rettung 2012 an. Da in diesem Zeitraum privates Kapital nicht ausreichend in einige der besonders krisengeschüttelten Länder transferiert oder sogar abgezogen wurde (was die Eurokrise eskalieren ließ), ermöglichte die EZB den nationalen Notenbanken das Geld selbst zu drucken. „Die EZB erlaubte es den lokalen Notenbanken, ersatzweise zu niedrigen Zinsen Kredite zu gewähren, um weitere Importe zu finanzieren", wie Hans-Werner Sinn damals

lung aller Bewegungen von Waren (Handelsbilanz) und Dienstleistungen (Dienstleistungsbilanz), die in das Ausland geliefert werden bzw. vom Ausland bezogen werden, sowie die Erwerbs- und Vermögenseinkommen (z. B. Arbeitsentgelte, Kapitalerträge) sowie die Übertragungen (z. B. Heimatüberweisungen ausländischer Arbeitnehmer, Entwicklungshilfezahlungen). Des Weiteren werden Transportleistungen, Patent- und Lizenzgebühren sowie Ausgaben und Einnahmen aus dem Tourismus ausgewiesen.

6 Im Jahr 2007 lag das Leistungsbilanzdefizit 1,7 Prozentpunkte über dem Niveau von 2017, siehe: „Deutschlands Leistungsbilanzüberschuss" in: kompakt, BDA, November 2018.

7 Zu den Entstehungsursachen und die Funktionsweise der TARGET2-Salden siehe „Target-Salden", Website Hans-Werner Sinn, der dieses Thema in die öffentliche Diskussion gebracht hat.

aufdeckte.[8] In einer zweiten Welle ab 2014 stieg der TARGET2 Saldo durch das Anleihekaufprogramm der EZB weiter an, weil die zusätzliche von der EZB geschaffene Liquidität nicht in den Krisenländern verblieb. Sie wurde „großenteils nach Deutschland überwiesen", um dort vor allem „Aktien, Immobilien und andere Güter" zu kaufen.[9]

Der dadurch entstandene hohe deutsche TARGET2-Saldo hat sich erst nach der Finanzkrise entwickelt und ist seitdem massiv angewachsen. Ende 2019 liegt er bei knapp 900 Milliarden Euro, mit denen die Zentralbanken anderer Euroländer bei der Bundesbank in der Kreide stehen.[10] Seit der Finanzkrise wurden demnach allein über das TARGET2-System pro Jahr durchschnittlich etwa 100 Milliarden Euro transferiert. Staat und Politik dulden das, weil eine Infragestellung dieser Transfers eine gefährliche Schieflage innerhalb der Eurozone bewirken könnte.[11] Die Schuldentragfähigkeit einiger Länder könnte dann erneut zur Disposition stehen und eine weitere Krise auslösen.

Durch diesen Kapitalabfluss aus Deutschland und weiteren besser aufgestellten Ländern bleiben die Leistungsbilanzdefizite und das Schuldenwachstum anderer Euroländer dauerhaft finanzierbar. Die Eurozone bleibt aufnahmefähig

8 Hans-Werner Sinn: „Die Target-Salden machen Deutschland handlungsunfähig", Ludwig von Mises Institut Deutschland online, 10.08.2018. Zu den Entstehungsursachen und die Funktionsweise der TARGET2-Salden siehe „Target-Salden", Website Hans-Werner Sinn, der dieses Thema in die öffentliche Diskussion gebracht hat.

9 Ebd.

10 „TARGET2-Saldo", Deutsche Bundesbank online.

11 Deutscher Bundestag: „Experten wollen Target-System beibehalten", Parlamentsnachrichten online, 05.06.2019 (hib 654/2019); „Stellungnahme der Deutschen Bundesbank anlässlich der öffentlichen Anhörung des Finanzausschusses des Deutschen Bundestags am 5. Juni 2019", Deutsche Bundesbank online, 03.06.2019; Johannes Pennekamp: „Bundesbank wirft Target-Kritikern Populismus vor", F.A.Z. online, 10.05.2019.

für die deutschen Warenexporte und die deutsche Wirtschaft profitiert von kräftigen Stimuli. Die vom Euro ausgehenden wirtschaftlichen Zentrifugalkräfte ketten die Eurozone paradoxerweise immer enger aneinander, da die systembedingten Schieflagen ausbalanciert werden müssen. Das sich aufschaukelnde Ungleichgewicht ist langfristig jedoch nicht tragfähig, wie der ehemalige griechische Finanzminister Yanis Varoufakis auf einer Veranstaltung des ifo Instituts verdeutlichte. Deutschland sei bereits jetzt in eine Lage geraten, in der es „gezwungen ist, die eigenen Ersparnisse an Ausländer zu übertragen, die nicht verlässlich sind."[12]

Stabilität und Schuldenvergemeinschaftung

Gemeinsam mit anderen Ländern der Eurozone fungiert der deutsche Staat als Stabilitätsanker, der die Kreditwürdigkeit von Euroländern wie Italien, Portugal oder auch Spanien aufrechterhält. Diese stand während des Höhepunkts der Eurokrise 2012 in Frage. Der entscheidende Schritt, um das Fortbestehen der Eurozone zu sichern, war die Ankündigung des EZB-Präsidenten Mario Draghi, alles zu tun was nötig ist („whatever it takes"), um den Euro zu retten. Er traf damit faktisch eine Entscheidung zur Schuldenvergemeinschaftung der Eurostaaten, die im Nachgang von keinem der Euroländer angefochten wurde. Die „No-Bailout-Klausel", die bis dahin eine gegenseitige Haftung der Mitgliedstaaten gemäß der EU-Regularien ausschloss, wurde mit der Ankündigung des EZB-Präsidenten vom 26. Juli 2012 ausgehebelt. Sie wurde

12 Yanis Varoufakis: „Why Germany Cannot and Should Not Pay to Save the Eurozone", ifo Institut, YouTube, 14.06.2019.

durch das implizite Eingeständnis ersetzt, dass die „Länder zusammen [einstehen] für die Schulden der Angeschlagenen", wie seinerzeit der Präsident der Schweizerischen Nationalbank kommentierte.[13]

Die so verbesserte Kreditwürdigkeit ermöglicht in vielen Ländern weiter steigende Schuldenlasten, die zudem – begünstigt durch das Anleihekaufprogramm der EZB – billig finanziert werden können. Ein wichtiges Indiz, dass die Kreditwürdigkeit aller Euroländer ähnlich bewertet wird, sind die geringen Zinsunterschiede für zehn Jahre laufende Staatsanleihen.[14] Im Vergleich zu vielen anderen Euroländern steht der deutsche Staat sehr solide da. Bund, Länder und Gemeinden erzielen seit Jahren Haushaltsüberschüsse. Die deutschen Staatsschulden sind sogar leicht unter zwei Billionen Euro gesunken. Verantwortlich dafür ist jedoch ausschließlich die Niedrigzinspolitik der EZB. Sie hat der deutschen Staatskasse seit 2008 eine Zinsersparnis von mehr als 370 Milliarden Euro eingebracht, also gut 10 Prozent des BIP.[15] Mit Hilfe des leichten Wirtschaftswachstums seit der Finanzkrise sind die Schulden im Verhältnis zum BIP von einst 90 Prozent auf inzwischen unter 60 Prozent zurückgegangen. Diese vergleichsweise gute Verfassung der deutschen Staatsfinanzen ist der Grund, dass die Finanzmärkte die höhere Verschuldung anderer Euroländer als weniger problematisch betrachten.

Wie die gesamtschuldnerische Haftung aller Steuerzahler in der Eurozone funktioniert, wurde im Fall des völlig

13 Zitiert nach: Hans-Werner Sinn: „Der Euro – Von der Friedensidee zum Zankapfel", Carl Hanser Verlag 2015, S. 387.

14 „Renditen 10-jähriger Staatsanleihen", boerse.de.

15 Philip Plickert: „Der deutsche Staat spart viele Milliarden", F.A.Z. online, 08.01.2019.

überschuldeten Griechenlands bereits durchexerziert.[16] Für die griechischen Staatsschulden haften die anderen Euroländer, nachdem sie die privaten Gläubiger herausgekauft haben. Bisher wurde der notwendige Schuldenschnitt vermieden, da dann ein Großteil der griechischen Staatschulden von den anderen Euroländern in die eigenen Staatshaushalte übernommen werden müsste. So würde transparent, dass die Steuerzahler der anderen Euroländer bereits heute für diese uneinbringlichen Schulden haften. Zwar existiert im Falle Griechenlands sowie für die TARGET2-Salden und die Billionen schweren Anleihekäufe der EZB keine formale Haftungsvereinbarung. Real gibt es jedoch diese Haftung. Aufgrund der Mechanismen innerhalb der Eurozone entsteht eine im Ernstfall schwer abzuweisende Gesamtschuld.

Vor diesem Hintergrund verblasst Schäubles heile Welt, in der Deutschland nur als Zaungast des schuldenfinanzierten Wachstumsmodells auftaucht. Aus Angst vor einer Destabilisierung des fragilen Gebildes und um eine Krise, die diese Haftungsfragen zur harten Realität werden lässt, möglichst weit in die Zukunft zu verschieben, arbeiten Politik und Staat kontinuierlich daran, *die Eurozone zu regulieren und zu stabilisieren, indem die Finanzierungsmöglichkeiten für Krisenfälle weiter ausgebaut werden*. Dieser Logik folgt auch der aktuelle Koalitionsvertrag zwischen CDU/CSU und SPD. Dort ist der Ausbau der gemeinsamen Haftung über einen europäischen Währungsfonds bereits vereinbart. „Wir müssen die Eurozone mit einer Banken- und Kapitalmarktunion ergänzen und

16 Ambrose Evans-Pritchard: „German Bundesbank comes clean on euro default risks after Italy's ‚parallel currency' decree", Daily Telegraph online, 04.06.2019; „Stellungnahme der Deutschen Bundesbank anlässlich der öffentlichen Anhörung des Finanzausschusses des Deutschen Bundestags am 5. Juni 2019", Deutsche Bundesbank, 03.06.2019.

uns auf künftige Krisen vorbereiten", sagte Bundeskanzlerin Angela Merkel 2018 auf dem Weltwirtschaftsforum in Davos und bekräftigte damit die eingeschlagene Richtung.[17]

Die Stabilisierung der Eurozone beruht auf der Anwendung des Münchhausen-Prinzips. Man will sich am eigenen Schopf aus dem Sumpf ziehen, indem man die Verschuldungsmöglichkeiten immer weiter ausdehnt. Das Vertrauen der Finanzmärkte in die Haftungsteilung erzeugt die Bedingungen für weiteres Schuldenwachstum, das die EZB durch unerschütterliche Fortsetzung ihre Anleihekäufe erleichtert. Mit ihrer extremen Niedrigzinspolitik versucht sie den Anstieg der Staatschulden zu bremsen, doch der Erfolg ist überschaubar. Trotz der sich daraus ergebenden Zinseinsparungen, die inzwischen bei zwei Billionen Euro liegen dürften, sind die Staatsschulden der Euroländer in die Höhe geschossen.[18]

So hat das von Schäuble gegeißelte schuldenfinanzierte Wachstumsmodell dazu beigetragen, die angeschlagenen Staaten und eine blutarme Wirtschaft über Wasser zu halten. Die, trotz der sehr harten Einschnitte in einigen Ländern, weitgehende Aufrechterhaltung der Sozialstaaten sowie wirtschaftliche Hilfen konnten die Nachfrage in der Eurozone stützen. Die niedrigen Zinsen stützten so auch die Unternehmen. Die Bundesrepublik ist voll in das schuldenfinanzierte Wachstumsmodell integriert.

17 „Merkel: Abschottung verspricht keine Sicherheit" in: F.A.Z., 25.01.2018, S. 1.

18 Martin Greive / Jan Hildebrand: „Euro-Länder sparen dank Draghi 1,1 Billionen – Deutschland profitiert am stärksten", Handelsblatt online, 23.04.2018; Deutsche Bundesbank: „Zur Entwicklung der staatlichen Zinsausgaben in Deutschland und anderen Ländern des Euroraums" in: Bundesbank Monatsbericht Juli 2017, S. 35 ff.

Verschleierte Zombiewirtschaft

Wie aber sieht es mit der von Schäuble problematisierten Zombifizierung der Wirtschaft aus, wenn das den Boden dafür bereitende Wachstumsmodell auch auf Deutschland zutrifft? Sowohl Bundesbank als auch die Kreditanstalt für Wiederaufbau (KfW) haben in voneinander unabhängigen Studien untersucht, ob sich die deutsche Wirtschaft zu einer Zombiewirtschaft entwickelt hat. Beide haben diesen Verdacht als unbegründet zurückgewiesen.

Die KfW erklärte, im deutschen Mittelstand lägen „keine Anzeichen einer ‚Zombiefizierung' [sic] vor". Nur etwa fünf Prozent aller kleineren und mittleren Unternehmen (KMU) seien entsprechend zu klassifizieren, und selbst bei diesen fehlten die Zombieunternehmen „zugeschriebenen Schwächen bei Investitionen und Produktivität".[19] Die Bundesbank bestätigte zwar die Existenz von Zombieunternehmen in Deutschland, hielt deren Bedeutung hinsichtlich Anzahl, Umsatz und Sachanlagen allerdings für gering. Lediglich 2,2 bis 4,7 Prozent der untersuchten Unternehmen außerhalb der Finanzwirtschaft fielen 2015 in dieses Raster. Zudem habe „ihr Gewicht im Niedrigzinsumfeld nicht zugenommen."[20] Dieser positive Befund stehe auch in Einklang damit, dass sich die Unternehmen in Deutschland „seit mehreren Jahren in überwiegend guter Verfassung" befänden.[21] Die Bundesbank räumt zwar ein, dass das „in einigen entwickelten

19 Michael Schwartz / Juliane Gerstenberger: „Sorge vor Zombie-Unternehmen im Mittelstand unbegründet" in: KfW Research, Nr. 220, 31. Juli 2018, S. 1.

20 „Zur Entstehung sogenannter Zombie-Unternehmen in Deutschland in Niedrigzinsumfeld" in: Deutsche Bundesbank Monatsbericht, Dezember 2017, S. 37-40.

21 Ebd., S. 40.

Volkswirtschaften rückläufige Produktivitätswachstum der vergangenen Dekaden mit dem Anstieg der Zahl von Zombieunternehmen zusammenhängt."[22] Für die deutsche Wirtschaft treffe das jedoch nicht zu.

Nach den Studien von KfW und Bundesbank gibt es in Deutschland keine wirtschaftlich relevante Zahl von Zombieunternehmen, so dass von deren Existenz „aktuell keine spürbar dämpfenden Effekte auf das Produktivitäts- und Wirtschaftswachstum in Deutschland ausgehen."[23]

Andere Untersuchungen liefern einen kritischeren Befund. Der Unternehmensberater und Buchautor Markus Krall weist darauf hin, dass es schwer und oft sogar unmöglich ist, die Zombies in den Kreditportfolios der Banken überhaupt zu erkennen. Die Kriterien der klassischen Bonitätsprüfungsmethoden sind nicht für die Nullzinswelt gebaut, in der wir uns heute bewegen.[24] Forschungsergebnisse internationaler Organisationen wie der OECD und der Bank für Internationalen Zahlungsausgleich (BIZ) sowie die vom deutschen Staat unabhängige Wirtschaftsauskunftei Creditreform zeigen, dass Zombieunternehmen in den entwickelten Volkswirtschaften ein verbreitetes Phänomen darstellen, und dass von ihnen eine die Arbeitsproduktivitätsentwicklung hemmende Wirkung ausgeht. Auch in Deutschland lasse sich die Existenz von Zombieunternehmen nachweisen. Ein Arbeitspapier der OECD kam zu dem Ergebnis, dass bereits 2013 in Deutschland mehr als zwölf Prozent des Kapitalstocks in Zombieunternehmen gebunden war.[25] Die Untersuchung von Creditreform

22 Ebd., S. 37.

23 Ebd., S. 40.

24 Markus Krall: „Wenn schwarze Schwäne Junge kriegen ...", Friedrich A. von Hayek-Gesellschaft, YouTube, 22.11.2018.

25 Müge Adalet McGowan et al.: „ The walking Dead: Zombie Firms and Productivity

geht anders als Bundesbank und KfW von einem Zombieanteil von 15,4 Prozent aus. Bei all diesen Unternehmen reicht schon heute der operative Gewinn nicht aus, um die anfallenden Kreditzinsen zu bedienen.[26] Bundesbank und KfW haben demnach nur die Spitze eines Eisbergs entdeckt.

In ihrer Analyse ging Creditreform noch einen Schritt weiter. Für den Fall eines wieder steigenden Zinsniveaus sei mit Konjunktureinbrüchen zu rechnen. Bei einem Zinsanstieg um drei Prozent und einem nur leichten gleichzeitigen Rückgang der Erträge um 20 Prozent würden diese nicht mehr ausreichen, um die laufenden Schuldzinsen zu bedienen. Fast 20 Prozent der Unternehmen in Deutschland würden dann keinen Gewinn mehr erzielen und wären als Zombies einzustufen. Bei großen Firmen mit einer Bilanzsumme von mehr als 500 Millionen Euro läge die Quote sogar bei 21,3 Prozent.[27]

Ein weiteres Indiz für das Anwachsen der Zombies sind die sehr niedrigen und kontinuierlich rückläufigen Unternehmensinsolvenzen. In Deutschland haben sie inzwischen den niedrigsten Stand seit 1994 erreicht.[28] Jedes Jahr gehen nur noch 0,6 Prozent aller Unternehmen in den Konkurs. Das ist weniger als die Hälfte des langjährigen Durchschnitts (siehe Abb. 3). Zudem sinkt die durchschnittliche Größe der

Performance in OECD Countries" in: OECD Economic Department Working Paper No. 1372, 2017, S. 18.

26 „Insolvenzen in Deutschland, Jahr 2017", Creditreform Wirtschaftsforschung, S. 22.

27 Ebd.

28 Die wirtschaftliche Krise Anfang der 2000er Jahre führte zwar zu einem vorübergehenden Anstieg der jährlichen Unternehmensinsolvenzen von zuvor 25.000 auf knapp 40.000. Seitdem sind sie nach einem leichten Anstieg während der Finanzkrise auf weniger als 20.000 im letzten Jahr zurückgegangen. Creditreform Wirtschaftsforschung: „Insolvenzen in Deutschland, Jahr 2018", Creditreform online.

insolventen Unternehmen, so dass in den Jahren 2017 und 2018 jeweils nur noch 80 Unternehmen betroffen waren, die einen Jahresumsatz von mehr als 50 Millionen Euro hatten.[29] Damit einhergehend, erreichen die Arbeitsplatzverluste durch Insolvenzen nur noch ein Drittel früherer Werte.

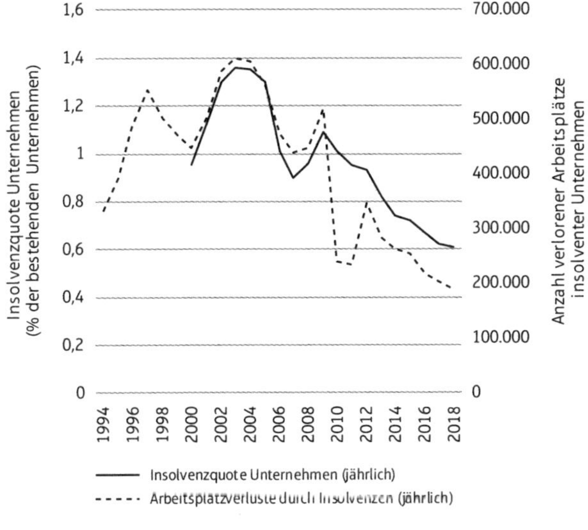

Abbildung 3: Unternehmensinsolvenzen Deutschland: Insolvenzquote und Arbeitsplatzverluste durch Insolvenzen[30]

Diese niedrige Insolvenzquote lässt jedoch auch eine andere Interpretation zu. Sie könnte darauf hindeuten, dass es den

29 Ebd.

30 „Insolvenzen in Deutschland“, Creditreform Wirtschaftsforschung, Jahresausgaben 2000 bis 2018.

Unternehmen wirtschaftlich immer besser geht, und deshalb weniger Firmen aus dem Markt ausscheiden müssen. Die Analyse von Creditreform zeigt jedoch, dass es einem hohen Prozentsatz der Unternehmen nicht gelingt, aus eigener Kraft profitabel zu sein. Etwa *20 Prozent aller Unternehmen wären akut gefährdet*, würden ähnliche wirtschaftliche Rahmenbedingungen wie vor der Finanzkrise 2008 herrschen. Steigende Fremdkapitalzinsen oder eine leichte Rezession mit sinkenden Umsätzen würden sie in die Verlustzone bringen. Das von Creditreform durchgespielte Szenario zeigt, dass es sie nur im gegenwärtigen Niedrigzinsumfeld Gewinne machen und wirtschaftlich überleben.

Die günstigen Rahmenbedinungen verschleiern die Verbreitung der Zombieunternehmen. So fallen viele durch das Raster der Forscher und erscheinen erst gar nicht auf ihrem Radar, weil sie es im Gegensatz zu ihren Zombieschwestern vermeiden können, mehrere Jahre hintereinander in die Verlustzone zu rutschen. Sie sind dennoch so ertragsarm, dass nur vergleichsweise geringe Veränderungen der Rahmenbedingungen ihre Existenz bedrohen würden.

In Deutschland bieten sich demnach, im Gegensatz zu anderen Ländern der Eurozone, aber auch im Vergleich zu den meisten anderen entwickelten Volkswirtschaften, nochmals deutlich günstigere Rahmenbedingungen für Zombieunternehmen. Sie heben einen beträchtlichen Teil der Unternehmen gerade so über die Gewinnschwelle, dass sie nicht eindeutig als Zombies identifizierbar sind, obwohl sie kaum besser als ihre Schwestern in anderen Ländern dastehen. Um die Dimension dieses Verschleierungseffektes zu verstehen, ist es erforderlich, das in Deutschland zur Herausbildung der Zombiewirtschaft besonders förderliche Umfeld genauer zu betrachten. *Dabei spielen der Euro und die von ihm ausgehenden Effekte eine entscheidende Rolle.*

Euro-Doping

Der Euro schafft in Deutschland besondere wirtschaftliche Rahmenbedingungen. Sie erlauben es den Zombieunternehmen, sich über Wasser zu halten. Den besser aufgestellten Unternehmen hingegen beschert er eine Sonderkonjunktur mit steigenden Umsätzen und Exporten sowie sprudelnden Gewinnen, die üblicherweise auf eine besondere Stärke der deutschen Wirtschaft zurückgeführt wird. Die Unternehmen erscheinen kerngesund.

Bereits im Vorfeld seiner Einführung löste der Euro eine bis zur Finanzkrise 2008 anhaltende Nachfragesteigerung aus, von der deutsche Unternehmen besonders profitierten. In vielen Euroländern trug der Euro zu historisch einmalig niedrigen Zinsen bei, was Konsum und Verschuldung antrieb, und in Spanien einen eminenten Bauboom auslöste. In Kombination mit den auch in außereuropäischen Ländern sinkenden Zinsen und der dort gleichfalls ansteigenden Verschuldung entwickelte sich für die exportorientierten Unternehmen in Deutschland ein ein regelrechter Nachfragesog. Im Zeitraum von 1997 bis 2007 konnten sie ihre Exporte mehr als verdoppeln. In jeweiligen Preisen stiegen sie um 112,5 Prozent. Wie enorm diese Exportdynamik war, lässt sich daran ermessen, dass das deutsche BIP in diesem Zeitraum, ebenfalls in jeweiligen Preisen, nur um 27,8 Prozent stieg.

Nicht nur vor der Finanzkrise, auch danach bot die Eurozone einen Rahmen, in dem sich das schuldenfinanzierte Wachstumsmodell weiter ausbreitete. Das Versprechen gemeinsamer Haftung und der Ausgleich der

Leistungsbilanzdefizite durch Kapitaltransfers ermöglichten eine erhebliche Ausweitung der Staatsschulden. Den südlichen Euroländern ist es bis heute nicht gelungen, ihre frühere Wettbewerbsfähigkeit wiederherzustellen. Das früher übliche Instrument einer Währungsabwertung, um auf diesem Weg die Wettbewerbsfähigkeit wiederherzustellen, besteht seit Einführung des Euros nicht mehr. Das hat die Deindustrialisierung in diesen Ländern seit der Finanzkrise enorm beschleunigt und deutschen Unternehmen steigende Marktanteile beschert (siehe Abb. 4). In den besonders betroffenen Euroländern ist der Anteil der Industrie an der Gesamtwirtschaft deutlich zurückgegangen, während er in Deutschland konstant blieb.

Seit der Finanzkrise hat die EZB ihre Geldpolitik an den wirtschaftlichen Erfordernissen der südlichen Euroländer ausgerichtet. Um die Eurozone zu stabilisieren und zu erhalten, wurde die Zinspolitik nicht nur an den Bedürfnissen der Staaten, sondern auch an deren wettbewerbsschwächsten Wirtschaftsbereichen ausgerichtet. Selbst wenn es nicht explizit als Ziel formuliert wurde, so ging es auch darum, einen Dominoeffekt bei den Firmenzusammenbrüchen zu vermeiden. Dank der extrem niedrigen Zinsen können sich derzeit viele schwächelnde Unternehmen in den südlichen Ländern über Wasser halten. Stärker wirkt der Zinseffekt jedoch bei florierenden Unternehmen in Deutschland. Sie profitieren von niedrigen Finanzierungskosten, die ihre Gewinne steigen lassen und nicht nur die Verluste reduzieren.

Die wirtschaftliche Depression in anderen Euroländern *sowie die daran orientierte Niedrigzinspolitik der EZB schwächen außerdem den Euro.*[31] Der Wechselkurs wird auf ein Niveau

31 Siehe dazu auch: „Wie wird es uns 2018 gehen, Herr Professor Sinn?" (Interview

gedrückt, auf das die Bundesrepublik mit eigener Währung unmöglich absinken würde. Seit seinem Höchststand Anfang 2008 hat der Euro – erst langsam und von 2015 bis 2017 beschleunigt – einen sehr deutlichen Wertverlust von etwa 30 Prozent gegenüber dem US-Dollar erlitten. Von diesem Fall hat sich der Euro nur temporär und minimal erholt. Der niedrige Eurokurs hilft den exportorientierten Unternehmen aller Euroländer gleichermaßen, denn er verbessert die Wettbewerbsfähigkeit im Verhältnis zu anderen Währungsblöcken. In besonderem Maß kommt er der deutschen Wirtschaft zugute, die weit stärker am Export hängt als die anderen Euroländer. Inzwischen gehen *fast zwei Drittel aller deutschen Exporte* in Länder außerhalb der Eurozone. Damit nimmt die deutsche Wirtschaft eine Ausnahmestellung ein. Typisch für den Rest der Eurozone ist Frankreich, das nur etwa ein Drittel seiner Ausfuhren außerhalb der Eurozone absetzt. Der niedrige Eurokurs hat daher auf die deutsche Wirtschaft einen weit stärker stimulierenden Effekt als auf andere Euroländer. Inzwischen bestreitet die deutsche Wirtschaft allein 44 Prozent des gesamten Warenexports der Eurozone, obwohl das deutsche BIP für nur knapp 30 Prozent der gesamten Wirtschaftsleistung steht. Der Eurokurs ist für den Exporterfolg daher von übergeordneter Bedeutung.[32]

Der Währungsraum schützt die Unternehmen vor Währungsaufwertungen, die sich negativ auf den Export auswirken könnten. Spätestens seit der Finanzkrise wirkt diese Kombination von Niedrigzins mit schwachem Euro wie Doping auf die deutschen Unternehmen. Die Mechanismen der

mit Hans-Werner Sinn) in: Tichys Einblick, 2/2018, S. 18ff.

32 Von 2007 bis 2017 stieg der Export in Nicht-Euro Länder von ursprünglich 537 Milliarden Euro auf inzwischen 808 Milliarden. Das entspricht einer nominellen Steigerung von über 50 Prozent innerhalb von nur zehn Jahren.

Eurozone sind die entscheidenden Ursachen für die in den letzten Jahren oft zum Boom verklärten deutschen Konjunktur. Die Kehrseite offenbart eine trübe Zukunft: Es gelingt auch der großen Masse wirtschaftlich erfolgreicher Unternehmen kaum noch, die Arbeitsproduktivität zu heben.

Akute Produktivitätsschwäche

Die vordergründig gute Verfassung der Unternehmen in Deutschland verschleiert die Existenz einer bedeutenden Anzahl an Zombieunternehmen, die sich wegen des außerordentlich guten Umfelds in Deutschland knapp über der Gewinnschwelle halten können. Da sie nicht dauerhaft Verluste ausweisen, passen sie nicht in das von vielen Wissenschaftlern angewendete Raster. Dies führt zu einer Unterschätzung des Phänomens und lässt seine Rolle bei der Schwächung der Arbeitsproduktivitätsentwicklung unbeachtet.

Genauso wenig wird thematisiert, welche sozialen und wirtschaftlichen Mechanismen die Ausbreitung einer Zombiewirtschaft begünstigen. Wie kommt es, dass es gerade in Deutschland, wo es der großen Masse der Unternehmen aufgrund der von dem Euro ausgehenden Effekte wirtschaftlich besonders gut geht und anders als in den meisten entwickelten Ländern seit der Finanzkrise ein kontinuierliches Wachstum erreicht wurde, es auch diesen Unternehmen nicht mehr gelingt, die Arbeitsproduktivität spürbar anzuheben? Obwohl sie im Gegensatz zu den Zombieunternehmen profitabel und teilweise hochprofitabel sind, weisen auch die vermeintlich gesunden Unternehmen dieses typische Zombiemerkmal auf. Warum gelingt es ihnen nicht, die schwachen Wettbewerber zu verdrängen? Womit sich auch die

Frage stellt: Von welcher Seite des Unternehmensspektrums geht die Herausbildung einer Zombiewirtschaft tatsächlich aus – von den bereits geschwächten Unternehmen oder von den guten und profitablen Unternehmen?

Mit Blick auf die deutsche Wirtschaft erscheint die Beantwortung dieser Fragen besonders relevant. Hierzulande ist die Diskrepanz zwischen der vergleichsweise guten wirtschaftlichen Verfassung der Unternehmen und ihrer limitierten Fähigkeit, die Arbeitsproduktivität zu steigern, besonders krass. Trotz der positiven Effekte von Niedrigzinsen und Euro, gelingt es auch den Unternehmen in Deutschland nicht, dem in allen entwickelten Volkswirtschaften vorherrschenden Trend etwas entgegenzusetzen. Im Gegenteil: Die Entwicklung der Arbeitsproduktivität vollzieht sich in Deutschland nach dem gleichen Muster und hebt sich nicht von der in anderen Ländern ab (siehe Abb. 4).

Anfang der 1970er Jahre, als das von einer enormen Steigerung der gesamtwirtschaftlichen Arbeitsproduktivität begleitete „Wirtschaftswunder" bereits Geschichte war, erreichte die deutsche Wirtschaft immerhin noch jährliche Steigerungsraten von fünf Prozent. Seitdem verringerte sich dieses Wachstum kontinuierlich, so dass zwischen 1995 und 2005 nur noch ein durchschnittliches jährliches Wachstum der Arbeitsproduktivität pro Erwerbstätigenstunde von 1,9 Prozent erreicht wurde. Von 2005 bis 2014 halbierte es sich auf nur noch 0,8 Prozent.[33] Seitdem hat sich der Negativtrend sogar verschärft.

33 Sachverständigenrat zur Begutachtung der gesamtwirtschaftlichen Entwicklung: „Jahresgutachten 2015/2016", S. 287. Das IfW ermittelte einen Rückgang der gesamtwirtschaftlichen Arbeitsproduktivität pro Erwerbstätigenstunde von 2,18 Prozent (1991–1995) auf 2,05 Prozent (1995–2000), 1,61 Prozent (2000–2005), 0,70 Prozent (2005–2010) und 0,77 Prozent (2010–2015), siehe: Institut für Weltwirtschaft Kiel

Land	1995–2005		
		darunter:	
	alle Wirtschafts-bereiche	Verarbeitendes Gewerbe	Dienstleistun bereiche
Dänemark	1,2	2,7	
Deutschland	1,9	3,1	
Finnland	2,6	6,2	
Frankreich	1,8	4,4	
Italien	0,5	0,9	
Niederlande	1,7	3,8	
Österreich	1,8	3,3	
Spanien	0,0	1,1	
Vereinigtes Königreich	2,2	3,6	
Vereinigte Staaten	2,3	5,9	

Alle Daten eigene Berechnungen des Sachverständigenrats.

Abbildung 4: Reale Arbeitsproduktivität je Erwerbstätigenstunde in ausgewählten Ländern, Durchschnittliche jährliche Veränderung in Prozent[34]

Inzwischen stagniert die Arbeitsproduktivität besonders augenfällig im Dienstleistungsbereich, der mit etwa drei Viertel der Erwerbstätigen das größte Gewicht hat. Dort wurde von

(IfW): „Produktivität in Deutschland – Messbarkeit und Entwicklung" in: Kieler Beiträge zur Wirtschaftspolitik, Nr. 12, November 2017, S. 103.

34 Sachverständigenrat zur Begutachtung der gesamtwirtschaftlichen Entwicklung: „Jahresgutachten 2015/16", S. 287.

…05 – 2014			nachrichtlich:	
	darunter:		Anteil des Verarbeitenden Gewerbes[1]	
…e Wirt- …afts- …reiche	Verarbeitendes Gewerbe	Dienstleistungsbereiche	1995	2014
0,4	3,6	0,3	17,0	13,9
0,8	1,6	0,6	22,8	22,6
0,2	0,9	– 0,0	25,4	16,7
0,8	2,4	0,7	16,2	11,2
0,1	1,0	– 0,3	20,9	15,4
0,6	1,4	0,6	17,2	12,1
1,0	2,5	0,8	20,0	18,4
1,6	2,0	1,0	17,6	13,2
0,4	1,7	0,6	19,0	9,5
0,9	2,3	0,4	15,9	12,0

1 Anteil an der gesamtwirtschaftlichen Bruttowertschöpfung.

2015 bis 2018 nur noch eine jährliche Steigerung von 0,2 Prozent gemessen.[35]

Aber auch in der Industrie, die im historischen Vergleich deutlich höhere Steigerungen erbrachte, gelingt dies immer weniger. Von 2005 bis 2014 wuchs die Arbeitsproduktivität

35 Statistisches Bundesamt: „Volkswirtschaftliche Gesamtrechnungen Inlandsproduktberechnung Lange Reihen ab 1970", Tabelle 2.14 Arbeitsproduktivität je geleisteter Erwerbstätigenstunde, Fachserie 18 Reihe 1.5, 2018.

jährlich nur noch um 1,6 Prozent, während in den zehn Jahren zuvor immerhin noch 3,1 Prozent erreicht wurden. Diesen kontinuierlichen Abwärtstrend konstatierte der Sachverständigenrat zur Begutachtung der wirtschaftlichen Lage, umgangssprachlich auch als „die Wirtschaftsweisen" bezeichnet, bereits in seinem Jahresgutachten 2015/16.[36] Das löste jedoch weder größere Betroffenheit noch eine politische Diskussion darüber aus, was zu tun sei. Immerhin gaben Bundeswirtschafts- (BMWi) und Finanzministerium (BMF) einen Auftrag zur genaueren Analyse der Produktivitätsentwicklung an das Institut für Weltwirtschaft (IfW) – auch darin bestätigte sich der problematische Trend.[37]

In vielen Industriebranchen stagniert die Arbeitsproduktivität schon seit Anfang der 2000er Jahre. Neuere Zahlen des Statistischen Bundesamtes zeigen, dass sie von 2007 bis 2016 in einigen der wichtigsten Branchen sogar gesunken ist, so zum Beispiel im Maschinenbau, der Chemie sowie der Metallerzeugung und -bearbeitung.[38] Selbst in Industriebereichen, die im globalen Wettbewerb viele Weltmarktführer hervorgebracht haben und die mit außerordentlichen Produktivitätsfortschritten in diese Rolle hineinwuchsen,

36 Die fünf Mitglieder des Sachverständigenrates werden auf Vorschlag der Bundesregierung für fünf Jahre berufen. Mit ihren Jahresgutachten folgen sie einem gesetzlichen Auftrag und sollen zur Urteilsbildung aller wirtschaftspolitisch verantwortlichen Instanzen sowie der Öffentlichkeit beitragen.

37 Das IfW ermittelte einen jährlichen Rückgang des Arbeitsproduktivitätszuwachses pro Erwerbstätigenstunde im Produzierenden Gewerbe ohne Baugewerbe von 3,22 Prozent (1991–1995) auf 3,09 Prozent (1995–2000), 2,81 Prozent (2000–2005), 2,21 Prozent (2005–2010) und einen drastischen Abfall auf nur noch 0,67 Prozent im Zeitraum von 2010 bis 2015. Institut für Weltwirtschaft Kiel (IfW): „Produktivität in Deutschland – Messbarkeit und Entwicklung" in: Kieler Beiträge zur Wirtschaftspolitik, Nr. 12, November 2017, S. 103.

38 Statistisches Bundesamt: FS 4 Reihe 2.1., Produzierendes Gewerbe, Indizes der Produktion und der Arbeitsproduktivität im Produzierenden Gewerbe, Indizes der Arbeitsproduktivität, Produktionsergebnis je Arbeitsstunde, Ausgabe 12/2017, S. 23.

gelingt es seit einem Jahrzehnt nicht mehr, die Arbeitsproduktivität zu steigern.[39]

Produktivitätshemmende Vermeidungsstrategien

Die gängigen wissenschaftlichen Erklärungen für die stark rückläufige Produktivitätsentwicklung stellen üblicherweise keinen Kontext zur Zombiewirtschaft her. Wie der Sachverständigenrat beschwichtigend betont, sei die schwache Produktivitätsentwicklung im internationalen Vergleich schließlich kein „Sonderfall". Denn – so die durchaus zutreffende Feststellung der Sachverständigen – für „nahezu alle großen Industrieländer war spätestens seit Anfang der 2000er-Jahre ein Rückgang beim Anstieg der Arbeitsproduktivität zu beobachten".[40] Die Problematik wird jedoch für Deutschland nicht dadurch geringer, dass andere entwickelte Länder auch nicht innovativer sind. Zwar mag es tröstlich sein, dass noch so mancher Euro auf den Weltmärkten zu verdienen sein wird, da Deutschland zumindest im Vergleich nicht zurückfällt. Gegenüber den Schwellenländern hingegen könnte die Lage in wettbewerblicher Hinsicht schwierig werden.

Der Sachverständigenrat erklärt den Einbruch der Produktivitätsentwicklung seit der Finanzkrise im Wesentlichen durch einen statistischen Effekt. Ab Anfang der 1990er Jahre veränderten die Unternehmen ihre Liefer- und

39 IMPULS-Stiftung für den Maschinenbau, den Anlagenbau und die Informationstechnik: „Produktivitätsparadoxon im Maschinenbau", Oktober 2018; Steffen Elstner et al.: „The German Productivity Paradox – Facts and Explanations" in: Ruhr Economic Papers 767, 2018.

40 Sachverständigenrat zur Begutachtung der gesamtwirtschaftlichen Entwicklung: „Jahresgutachten 2015/16", S. 286 und S. 284.

Produktionsnetzwerke und verlagerten arbeitsintensive Tätigkeiten nach Osteuropa. Die in Deutschland verbliebene Wertschöpfung wurde dadurch im Verhältnis kapitalintensiver, was statistisch eine höhere Arbeitsproduktivität anzeigt. Ein erheblicher Anteil der Produktivitätssteigerungen in der Zeit vor 2009 fand demnach nur auf dem Papier statt. Da die Auslandsverlagerung ab 2009 jedoch zum Stillstand kam, entfiel danach dieser statistische Effekt.[41] Die schwache Produktivitätsentwicklung nach 2009 ist also real. Der Produktivitätsanstieg in der Zeit davor ist jedoch statistisch überzeichnet. Demnach sind die aus technologischen Verbesserungen resultierenden Produktivitätsfortschritte bereits vor 2009 versiegt. Die Umstrukturierung der Wertschöpfungsketten hat dies lediglich verschleiert. Durch Auslandsverlagerungen konnten Investitionen in neue Technologien zur Verbesserung von Arbeitsprozessen umgangen werden.[42]

Eine weitere Ursache für die Schwächung der Produktivitätsentwicklung wird vom Sachverständigenrat in der stärkeren Integration von zuvor Arbeitslosen gesehen. Seit 2005, dem Höhepunkt der Arbeitslosigkeit in Deutschland mit über fünf Millionen Erwerbslosen, fanden viele zuvor Arbeitslose neue Jobs. Die Wissenschaftler gehen davon aus, dass diese Arbeitnehmer in ihren neuen Tätigkeiten „insgesamt weniger produktiv waren als der durchschnittliche Erwerbstätige im Jahr 2005“, da sie „zuvor ihre Fähigkeiten nicht erfolgreich auf dem Arbeitsmarkt einbringen“ konnten.

41 Ebd., S. 322.

42 Im Gutachten heißt es dazu: „So wurden offenbar gerade arbeitsintensive und weniger produktive Wertschöpfungsstufen ausgegliedert. Die Endproduktion aber, mit der höchsten Wertschöpfung und einem relativ geringen Einsatz an Arbeit, verblieb im Verarbeitenden Gewerbe“, Sachverständigenrat zur Begutachtung der gesamtwirtschaftlichen Entwicklung: „Jahresgutachten 2015/16“, S. 292.

So habe deren Integration das Produktivitätswachstum gedämpft. Diese Einschätzung ist jedoch nicht überzeugend. Es wäre zu erwarten, dass eine vorübergehende Senkung des Durchschnitts nach Einarbeitung und gegebenenfalls erforderlicher Qualifizierung wettgemacht wird und sich nicht perpetuiert. Dagegen spricht auch die Wirtschaftsgeschichte. In den 1960er Jahren und auch danach gelang es hervorragend, sogar ungelernte Arbeitskräfte, die kaum der deutschen Sprache mächtig waren und zudem kaum Industrieerfahrungen hatten, aus Südeuropa und der Türkei nach Deutschland zu holen, ohne Minderungen der extrem hohen Steigerungen bei der Arbeitsproduktivität zu verursachen.

Viel entscheidender für die geringen Produktivitätseffekte, die von den neu geschaffenen Jobs ausgehen ist, dass sie in Bereichen entstanden, die eine nur unterdurchschnittliche Arbeitsproduktivität aufwiesen.[43] So ist die Anzahl der Beschäftigten im Produzierenden Gewerbe seit 2005 nur leicht um knapp 500.000 angestiegen, nachdem in den zehn Jahren davor über zwei Millionen Arbeitsplätze verloren gegangen waren. Der Löwenanteil der von 2006 bis 2016 zusätzlich entstandenen fünf Millionen sozialversicherungspflichtigen Jobs entfällt auf den weniger produktiven Dienstleistungsbereich. Die meisten der dort im neuen deutschen Jobwunder geschaffenen Stellen sind zudem Teilzeitstellen. Faktisch ist die Anzahl aller sozialversicherungspflichtigen Vollzeitstellen in Deutschland in diesem Zeitraum nur um etwa eine Million gewachsen, die Anzahl der Teilzeitstellen

43 Institut für Weltwirtschaft Kiel: „Produktivität in Deutschland – Messbarkeit und Entwicklung (2017)" in: Endbericht zum Forschungsvorhaben fe 16/15 des Bundesministeriums der Finanzen und des Bundesministeriums für Wirtschaft und Energie, S. 228.

jedoch um vier Millionen.[44] Neue Jobs entstanden hauptsächlich im Gastgewerbe, im Gesundheits- und Sozialwesen sowie bei freiberuflichen und sonstigen Dienstleistungen – Bereiche, die auch in der Vergangenheit nur unterdurchschnittliche Produktivitätssteigerungen erreichten.[45]

Die Wissenschaftler des IfW weisen im oben bereits erwähnten Gutachten auf einen anderen Aspekt zur Erklärung der niedrigen Produktivitätsentwicklung hin und sehen darin den Hauptgrund. Sie führen die schwache Entwicklung der Arbeitsproduktivität auf die relativ niedrigen Löhne zurück. Durch die „ausgeprägte Lohnmoderation […] seit Anfang/Mitte der 2000er Jahre bis in die Gegenwart hinein", die Hartz-Reformen und die Zuwanderung vor allem aus Ost- und Mitteleuropa seit 2011 sind die Löhne in Deutschland dauerhaft niedrig geblieben, so die Forscher.[46] Die Lohnkosten seien so niedrig, dass es für die Unternehmen *attraktiver ist, zusätzliche Arbeitskräfte einzustellen, anstatt durch Investitionen in Automatisierung oder Teilautomatisierungen effizientere Arbeitsprozesse zu entwickeln.*[47]

Was für die Unternehmen aus betriebswirtschaftlichem Kalkül heraus vernünftig sein kann, stellt wegen der Umgehung von Produktivitätssteigerungen und der davon ausgehenden langfristig negativen Effekte auf die Löhne, jedoch ein gravierendes soziales Problem dar. Das erkennt auch das Bundesfinanzministerium (BMF) und hält dennoch „das sinkende Wachstum der Arbeitsproduktivität als

44 Alexander Horn: „Das deutsche Wirtschaftswunder und sein Lohnrätsel", Tichys Einblick online, 28.01.2018.

45 Statistisches Bundesamt: „Statistisches Jahrbuch 2017", S. 355f.

46 Institut für Weltwirtschaft Kiel: „Produktivität in Deutschland – Messbarkeit und Entwicklung" in: Kieler Beiträge zur Wirtschaftspolitik, Nr. 12, November 2017, S. 16.

47 Ebd., S. 226ff.

Ergebnis des Beschäftigungsaufbaus der vergangenen Jahre […] angesichts der historisch niedrigen Arbeitslosigkeit [für] vertretbar."[48]

Die deutschen Unternehmen sind zwar stärker als die anderer Länder in die internationale Arbeitsteilung eingebunden und so einem relativ hohen Wettbewerbsdruck ausgesetzt. Dennoch sind sie, vor allem wegen der besonders günstigen Rahmenbedingungen in der Eurozone, nicht gezwungen ihre Wettbewerbsfähigkeit durch Produktivitätssteigerungen durchgreifend zu verbessern. Stattdessen *entwickeln sie Behelfslösungen, indem sie relativ günstige Arbeitskräfte auf einem gleichbleibenden technologischen Niveau einsetzen*. Sie setzen die Strategie, die sie in den 1990er Jahren mit Auslandsverlagerungen begonnen hatten, nun im Inland fort. Relativ niedrige Löhne dienen dem Erhalt oder der Verbesserung der Wettbewerbsfähigkeit, die sonst durch technologische Innovationen erkämpft werden müsste.

Negative Effekte der Zombies

Das Phänomen der Zombieunternehmen stieß erstmals im Kontext der japanischen Depression auf großes Interesse, da es einen Erklärungsansatz für die langanhaltende Stagnation der japanischen Wirtschaft nach dem Platzen der Aktien- und Immobilienblase 1989/1990 lieferte. Selbst die fortgesetzte ultralockere Geldpolitik der japanischen Zentralbank erreicht bis heute kaum eine Belebung des Wachstums oder der Unternehmensinvestitionen. Auch die

48 Bundesministerium der Finanzen: „Produktivität in Deutschland – Messbarkeit und Entwicklung", Monatsbericht Oktober 2017 online, S. 8.

Arbeitsproduktivität entwickelt sich kaum. Die gleichen Entwicklungen zeigen sich seit der Finanzkrise auch in Europa. Unter den in Japan, wie nun auch in allen entwickelten Volkswirtschaften herrschenden Rahmenbedingungen entwickeln sich Zombieunternehmen, die ihr Ableben vermeiden können. Diese Untoten üben einen negativen Einfluss auf die gesamte Volkswirtschaft aus. Die Wissenschaft sieht das von ihnen ausgehende Hauptproblem darin, dass sie wirtschaftliche Ressourcen binden und – da sie selbst in einem Überlebenskampf stecken – weniger produktiv sind als andere. Sie verbrauchen Ressourcen, die anderen produktiveren Unternehmen dann nicht zur Verfügung stehen. In welchem Ausmaß dadurch die gesamtgesellschaftliche Entwicklung der Arbeitsproduktivität beeinträchtigt wird, ist jedoch schwer zu quantifizieren und wenig erforscht.[49]

Die bisherigen Forschungen zeigen, dass von den Kreditbeziehungen zwischen schwachen Banken und geschwächten Unternehmen eine unheilvolle Dynamik ausgehen kann. Eigene Not verleitet schwache Banken dazu, ausfallgefährdete Unternehmenskredite, deren Anzahl in Krisenzeiten empfindlich ansteigen kann, nicht entsprechend zu klassifizieren. Dies wird als „nachsichtige Kreditvergabe" beziehungsweise als „evergreening" bezeichnet.[50]

Als ausfallgefährdet klassifizierte Kredite erfordern eine höhere Risikovorsorge und belasten das Eigenkapital der Bank. Zudem kann eine aufgrund schlechter Bonität nicht

49 Gerald Braunberger: „Die Zombies bitten zum Duell", FAZIT – Wirtschaftsblog der F.A.Z. online, 17.01.2018.

50 Ricardo J. Caballero et al.: „Zombie Lending and Depressed Restructuring in Japan" in: American Economic Review, December 2008, S. 1943 -1977; Laura Blattner et al.: „When Losses Turn into Loans: The Cost of Undercapitalized Banks", Job Market Paper, 31.10.2017.

verlängerte Kreditlinie den Schuldner zur Kreditrückzahlung zwingen und in die Insolvenz treiben. Der aus einer Insolvenz resultierende Verlust, der bis zum Totalausfall des Kredits führen kann, verringert das Eigenkapital der Bank. Außerdem wird die Fähigkeit weiterer Kreditvergabe eingeschränkt, was ebenfalls verminderte Gewinne nach sich zieht.

Um dieses Szenario zu vermeiden, sind die Banken bestrebt, ausfallgefährdete Kredite frühzeitig zu verlängern. Man kauft sich Zeit in der Hoffnung auf Besserung. Die Unternehmen können weiterhin aktiv bleiben, weil die Banken es nicht wagen, Kredite zu kündigen oder einen höheren Risikoaufschlag zu verlangen. Im gemeinsamen Überlebenskampf stützen sich Banken und Unternehmen gegenseitig und werden so zu Untoten. Zwar gelingt es ihnen in aller Regel nicht, sich aus ihrer Notlage zu befreien, verlustbringende Restrukturierungen und Insolvenzen werden aber verhindert.

Handlanger bei dieser Strategie sind regelmäßig staatliche Stellen. Aus *Angst vor destabilisierenden Dominoeffekten tendieren sie zu einer weichen Regulierung*, anstatt die Krisenherde durch harte Regulierung zu beseitigen. Beispielsweise verpflichtete der japanische Staat die Banken, die Kreditvergabe an kleine und mittlere Unternehmen zu geringen Zinsen aufrechtzuerhalten, um sie vor der Insolvenz zu schützen.[51] Die EU hat es lange vermieden, die noch immer mit ausfallgefährdeten Krediten im Volumen von knapp einer Billion Euro vollgesogenen europäischen Banken zu einer stärkeren Risikovorsorge zu verpflichten. Erst im Dezember 2018 wurde dazu ein Kompromiss ausgearbeitet, der am

51 Gunther Schnabl: „Langes Leiden unter billigem Geld", F.A.Z. online, 27.03.2016.

26. April 2019 nach der Billigung durch Europaparlament und Finanzminister in Kraft trat. Die neue Regelung betrifft jedoch nicht die Altlasten, sondern nur Kredite, die nach ihrem Inkrafttreten als ausfallgefährdet klassifiziert werden.[52] Auch mit der Beibehaltung der Regelung, dass europäische Banken für die von ihnen gehaltenen Staatsanleihen noch immer keine Risikovorsorge treffen müssen, obwohl die in vielen Staatsanleihen steckenden Risiken seit der Finanzkrise erheblich gestiegen sind, werden mögliche Bankpleiten vermieden.

Die „nachsichtige Kreditvergabe" führt dazu, dass die Kreditlinien der schwachen Unternehmen Priorität genießen, um deren Überleben zu sichern. Da für jeden Kredit eine gewisse Summe an Eigenkapital erforderlich ist, wird die Möglichkeit, weitere Kredite an gesunde Unternehmen zu vergeben, eingeschränkt. Dieser kausale Zusammenhang wurde empirisch am Beispiel portugiesischer Banken nachgewiesen. Eine Regulierung der Europäischen Bankenaufsichtsbehörde (EBA) im Jahr 2011 führte dazu, dass diese die neuen Kapitalstandards nicht mehr erfüllten und die Kreditvergabe entsprechend einschränkten. Fehlende Kredite trafen vor allem eigentlich gesunde Unternehmen, was zu deutlichen Einbußen bei der gesamtwirtschaftlichen Produktivitätsentwicklung führte, da sie beabsichtigte Investitionen nicht durchführen konnten.[53]

Zombieunternehmen stehen im Wettbewerb um Ressourcen, binden diese und produzieren gesamtwirtschaftliche

52 „Strengere Regeln für faule Kredite" in: F.A.Z., 19.12.2018, „Kreditwirtschaftlich wichtige Vorhaben der EU", Bundesverband Öffentlicher Banken Deutschlands, VÖB, September 2019. S. 60-61.

53 Laura Blattner et al.: „When Losses Turn into Loans: The Cost of Undercapitalized Banks", Job Market Paper, 31.10.2017.

Engpässe, etwa bei der Kapitalversorgung wie in Portugal, oder auf dem Arbeitsmarkt, wo den wirtschaftlich gesünderen Unternehmen Arbeitskräfte entzogen werden, die besser eingesetzt werden könnten. So behindern sie die Produktivitätsentwicklung der gesamten Wirtschaft.[54]

In Deutschland sind Kapitalmarkteffekte gering. Von den Unternehmen wird, anders als unmittelbar nach der Finanzkrise, nicht über eine restriktive Kreditvergabe der Banken geklagt.[55] Wesentlich stärker ist der Arbeitsmarkt betroffen. Auf Basis einer Umfrage in insgesamt 31 europäischen Ländern kommt die Beratungsgesellschaft PWC zum Ergebnis, dass allein der deutsche Mittelstand 65 Milliarden Euro pro Jahr mehr umsetzen könnte, wenn das notwendige Personal vorhanden wäre. In der EU entstehe wegen des Fachkräftemangels allein im Mittelstand ein Umsatzverlust von 270 Milliarden Euro. Viele Fachkräfte sind in Zombieunternehmen gebunden und fehlen potenziell solchen Unternehmen, die innovativer sind oder durch deren Einsatz sein könnten. Dies lähmt die Produktivitätsentwicklung und führt zu einem sich weiter verstärkenden Fachkräftemangel.

Da es den Unternehmen nicht mehr gelingt die Arbeitsproduktivität zu steigern, benötigen sie zur Bewältigung von Umsatzsteigerungen kontinuierlich mehr Arbeits- und Fachkräfte. Die nur mäßige Steigerung des BIP von 2012 bis 2017

54 Ryan Niladri Banerjee / Boris Hofmann: „The rise of zombie firms: causes and consequences" in: BIS Quarterly Review, Bank for International Settlements, September 2018.

55 Die seit der Finanzkrise vom Ifo Institut ermittelte „Kredithürde" ist nach der Finanzkrise deutlich zurückgegangen, so dass nur sehr wenige Unternehmen eine restriktive Kreditvergabe der Banken beklagen. Siehe hierzu die Publikationen des ifo Instituts zur Kredithürde, z.B.: Artem Marjenko et al.: „Die Kredithürde: Deutsche Firmen trotz Eurokrise ohne Finanzierungsprobleme", ifo Schnelldienst 19/2012, S. 42-46.

um jährlich 1,4 Prozent erforderte daher ein jährlichen Anstieg der Beschäftigung um etwa 1,5 Prozent.[56] So saugen die Unternehmen Arbeitskräfte auf wie ein Schwamm, um das gesamtwirtschaftlich nur geringe Nachfragewachstum über einen höheren Personalbestand zu bewältigen. Selbst wenn man berücksichtigt, dass die Zunahme der Teilzeitarbeit ein gewichtiger Faktor für den Anstieg der Erwerbstätigkeit ist, wird dennoch deutlich, dass *die Produktivitätsschwäche der Unternehmen der eigentliche Jobmotor ist* und den Fachkräftemangel versursacht.

Wie stark der von den Zombieunternehmen ausgehende Effekt tatsächlich ist, lässt sich kaum quantifizieren. Zwar ist davon auszugehen, dass sie produktivere Unternehmen behindern, weil sie ihnen Arbeitskräfte wegschnappen, die sie zur Ausweitung oder Verbesserung ihrer Wertschöpfungsprozesse benötigen. Die seit Jahrzehnten voranschreitende Produktionsschwäche der Unternehmen lässt sich jedoch *nicht durch den erst in letzter Zeit entstandenen Fachkräftemangel erklären.*

Vieles deutet darauf hin, dass der verkündete Arbeits- und Fachkräftemangel überzeichnet wird. Ein Indiz ist die nach wie vor schwache Reallohnentwicklung. Offenbar sind die Unternehmen in der Breite nicht gezwungen, die begehrten Fachkräfte durch höhere Löhne zu halten oder anzuziehen. Das hätte sich durch einen deutlicheren Reallohnanstieg bemerkbar machen müssen, als es die Statistiken gegenwärtig ausweisen.

Allerdings sind die Wirtschaftszweige unterschiedlich betroffen. So verliert das Handwerk immer mehr Fachkräfte an die Industrie. Während bis zum Ende der 1990er Jahre

56 Statistisches Bundesamt: Pressemitteilung 11/18, 11.11.2018.

noch etwa die Hälfte der im Handwerk ausgebildeten Fachkräfte im weiteren Erwerbsverlauf dort beschäftigt blieb, ist es heute kaum mehr als ein Drittel. Ein Grund für die Abwanderungstendenz liegt nach einer Analyse des Volkswirtschaftlichen Instituts für Mittelstand und Handwerk (ifh) der Universität Göttingen in den Bruttomonatsverdiensten, die in der Industrie um rund 1000 Euro höher liegen.[57] Laut dem Institut für Arbeitsmarkt und Berufsforschung (IAB) sind unabhängig von der Branche vor allem Kleinbetriebe mit bis zu neun Beschäftigten von dieser Entwicklung betroffen.[58]

Dennoch wird der partiell spürbare Fachkräftemangel gelegentlich als wesentlicher Grund für das geringe Wirtschaftswachstum und niedrige Unternehmensinvestitionen angeführt. So argumentiert die Deutsche Bank, dass sich der Fachkräftemangel zu „einem Engpass für das Wirtschaftswachstum" entwickle.[59] Auch einflussreiche Verbände wie der DIHK beklagen, dass er „zum echten Hemmnis für das Wachstum der Zukunft" werde und bereits heute die Bereitschaft der Unternehmen zu investieren beeinträchtige.[60] Nach Einschätzung des stellvertretenden Geschäftsführers des DIHK, Achim Dercks, entwickelt sich der MINT-Fachkräftemangel gar zu einem bedrohlichen Teufelskreis. „Wegen fehlender Fachkräfte investieren die Betriebe weniger als möglich in neue Technologien".[61]

57 Kerstin Meier: „Kampf um Fachkräfte: Handwerk verliert die besten Köpfe an die Industrie", handwerk magazin online, 27.11.2017.

58 „1,2 Millionen offene Stellen", in: F.A.Z., 08.08.2018, S.16.

59 Deutsche Bank: „Fachkräftemangel in der Industrie hemmt Wachstum" in: Aktueller Kommentar online, 23.5.2018.

60 Ebd.

61 „MINT-Fachkräftemangel ein ‚bedrohlicher Teufelskreis'", DIHK Pressemeldung, 14.05.2018.

Die vorgebliche kausale Verknüpfung von Fachkräftemangel und mangelnden Unternehmensinvestitionen wird der tatsächlichen Entwicklung nicht gerecht. Die Investitionsschwäche besteht bereits seit Jahrzehnten, der Fachkräftemangel hingegen ist ein Problem jüngeren Datums. Ein echtes Investitionshindernis dürfte der Fachkräftemangel nur in Einzelfällen darstellen. Dagegen spricht auch, dass es die Unternehmen selbst in der Hand haben, in arbeitssparende Technologien zu investieren und so ihre Abhängigkeit von Fahrkräften zu reduzieren. Zudem wäre zu erwarten, dass ein genereller Fachkräftemangel, der zu deutlich steigenden Löhnen für die begehrten Experten führt, *statt einer Investitionszurückhaltung sogar einen Anstieg auslösen* könnte. Mit zusätzlichen Investitionen in verbesserte Maschinen und Ausrüstungen ließen sich Arbeitsprozesse optimieren und der Bedarf an teuren Fachkräften vermindern oder sogar überkompensieren. Mehr Umsatz und Gewinn wären so auch mit weniger Arbeitskräften möglich. Viele heute noch gebundene Fachkräfte würden für jene Bereiche frei, die tatsächlich unter diesem Mangel leiden.

Fehlende Innovation und Investition

Die Betrachtung der von den Zombieunternehmen ausgehenden Effekte *liefert nur eine Teilerklärung* für die in Deutschland insgesamt schwache und schon seit Jahrzehnten im Negativtrend verlaufende Produktivitätsentwicklung. Sie zeigt auf, warum die Zombieunternehmen nicht mehr am Innovationsgeschehen teilnehmen und dass von ihnen keine Produktivitätssteigerungen ausgehen. Zudem liefert sie einen schlüssigen Erklärungsansatz, wie die in ihnen gebundenen Ressourcen die Entwicklungsmöglichkeiten anderer Unternehmen behindern.

Die objektive Verknappung von Ressourcen wird allerdings in ihrem bremsenden Effekt auf Produktivitätsentwicklung und Investitionsverhalten anderer Unternehmen oft überschätzt. In Deutschland spielen diese Effekte eine untergeordnete Rolle. Insbesondere ist nicht erkennbar, dass gesunde Unternehmen an Kapitalknappheit leiden und dies ihre Möglichkeiten einschränken würde, in neue Technologien zu investieren.

Unklar bleibt also, warum es in Deutschland auch der Masse der sehr gut aufgestellten Unternehmen nicht deutlich besser gelingt, mit Produkt- und Prozessinnovationen zu Produktivitätssteigerungen beizutragen. Die gesamtgesellschaftlich stagnierende Arbeitsproduktivität belegt, dass dies – von der Automobilindustrie abgesehen – in keinem großen Wirtschaftsbereich gelingt. Nicht nur Zombieunternehmen, sondern alle Unternehmen agieren wie gelähmt, obwohl sie ganz unterschiedliche Voraussetzungen mitbringen. Auch den produktiveren und profitableren Unternehmen gelingt es häufig nicht, durchgreifende Innovationen durchzusetzen. Die Produktivitätsentwicklung wird sozusagen von zwei Seiten beeinträchtigt: Von den starken Unternehmen gehen kaum Impulse aus, und die Zombieunternehmen verstreuen schädliche Wirkungen. Sogar die besten und profitabelsten Unternehmen erreichen kaum durchgreifende Produktivitätsverbesserungen. Weder können sie ihre *Wettbewerber im Mittelfeld zu wettbewerbssteigernden Innovationen anstiften*, noch gelingt es ihnen, *die Zombies aus dem Markt zu drängen*. Alle Unternehmen haben die problematischen Eigenschaften der Zombieunternehmen entwickelt, obwohl sich nur ein Teil der Unternehmen aufgrund seiner desolaten wirtschaftlichen Verfassung als solche qualifiziert. Die Wirtschaft ist umfassend erstarrt.

Die unterschätzte Bedeutung der Investitionen

Die klassische Ökonomie und deren herausragende Vertreter wie Adam Smith und David Ricardo erkannten, dass die menschliche Arbeit die „Quelle des Wohlstands", also die einzige werterzeugende Kraft darstellt.[1] Die Steigerung des gesellschaftlichen Wohlstands kann folglich nur gelingen, wenn entweder die *Anzahl der produktiv Tätigen* zunimmt oder die *Produktivität der menschlichen Arbeit* gesteigert wird.

Wie die Arbeitsteilung ihre produktivitätssteigernde Wirkung entfaltet, erklärt Smith am Beispiel einer Stecknadelfabrik.[2] Die zur Stecknadelherstellung aufeinander folgenden Arbeitsgänge können auf einzelne Arbeiter aufgeteilt werden, so dass jeder Arbeiter nicht mehr alle Tätigkeiten ausführt, sondern nur noch eine einzige Tätigkeit. Bei deren Ausführung entwickelt der Arbeiter nicht nur besondere Fertigkeiten und Kniffe. Auch der Einsatz spezieller, auf diese eine Tätigkeit ausgerichteter Werkzeuge wird erleichtert.[3] Die so miteinander kooperierenden Arbeiter können in der gleichen Zeit wesentlich mehr Nadeln guter Qualität herstellen als die gleiche Anzahl Arbeiter, wenn jeder alle Tätigkeiten selbst ausführt. Sobald die Teilung der Arbeit in einem

1 Issac Ilych Rubin: A history of economic thought", Pluto Press 1989, S. 177.

2 Adam Smith: „Der Wohlstand der Nationen – Eine Untersuchung seiner Natur und seiner Ursachen", 11. Aufl., Deutscher Taschenbuch Verlag 2005 (Erstveröffentlichung 1776), 1. Kapitel, S. 9f.

3 Siehe dazu auch die Ausführungen von Marx zur Arbeitsteilung und der Entwicklung der Manufaktur. Karl Marx: „Das Kapital", Erster Band, MEW Band 23, 12. Kapitel: „Teilung der Arbeit und Manufaktur", Dietz Verlag Berlin, 1984, S. 356ff.

Gewerbe möglich ist, „führt sie zu einer entsprechenden Steigerung ihrer Produktivität", hält Smith fest.[4]

Diese ursprüngliche Teilung der Arbeit bildet die Basis für die während der Industrialisierung durch den Einsatz von Maschinen einsetzende Automatisierung von Arbeitsprozessen. Die Ausweitung des Maschineneinsatzes, zunehmende wissenschaftliche Erkenntnisse und die Nutzung von Naturkräften (z.B. Wind- und Wasserkraft oder Kohle) bewirken weitere Verbesserungen der Arbeitsprozesse, so dass letztlich immer weniger menschliche Arbeitszeit für die Herstellung einer Ware oder Dienstleistung aufgewendet wird. Dies wird plausibel, wenn man sich vergegenwärtigt, dass die zur Produktion eingesetzten Maschinen selbst das Produkt menschlicher Arbeit sind und daher aus einer Summe vieler individueller Arbeitszeiten resultieren. Beim Einsatz von Maschinen überträgt sich die für die Herstellung der Maschine insgesamt aufgewendete Arbeitszeit auf jedes einzelne, über die gesamte Lebenszeit der Maschine hergestellte Produkt.

Steigerungen der Arbeitsproduktivität erfordern Eingriffe in die Wertschöpfungsprozesse, also in die Art und Weise, wie Waren und Dienstleistungen erstellt werden. Oft gelingt es mit nur geringem Aufwand deutliche Prozessverbesserungen zu erzielen, etwa durch bessere Organisation oder die Vermeidung von nicht wertschöpfenden Tätigkeiten in den Arbeitsabläufen. So können innovative Kniffe, selbst entwickelte Spezialwerkzeuge, verbesserte Rohstoffe und Materialien oder einfache Erweiterungen der bestehenden

4 Adam Smith: „Der Wohlstand der Nationen – Eine Untersuchung seiner Natur und seiner Ursachen", 11. Aufl., Deutscher Taschenbuch Verlag 2005, Erstes Kapitel, S. 9f. (Erstveröffentlichung 1776), S. 10.

Arbeitsteilung auch ohne große Investitionen starke Produktivitätseffekte entfalten. Die wirklich großen produktivitätssteigernden Effekte gehen jedoch von der Automatisierung von Prozessen aus, die zuvor von Menschen ausgeführt wurden. Die fortschreitende Industrialisierung und später die Digitalisierung haben dazu beigetragen, dass Ausrüstungen und Gebäude in den Wertschöpfungsprozessen eine immer größere Rolle spielen. Dabei ist die Kapitalausstattung der Arbeitsplätze enorm angestiegen. Produktivitätsverbesserungen auf dem heute erreichten technologischen Niveau erfordern daher in der Regel massive Investitionen.

In Deutschland wurde 2016 pro Erwerbstätigem ein durchschnittliches Kapital von 408.000 Euro eingesetzt. Von diesem Durchschnittswert weichen Branchen- und Unternehmenswerte in Abhängigkeit von der Art der Arbeitsplätze zum Teil gravierend ab. Im Dienstleistungsbereich ist mit 456.000 Euro sogar überdurchschnittlich viel Kapital pro Erwerbstätigem investiert. Das Verarbeitende Gewerbe erreicht mit 210.000 Euro nur einen unterdurchschnittlichen Wert. Die Wasser- und Energieversorgung kommt mit einem investierten Kapital rund 1,8 Millionen Euro pro Erwerbstätigem auf einen Spitzenwert.[5]

Die hohe Kapitalbindung gibt eine Vorstellung davon, was für Unternehmen auf dem Spiel steht, wenn technologische Innovationen anstehen. Die Unternehmen müssen in der Lage sein, massive Investitionen zu mobilisieren, um ein neues technologisches Niveau und die daraus resultierenden Produktivitätsverbesserungen zu erreichen. Das erfordert oft einen gänzlichen Neuaufbau, zumindest aber die teilweise

5 „Tabelle: Kapitalintensität – in 1.000 EUR", Statistikportal des Instituts der deutschen Wirtschaft online.

Erneuerung der vorhandenen Anlagen, Ausrüstungen, Software oder Gebäude. Massive Kapitalverluste können die Folge sein, wenn Abschreibungen erforderlich werden. Auch die Profitabilität kann sinken, falls das Equipment zwar schon abgeschrieben ist, auf diesem aber noch produziert werden könnte, und nun neue Anlagen den Kapitalstock erhöhen.

Frühere Gesellschaftsformen waren nur in sehr begrenztem Umfang in der Lage, die Arbeitsproduktivität zu verbessern. Erst mit der einsetzenden kapitalistischen Entwicklung begann eine bis dahin unerreichte Steigerung der Arbeitsproduktivität, die zunächst vor allem durch die Arbeitsteilung in den Manufakturen vorangetrieben wurde und später durch die derart erleichterte und rasch zunehmende Anwendung von Maschinen verstärkt wurde. Die enorme Bedeutung des aus Investitionen gebildeten Kapitalstocks für den Anstieg der Arbeitsproduktivität zeigt die nachfolgende Abbildung. Dort ist die historisch enge Beziehung zwischen der Entwicklung der Arbeitsproduktivität und dem Anstieg der Kapitalintensität, das ist der Kapitalstock[6] pro Beschäftigten, erkennbar (siehe Abb. 5). Seit der Industrialisierung, die in Deutschland Anfang des 19. Jahrhunderts einsetzte, haben sich sowohl Kapitalintensität als auch Arbeitsproduktivität verzwölffacht und sich dabei in einem bemerkenswerten Gleichschritt entwickelt.

6 Exakt ist der Kapitalstock das Bruttoanlagevermögen, d.h. alle vorhandenen Investitionsgüter zu Wiederbeschaffungspreisen bewertet, also ohne Berücksichtigung ihres Alters oder ihres Abnutzungsgrades.

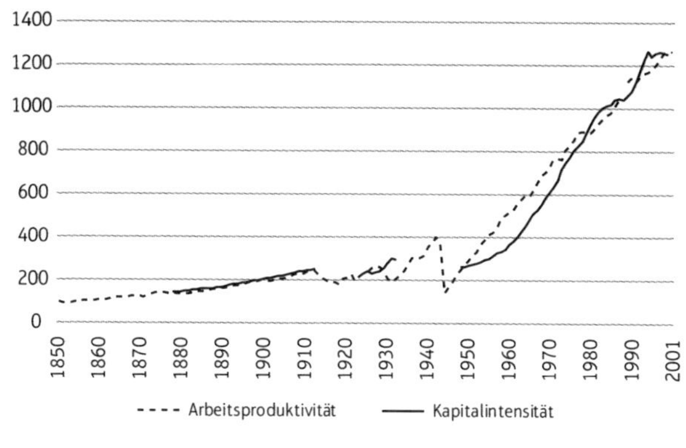

Abbildung 5: Kapitalintensität und der Arbeitsproduktivität in Deutschland (Indices: 1850 = 100)[7]

Die Grafik zeigt auch, dass sich in Deutschland der Kapitaleinsatz pro Arbeitsplatz in der Zeit von 1850 bis zum Ersten Weltkrieg mehr als verdoppelt hat. Danach wurde bis zum Zweiten Weltkrieg kein wertmäßiger Anstieg des Kapitaleinsatzes erreicht. In diese Zeit fiel neben zwei Weltkriegen auch die Weltwirtschaftskrise 1929 und die anschließende wirtschaftliche Depression, die zu einer erheblichen Kapitalvernichtung geführt hat. Nach dem Zweiten Weltkrieg kam es zu einem raschen Anstieg der Investitionen. In nur vier Jahrzehnten bis Anfang der 1990er Jahre wurde eine Verfünffachung der Kapitalintensität erreicht. Bemerkenswert ist der in der Grafik erkennbare Knick ab Anfang der

7 Rainer Metz: „Säkulare Trends der deutschen Wirtschaft" in: North, Michael (Hrsg.): „Deutsche Wirtschaftsgeschichte – ein Jahrtausend im Überblick", C.H. Beck Verlag, 2005. Daten entnommen aus: GESIS Datenarchiv, Köln. histat. Studiennummer 8179, Datenfile Version 1.0.0.

1990er Jahre. Seitdem hat sich das Wachstum der Kapitalintensität deutlich verlangsamt, um seit der Finanzkrise 2008 in eine Phase der Stagnation einzutreten (siehe Abb. 6). Noch schlechter verläuft die Entwicklung im Verarbeitenden Gewerbe, wo die Stagnation bereits Anfang der 2000er Jahre einsetzte. Seit der Finanzkrise sinkt die Kapitalintensität dort sogar (siehe Abb. 6). Die deutsche Industrie reduziert inzwischen, *völlig konträr zum historischen Trend*, den Kapitaleinsatz je Erwerbstätigem. Die Stagnation der Arbeitsproduktivität ist die logische Folge.

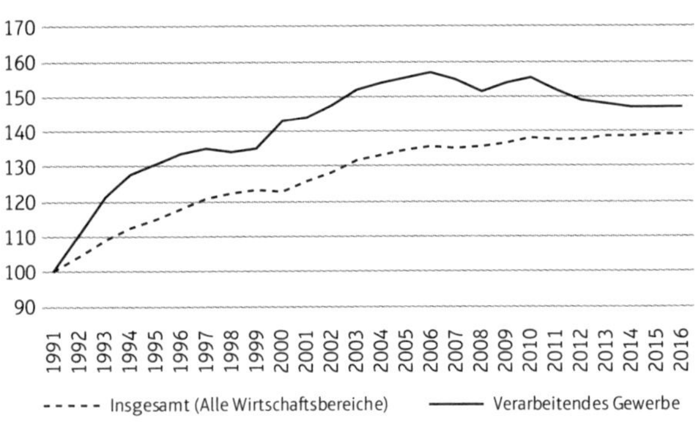

Abbildung 6: Kapitalintensität Deutschland (Index: 1990 = 100): Bruttoanlagevermögen (preisbereinigt) pro Erwerbstätigen[8]

In Anbetracht schwindsüchtiger Unternehmensinvestitionen sah sich der Bundesverband der Deutschen Industrie (BDI) bereits vor Jahren dazu veranlasst, die Politik auf dieses

8 Statistisches Bundesamt, Volkswirtschaftliche Gesamtrechnungen, Fachserie 18 Reihe 1.4., Tabelle 2.2.27 Kapitalintensität.

Problem hinzuweisen. Die wirtschaftspolitische Agenda müsse sich „konsequent auf eine Steigerung der Arbeitsproduktivität fokussieren", forderte der BDI im November 2016. Dazu sei es erforderlich „die Qualität und Quantität des Kapitalstocks durch Investitionen" zu steigern.[9]

Ausrüstungsinvestitionen und Arbeitsproduktivität

Ein wesentlicher Teil der Investitionen besteht aus sogenannten Ausrüstungsinvestitionen (u.a. in Maschinen, Computer und IT-Ausrüstung, Anlagen, Fahrzeuge, Betriebs- und Geschäftsausstattung), die in den amtlichen Statistiken separat aufgeführt werden. Deren Entwicklung ist besonders relevant, weil diese, im Unterschied zu den Bauinvestitionen (u.a. Wohnungen, Büros, Industriegebäude, Verkehrswege) wie den sonstigen Anlagen (v.a. Forschungs- und Entwicklungsaufwendungen), den stärkeren Effekt auf die Entwicklung der Arbeitsproduktivität haben. Gegenüber den Aufwendungen für Forschung und Entwicklung unterscheiden sich die Ausrüstungsinvestitionen dadurch, dass *sie effektive Veränderungen der Wertschöpfungsprozesse bewirken*. Forschungs- und Entwicklungsaufwendungen (FuE) sind zwar oft eine Voraussetzung für diese Veränderungen, die gewonnenen Erkenntnisse müssen jedoch erst technologisch umgesetzt werden, was dann in der Regel Ausrüstungsinvestitionen nach sich zieht. Erst dadurch wird der Produktivitätsfortschritt bewirkt.

9 Bundesverband der Deutschen Industrie e.V.: „Produktivitätswachstum in Deutschland, Wege aus der Sackgasse", November 2016, S. 1.

Wie die nachfolgende Grafik zeigt, sind die Ausrüstungsinvestitionen in der Bundesrepublik nach jedem Konjunkturtief angestiegen. Insbesondere nach der Finanzkrise ist das Wachstum aber schwächer geworden. Anders als in früheren Zyklen schwächten sich die Investitionen bereits wieder ab, noch bevor das Niveau des vorangegangenen Konjunkturzyklus erreicht war (siehe Abb. 7). Die gegenwärtige Rezession macht einen erneuten Rückschlag wahrscheinlich, so dass das leichte Überschreiten des Niveaus von 2008 wohl nur von kurzer Dauer war.

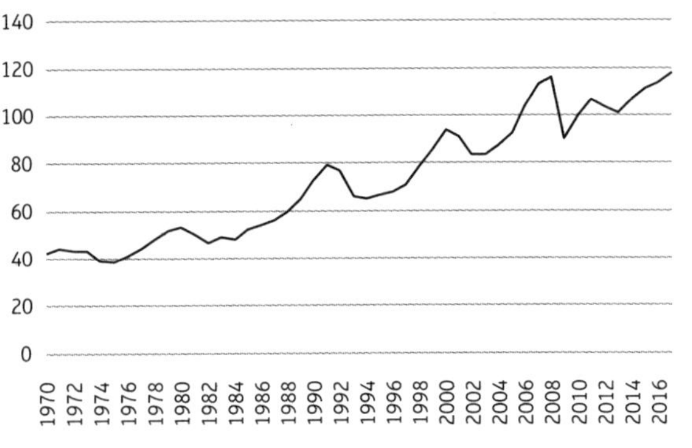

Abbildung 7: Ausrüstungsinvestitionen Deutschland (Index: 2010 = 100): Bruttoanlageinvestitionen, preisbereinigt bezogen auf das Jahr 2010[10]

10 Statistisches Bundesamt, Volkswirtschaftliche Gesamtrechnung, Inlandsproduktberechnung, Lange Reihen ab 1970, Tabelle 3.1.

Dass der Entwicklung der Ausrüstungsinvestitionen die Dynamik fehlt, wird noch deutlicher, wenn sie ins Verhältnis zur gesamten Wirtschaftsleistung gesetzt werden. Die Unternehmen investieren im Verhältnis zu ihrer Wertschöpfung immer weniger in Ausrüstungen. Bis in die 1990er Jahre machten Ausrüstungsinvestitionen mehr als sechs Prozent der gesamtwirtschaftlichen Wertschöpfung aus, heute sind es weniger als fünf Prozent (siehe Abb. 8).

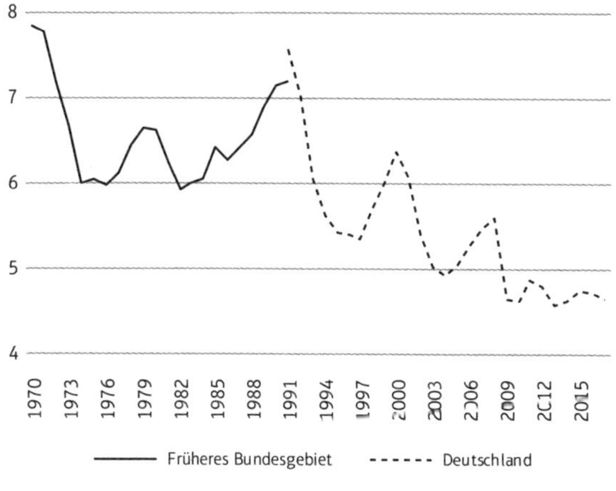

Abbildung 8: Anteil der Ausrüstungsinvestitionen (ohne Fahrzeuge) am Bruttoinlandsprodukt (%)[11]

11 Statistisches Bundesamt, Volkswirtschaftliche Gesamtrechnung, Inlandsproduktberechnung Lange Reihen ab 1970, Fachserie 18 Reihe 1.5, Tabelle 3.9 Bruttoanlageinvestitionen in jeweiligen Preisen, Tabelle 1.1 Bruttoinlandsprodukt, 04.09.2018.

Das Produktivitätsparadoxon im Maschinenbau

Der Zusammenhang zwischen schwachen Investitionen und der schwachen Entwicklung der Arbeitsproduktivität lässt sich auch in Wirtschaftsbereichen aufzeigen, die sehr erfolgreich sind. Nicht einmal international sehr erfolgreiche Branchen, wie der deutsche Maschinenbau, sind von dieser Entwicklung verschont.

Im Oktober 2018 stellte der Verband Deutscher Maschinen- und Anlagenbau (VDMA) eine Studie zweier renommierter Forschungseinrichtungen vor, die er eigens beauftragt hatte, um die als „Paradoxon" empfundene Diskrepanz zwischen der „Produktivitätsschwäche auf der einen Seite und beeindruckender wirtschaftlicher Performance" andererseits zu untersuchen.[12] So habe der Maschinenbau beim Export, bei der Beschäftigung und beim Umsatz die Spitzenwerte aus dem Jahr 2008 deutlich überschritten. Sogar die Umsatzrendite erreichte „mit etwa 8% annähernd wieder das Niveau der Hochkonjunkturjahre 2006 bis 2008."[13] Die „vergleichsweise schwache Produktivitätsentwicklung der Branche im internationalen Vergleich" sei dennoch ein „Alarmzeichen", so der damalige VDMA-Präsident Thomas Lindner bei der Vorstellung der Studie.[14]

Der Studie zufolge ist im Maschinenbau die Arbeitsproduktivität pro Arbeitsstunde bis zur Finanzkrise 2008 noch leicht angestiegen. Seitdem ist sie aber auf das zu Beginn der 2000er Jahre erreichte Niveau zurückgefallen. Das

12 IMPULS-Stiftung für den Maschinenbau, den Anlagenbau und die Informationstechnik: „Produktivitätsparadoxon im Maschinenbau", Oktober 2018, S. 11.
13 Ebd.
14 „Die Schattenseiten der Digitalisierung" in: F.A.Z., 15.10.2018, S. 17.

Problem hatte der Sachverständigenrat im Jahresgutachten 2015/2016 adressiert. Offenbar hat es sich seitdem weiter verfestigt.[15] Verantwortlich für die guten Umsatzrenditen seien daher nicht wettbewerbliche Produktivitätsverbsserungen, sondern im Wesentlichen die seit der Finanzkrise spürbare Senkung der Preise für Rohstoffe und Vorprodukte, meinen die Forscher. Die rückläufige Produktivitätsentwicklung relativieren sie, indem sie eine ungenaue Preismessung verantwortlich machen. Der tatsächliche Produktivitätsfortschritt werde durch Messfehler statistisch unterbewertet.

Allerdings identifizieren die Forscher einen weiteren wichtigen Faktor. Verantwortlich sei ein mit der Digitalisierung einhergehender „vorübergehender Technologieeffekt".[16] Die „rasche Verbreitung einer umfassenden, intensiven Digitalisierung in der Produktion des Maschinenbaus trägt aktuell nicht zu Produktivitätsgewinnen bei", heißt es.[17] Für Investitionen in Software zeige sich „sogar ein negativer Produktivitätseffekt, der im Zusammenhang mit den Anlaufkosten von Digitalisierungsprojekten steht."[18] Demnach liefern gerade die mit Industrie 4.0 in Verbindung gebrachten Digitalisierungsbemühungen im Maschinenbau nicht oder noch nicht die Produktivitätsfortschritte, die eigentlich von ihnen erwartet werden.

Trotz solcher angeführter Teilerklärungen gelingt es den Forschern nicht, das „Produktivitätsparadoxon" auflösen, da sie den Maschinenbauern trotz der nur geringen

15 IMPULS-Stiftung für den Maschinenbau, den Anlagenbau und die Informationstechnik: „Produktivitätsparadoxon im Maschinenbau", Oktober 2018, S. 12.

16 Ebd., S. 15.

17 Ebd., S. 67. Der IMPULS-Studie zufolge ist der Anteil der Investitionen für Software und Datenbanken an den jährlichen Gesamtinvestitionen im Maschinenbau von etwa zwei Prozent (2016) auf über sieben Prozent (2016) gestiegen.

18 Ebd., S. 15.

Produktivitätsfortschritte beziehungsweise des statistisch ausgewiesenen Rückschritts, erstaunlicherweise eine hohe Investitionstätigkeit attestieren. Sie sei vor allem nach der Finanzkrise besonders dynamisch gewesen, also könne „von einer Investitionszurückhaltung nach der Wirtschaftskrise" nicht gesprochen werden.

Eine solche positive Bewertung der Investitionen ergibt sich jedoch nur, weil die Forscher den Maschinenbau mit der allgemeinen Entwicklung im Verarbeitenden Gewerbe vergleichen und zudem nur bis Mitte der 1990er Jahre zurückblicken. Obendrein vergleichen sie nur die Gesamtinvestitionen und nicht die für Produktivitätssteigerungen besonders wichtigen Ausrüstungsinvestitionen. So attestieren sie eine „Investitionsdynamik", die „etwas stärker als im Verarbeitenden Gewerbe Deutschlands insgesamt" war. Durch die Gegenüberstellung mit der im Verarbeitenden Gewerbe ebenfalls schwachen Investitionsentwicklung, hebt sich der Maschinenbau aber nur scheinbar positiv ab und das tatsächlich vorhandene Problem wird unzulässig relativiert. Entgegen der vorgebrachten Interpretation lässt sich weder bei den Gesamtinvestitionen noch bei den Ausrüstungsinvestitionen eine dynamische Entwicklung erkennen (siehe Abb. 9). Zwar haben die Ausrüstungsinvestitionen inzwischen wieder das Niveau von vor der Finanzkrise erreicht, da die Branche jedoch gewachsen ist, reichen sie nicht mehr aus, um die Kapitalintensität zu steigern. Die Forscher verweisen sogar selbst auf dieses Problem und halten fest, dass sich die „Kapitalintensität im deutschen Maschinenbau [...] schlechter als im Verarbeitenden Gewerbe insgesamt" entwickelt und das bereits seit Mitte der 1990er Jahre.[19]

19 Ebd. S. 66.

Der Anteil der Investitionen in Sachanlagen an den Gesamtinvestitionen, also der Ausrüstungen und Bauten, schrumpft im Maschinenbau kontinuierlich. Damit folgt die Branche dem in allen Wirtschaftsbereichen vorherrschenden Trend: Der Anteil der Investitionen für die Verbesserung von Produkten und Prozessen wird zugunsten geistigen Eigentums (das sind vor allem Forschungs- und Entwicklungsaufwendungen) reduziert. In der Industrie geht inzwischen sogar *mehr als jeder zweite investierte Euro in geistiges Eigentum.*[20]

Die Autoren der VDMA-Studie haben die in der amtlichen Statistik üblichen Investitionskriterien in ihrer Untersuchung erweitert, indem sie auch Ausgaben für Design, Markenwerte, Unternehmensreputation und unternehmensspezifische Weiterbildung als immaterielle Investitionen einbezogen haben. Durch die so veränderten Kriterien sinkt bei den Maschinenbauunternehmen der Anteil der Sachanlageinvestitionen an den Gesamtinvestitionen auf nur noch 36 Prozent im Jahr 2016. Zehn Jahre zuvor lag der Wert noch bei 45 Prozent.[21]

Diese Verlagerung führt dazu, dass ein immer geringerer Anteil der Investitionen in die unmittelbare Verbesserung der wertschöpfenden Prozesse fließt. Die anteilsmäßig stark gestiegenen Ausgaben für Forschung und Entwicklung (FuE) sind zwar oft Voraussetzung für Prozess- und Produktinnovationen, dennoch sind sie ohne Umsetzung der Erkenntnisse wirkungslos. Erst in ihrer materiellen Umsetzung können Produktivitätssprünge entstehen. Um das Potenzial der FuE zu entfalten, sind in der Regel massive Sachanlageinvestitionen

20 Deutsche Bank Research: „Deutsche Industrie – Wenige Sektoren tragen Investitionswachstum" in: Deutschland-Monitor, 21.01.2019, S. 1.

21 IMPULS-Stiftung für den Maschinenbau, den Anlagenbau und die Informationstechnik: „Produktivitätsparadoxon im Maschinenbau", Oktober 2018, S. 67.

erforderlich. Je disruptiver und radikaler die Prozess- oder Produktinnovation, umso drastischer wird sich diese auf den bestehenden Kapitalstock auswirken. Wirkliche Innovationen führen meist zu hohen Wertverlusten noch funktionsfähiger Maschinen und Anlagen und zu wirtschaftlich oft schmerzhaften Abschreibungen. Eine Herausforderung, die sich gegenwärtig in der Automobilindustrie beim Übergang vom Verbrennungsmotor zum Elektroantrieb samt Batterietechnologie abzeichnet, auch wenn diese Disruption nicht durch technologische Innovation, sondern durch eine politische Agenda bewirkt wird.

Im Maschinenbau hat sich der Schwerpunkt zu den immateriellen Investitionen in geistiges Eigentum verschoben. Zudem ist das Wachstum der realen Bruttoanlageinvestitionen, also der Gesamtinvestitionen rückläufig. Beide Entwicklungen drücken die Ausrüstungsinvestitionen. Sie liegen heute *absolut niedriger* als während der konjunkturell guten Jahre 1991/1992 und 2007/2008 (siehe Abb. 9).[22]

22 Statistisches Bundesamt: „Volkswirtschaftliche Gesamtrechnung 2017", FS 18, Reihe 1.4, Tabelle 3.2.10. Dort werden für den Maschinenbau mit Referenzjahr 2010=100 als preisbereinigte Ausrüstungsinvestitionen ausgewiesen: 171,46 (1991), 144,32 (1992), 150,53 (2007), 171,46 (2008), 135,39 (2015), 141,11 (2016).

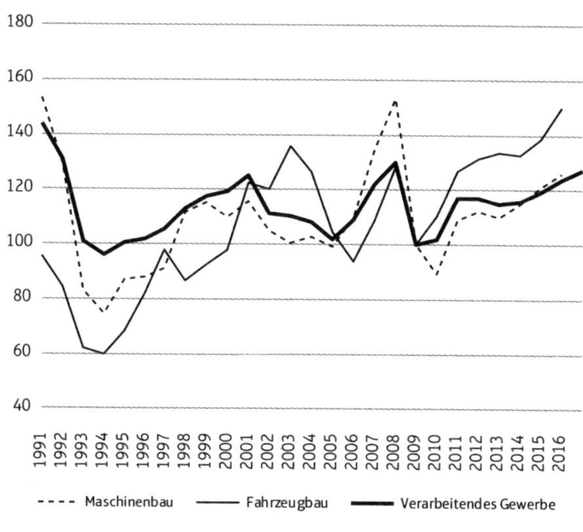

Abbildung 9: Ausrüstungsinvestitionen (Index: 2009 = 100): Verarbeitendes Gewerbe, Maschinenbau, Fahrzeugbau (preisbereinigt)[23]

Da die reale Bruttowertschöpfung der Branche im Zeitverlauf jedoch gewachsen ist, hat sich die aus jährlichen Ausrüstungsinvestitionen und Bruttowertschöpfung gebildete Quote deutlich verschlechtert. In den 1990er Jahren und bis zur Finanzkrise erreichten die Ausrüstungsinvestitionen noch einen Anteil von sieben bis elf Prozent der Wertschöpfung, seit der Finanzkrise hat sich der Anteil bei sechs Prozent eingependelt (siehe Abb. 10).[24]

23 Ebd., FS 18, Reihe 1.4, 04.09.2018, Tabellen 3.2.10.2.

24 Ebd., FS 18, Reihe 1.4, Tabelle 3.2.9.2 und Tabelle 3.2.1.

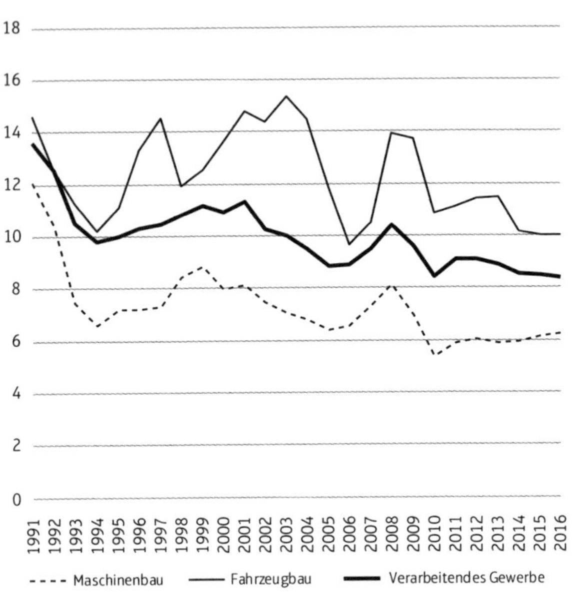

Abbildung 10: Anteil der Ausrüstungsinvestitionen an der Bruttowertschöpfung: Verarbeitendes Gewerbe, Maschinenbau, Fahrzeugbau (in %)[25]

Anders als in der VDMA-Studie dargelegt, liegt in der rückläufigen Entwicklung der Ausrüstungsinvestitionen ein stimmiger Erklärungsansatz für die Produktivitätsschwäche im Maschinenbau. Die Produktivitätsschwäche ist vor diesem Hintergrund alles andere als paradox.

Gemeinsam mit der Pharma- und Automobilindustrie bildet der Maschinenbau eine der drei großen deutschen Industriebranchen, die in den letzten beiden Jahrzehnten ein

25 Ebd., FS 18, Reihe 1.4, 04.09.2018, Tabellen 3.2.1, 3.2.9.2, eigene Berechnung.

Investitionswachstum erreicht haben, das über dem Durchschnitt des Verarbeitenden Gewerbes lag.[26] Doch auch den im Vergleich zur Gesamtwirtschaft überdurchschnittlich stark investierenden Maschinenbauunternehmen gelingt es nicht mehr, das Produktivitätsniveau ihrer Branche anzuheben.

Der Befund bedeutet nicht, dass die Spitzenunternehmen im Maschinenbau ihre führende Position einbüßen würden. Die mittelständisch geprägte Branche ist wegen ihrer „Hidden Champions" legendär, die mit einem spektakulär hohen Exportanteil brillieren. Dabei handelt es sich oft um nur in Fachkreisen bekannte Unternehmen meist mittlerer Größe. Mit Hochspezialisierung sind sie in ihrem Marktsegment nicht selten Weltmarktführer. 1200 bis 1500 solcher Champions schätzt man, hat die deutsche Wirtschaft vorzuweisen.[27] Eine Aufstellung der Wirtschaftswoche führt 461 Firmen auf, viele davon im Maschinenbau, die besonders strengen Auswahlkriterien standhalten.[28] Insgesamt hat sich jedoch in der Branche eine erkennbare Differenzierung zwischen wenigen technologisch führenden und der breiten Masse der Unternehmen herausgebildet. Während es wenigen Technologieführern noch gelingt, die erforderlichen Investitionen zu erwirtschaften und produktivitätssteigernde Produkt- oder Prozessinnovationen erfolgreich einzuführen, partizipiert die breite Masse der Unternehmen kaum noch am Innovationsgeschehen.

26 Deutsche Bank Research: „Deutsche Industrie – Wenige Sektoren tragen Investitionswachstum" in: Deutschland-Monitor, 21.01.2019, S. 1.

27 Hermann Simon: „Hidden Champions – Aufbruch nach Globalia: Die Erfolgsstrategien unbekannter Weltmarktführer", Campus Verlag 2012.

28 Kristin Rau, „Das sind Deutschland geheime Weltmarktführer", WirtschaftsWoche online, 25.01.2018.

Das Problem der Technologiediffusion

Die im deutschen Maschinenbau beobachtbare Differenzierung ist ein gesamtwirtschaftliches Phänomen, das inzwischen in der internationalen Forschung Beachtung gefunden hat. In praktisch allen Wirtschaftsbranchen gibt es Spitzenunternehmen, die durch die Entwicklung und Einführung neuer Technologien oder Produkte erhebliche Produktivitätsfortschritte erzielen oder denen es gelingt, innovative Verfahren oder Maschinen zu entwickeln, die ihren Unternehmenskunden Produktivitätssprünge ermöglichen.

Die Forschung hat eine problematische Seite dieser Entwicklung aufgedeckt. Es gelingt nur einigen wenigen Unternehmen Innovationen durchzusetzen, die große Masse partizipiert nicht mehr am Innovationsgeschehen. Es sind nicht nur die als Zombies identifizierbaren Unternehmen, die zu wenig in produktivitätssteigernde Technologien investieren, sondern *das gesamte Mittelfeld bis hin zu den Spitzenunternehmen ist betroffen*. Die Wirtschaft spaltet sich in eine Digital- oder Techno-Avantgarde von hochproduktiven Firmen und den großen Rest. Diese Entwicklung wird bereits seit den 2000er Jahren beobachtet.[29] Alain de Serres, führender Volkswirt der OECD, sieht die „Hauptursache für die rückläufige Produktivitätsentwicklung nicht per se in einer Verlangsamung von Innovation, sondern als Folge des Zusammenbruchs der Diffusion von Innovationen von den führenden Unternehmen zum Rest".[30]

29 Dan Andrews et al.: „Frontier firms, technology diffusion and public policy: Micro evidence from OECD countries", OECD, 2015.
30 Alain de Serres: „ Digitalisation and Productivity: In Search of the Holy Grail",Ifo Institut, YouTube, 13.02.2019.

Auch der BDI problematisiert die mangende Diffusion, also den Transfer technologischer Verbesserungen in andere Unternehmen, weswegen es zur Steigerung der gesamtwirtschaftlichen Arbeitsproduktivität entscheidend darauf ankomme, „Innovationen und Produktivitätsanstiege der Unternehmen an der technologischen Spitze auch ins Mittelfeld zu diffundieren".[31] Dem Großteil der Unternehmen gelingt es nicht oder nicht schnell genug, bereits vorhandene Innovationen zu übernehmen. Das kann zum Teil an wohlgehüteten Firmengeheimnissen liegen, die den Vorsprung gegenüber Wettbewerbern möglichst lange bewahren sollen. Oft jedoch entstehen Innovationen in Wirtschaftsbereichen, die andere Branchen beliefern. Typische Beispiele sind der Maschinenbau sowie die Hersteller und Dienstleister im Bereich der Informations- und Kommunikationstechnologien (IKT), deren technologische Entwicklungen zu Produktivitätssteigerungen in einer Vielzahl anderer Branchen beitragen können.

Neue Technologien entfalten in der Regel erst dann ihr volles Potenzial, wenn sie mit anderen Neuentwicklungen kombiniert werden. So bringt der digitale Datenaustausch zwischen Unternehmen erst dann größeren Nutzen, wenn die notwendige Infrastruktur, etwa die erforderliche Bandbreite, verfügbar ist, und wenn nicht nur die Spitzenreiter, sondern die große Masse der Unternehmen in der Lage sind, die gleiche Technologie zu nutzen. Das war in der Automobilbranche in den 1990er Jahren zu beobachten, als der elektronische Datenaustausch von Bestell-, Liefer- und Zeichnungsdaten Einzug hielt und der produktivitätssteigernde Effekt des Datenaustausches die Beteiligung einer kritischen

31 Bundesverband der Deutschen Industrie e.V.: „Produktivitätswachstum in Deutschland, Wege aus der Sackgasse", November 2016, S. 1.

Masse der Unternehmen erforderte. Es reichte nicht aus, dass die großen Automobilhersteller die neuen Technologien einführten. Selbst die kleinsten Zulieferer mussten eingebunden werden, um die Gesamtproduktivität der Logistik- und Entwicklungsprozesse zu steigern und verbesserte Prozess-Standards zu schaffen.

Wenn neue Technologien nur in relativ kleinen Teilbereichen einer Branche übernommen werden, entsteht eine Fülle problematischer Folgewirkungen, die wie ein Bumerang auf die Vorreiterunternehmen und auf diejenigen Unternehmen zurückwirken, die innovative Lösungen für andere bereitstellen. Gibt es keine kritische Masse von Anwendern für die zur Weiterentwicklung notwendige Marktdurchdringung, bleibt es bei einer Insellösung, die wieder vom Markt zu verschwinden droht. Viele gute Ideen scheitern nicht etwa, weil sie nicht gut sind, sondern weil sie die notwendige Marktdurchdringung aus anderen Gründen nicht erreichen. Das kann daran liegen, dass den innovierenden Unternehmen bei zu langsamer Diffusion die finanziellen Mittel ausgehen, sich den Vorreiterunternehmen aufgrund ausbleibender Netzwerkeffekte keine hinreichenden Vorteile bieten oder die versunkenen Kosten gescheiterter Innovationen die Vorreiterunternehmen gegenüber ihren Wettbewerbern schwächen können. Die Angst vor den Risiken gescheiterter Innovationen kann darüber hinaus auch zukünftige Entwicklungen erschweren und zu einem konservativen, innovationsfeindlichen Branchenumfeld beitragen.

Im Jahresgutachten 2015/2016 hat sich der Sachverständigenrat mit der Verbreitung von Informations- und Kommunikationstechnologien (IKT) befasst und festgestellt, dass es den IKT-Herstellern wie auch IKT-Dienstleistern sehr gut gelingt, die Arbeitsproduktivität zu steigern. Auf der Anwenderseite ergibt sich jedoch ein völlig anderes Bild. Die Entwicklung der Arbeitsproduktivität ist dort sehr niedrig, und zudem schneiden die Wirtschaftsbereiche, die zu intensiven IKT-Nutzern gehören, gegenüber den Geringnutzern sogar deutlich schlechter ab.[32] So erreichten die IKT-intensiven Wirtschaftsbereiche in der Zeit von 2010 bis 2013 ein jährliches Wachstum der Arbeitsproduktivität von nur 0,1 Prozent, während die anderen Bereiche immerhin noch 1,1 Prozent erzielten.[33] In einem Dossier zur Industriepolitik brachte der BDI dies gut auf den Punkt: „IKT und Produktivität: Hersteller top, aber Nutzer flop."[34]

Das produktivitätssteigernde Potenzial der IKT ist im Gegensatz zu anderen technologischen Innovationen, wie etwa der maschinellen Automatisierung, recht umstritten. Bereits vor mehr als 30 Jahren wies Robert Solow, der für seine Forschungen zum technologischen Fortschritt den Wirtschaftsnobelpreis erhielt, auf die widersinnige Produktivitätsentwicklung im Kontext der digitalen Revolution hin: „Man sieht das Computerzeitalter überall, nur nicht in den Produktivitätsstatistiken", schrieb er damals.[35] Seitdem gab es zumindest in den USA Ende der 1990er und Anfang der 2000er Jahre einen spürbaren Produktivitätseffekt hoher IKT-Investitionen, der danach aber wieder abebbte. In anderen entwickelten Ländern wie in Deutschland trat ein solcher Effekt – wenn überhaupt – nur abgeschwächt auf.

32 Sachverständigenrat zur Begutachtung der gesamtwirtschaftlichen Entwicklung, Jahresgutachten 2015/16, S. 329–331.

33 Bundesverband der Deutschen Industrie e.V.: „Produktivitätswachstum in Deutschland, Wege aus der Sackgasse", November 2016, S. 14.

34 Ebd., S. 14.

35 R. M. Solow: „We'd Better Watch Out," New York Times, Juli 1987, S. 36.

Die Gründe hierfür sind umstritten, allerdings dürfte eine Rolle spielen, dass die Vertiefung von IKT in der Wirtschaft oft nicht mit dem Ziel der Produktivitätssteigerung vorangetrieben wird. Negativ wirkt auch der zweifelhafte Ansatz, mit verbesserter Technologie eine zunehmende Komplexität leichter beherrschbar zu machen. Anstatt die Komplexität der Prozesslandschaft vor oder mit der Einführung von digitaler Automatisierung zu reduzieren und durch bessere Organisation effizienter zu gestalten, geht man den vermeintlich einfacheren Weg. Man versucht, die Komplexität in den mächtigeren IT-Werkzeugen abzubilden, und zementiert damit letztlich ineffiziente Strukturen.

Zu solchen Faktoren kommt auch bei IKT-Investitionen die immer schleppender verlaufende Diffusion. Zwar steigen die realen Investitionen in die IKT stärker als die Bruttoanlageinvestitionen insgesamt. So ist im Maschinenbau der Anteil für Software und Datenbanken an den Gesamtinvestitionen von 2,1 Prozent im Jahr 2006 auf 7,2 Prozent im Jahr 2016 gestiegen.[36] Die Dynamik ist aber trotz zunehmendem Investitionsvolumen generell verloren gegangen. Das zeigt ein Blick auf die Gesamtwirtschaft.

Im Zeitraum von 1991 bis 2000 erreichten die in Deutschland getätigten Gesamtinvestitionen für Software und Datenbanken eine jährliche Wachstumsrate von real 8,4 Prozent. Bis 2008 ist das Wachstum auf 5,2 Prozent abgesunken, und von 2008 bis 2017 wurden durchschnittlich nur noch 2,6 Prozent erreicht. Die dadurch abnehmende Geschwindigkeit, mit der diese neuen Technologien von Vorreitern zu Nachzüglern diffundieren, stellt ein riesiges Fragezeichen hinter die

36 IMPULS-Stiftung für den Maschinenbau, den Anlagenbau und die Informationstechnik: „Produktivitätsparadoxon im Maschinenbau", Oktober 2018, S. 67.

Vorstellung, Deutschland sei mit „Industrie 4.0" ein Vorreiter auf dem Weg zur vierten industriellen Revolution.[37]

Abweichend vom generellen Trend gibt es jedoch bemerkenswerte Entwicklungen. So gelang es der Automobilindustrie – dem Wirtschaftszweig des Verarbeitenden Gewerbes mit der inzwischen mit Abstand größten Wirtschaftsleistung in Deutschland –, die Arbeitsproduktivität pro Erwerbstätigenstunde überdurchschnittlich stark zu steigern. Im Zeitraum von 2005 bis 2016 erreichte das jährliche Wachstum beeindruckende 4,7 Prozent. Nur Teilbereiche der IKT erreichten in diesem Zeitraum einen noch höheren Anstieg.[38] Der beindruckende Produktivitätsfortschritt wurde durch hohe Ausrüstungsinvestitionen ermöglicht, die in der Automobilindustrie in diesem Zeitraum um 3,4 Prozent jährlich stiegen. Die reale Bruttowertschöpfung legte jährlich sogar um 4,9 Prozent zu.[39]

Relativ hohe Investitionen und die stark steigende Wirtschaftsleistung haben offenbar Bedingungen geschaffen, in denen der vom OECD-Ökonomen Serres angesprochene „Zusammenbruch der Diffusion" nicht eingetreten ist. Investitionen und Arbeitsproduktivität hätten unmöglich in diesem Ausmaß steigen können, wenn nicht der Großteil der Automobilhersteller und Zulieferer bei dieser Entwicklung mitgenommen worden wäre. Die Technologiediffusion wird nach den Untersuchungen der OECD-Forscher durch mehrere Faktoren erleichtert. Eine wichtige Rolle spielt der harte internationale Wettbewerb mit niedrigen Zollbarrieren zwischen

37 Statistisches Bundesamt: Volkswirtschaftliche Gesamtrechnung 2017 v. 1.6.2018, FS 18, Reihe 1.4, Tabelle 3.2.10 und eigene Berechnung der jährlichen Wachstumsraten.

38 Statistisches Bundesamt: „Automobilindustrie trägt 4,5 % zur Bruttowertschöpfung in Deutschland bei", Pressemitteilung 326/17, 14.09.2017.

39 Statistisches Bundesamt: Volkswirtschaftliche Gesamtrechnung 2017, FS 18, Reihe 1.4, 4.9.2018, Tabellen 3.2.2, 3.2.19, 3.2.10.2; eigene Berechnung.

den Hauptmärkten und die Tatsache, dass die deutsche Automobilindustrie eine weltweit führende Position einnimmt. Begünstigt wird die Verbreitung des Technologieknowhows vermutlich auch durch die besondere Struktur der Branche, die von einigen sehr großen Automobilherstellern und großen Zulieferern geprägt ist. In die integrierten Lieferketten sind zudem die kleineren Mittelständler gut eingebunden. Das wird dadurch erleichtert, dass sich um die deutschen Standorte der Autohersteller eine enorme Bandbreite von Unternehmen konzentriert, die unterschiedlichste produktionsrelevante Technologien beherrschen und die in die Entwicklung von Fertigungstechnologie und -verfahren eingebunden sind.

Die Technologiediffusion bei den Autoherstellern geht aber offenbar nicht auf andere Wirtschaftsbereiche über. Wie zwischen der Digital- oder Techno-Avantgarde und dem Rest der Wirtschaft klafft ein tiefer Graben zwischen der Automobilindustrie und den anderen Industrie- und Dienstleistungsbranchen.

Das relative Gewicht der Automobilindustrie schönt die gesamtwirtschaftlichen Daten bei Investitionen und Arbeitsproduktivität. Nimmt man die Branche heraus, so wird die betrübliche Realität der deutschen Wirtschaft deutlich. Es zeigt sich, wie schwach die Entwicklung der restlichen Wirtschaft tatsächlich ist und welche Wohlstandsrisiken mit einem Niedergang der Automobilindustrie verbunden wären.

Berechnungen des Statistischen Bundesamts zufolge erreichte das Verarbeitende Gewerbe von 2005 bis 2016 im jährlichen Durchschnitt eine Verbesserung der Arbeitsproduktivität von 2,2 Prozent. Ohne den Beitrag der Automobilindustrie, erreichte der Rest der Industrie nur eine jährliche Verbesserung von 1,35 Prozent. Für den Betrachtungszeitraum nach der Finanzkrise, wird die Diskrepanz noch dramatischer. In der nachfolgenden Grafik (Abb. 11) erschiene die Entwicklung der

Arbeitsproduktivität im Verarbeitenden Gewerbe ab 2011 als flache Linie, also als Nullwachstum, wenn man die Automobilindustrie herausrechnete. Das ist immerhin noch etwas besser als die Performance im Maschinenbau, dessen Produktivitätsniveau seit 2011 sogar gefallen ist. In diesem effektiven Nullwachstum der Arbeitsproduktivität im Verarbeitenden Gewerbe manifestiert sich ein gravierendes gesellschaftliches Problem. Denn auch die Dienstleistungsunternehmen sind bei der Arbeitsproduktivität, wie bereits gezeigt, inzwischen beim Nullwachstum angelangt. Die Unternehmen haben sich von einstigen Wohlstandsmotoren zu regelrechten Wohlstandsbremsen entwickelt.

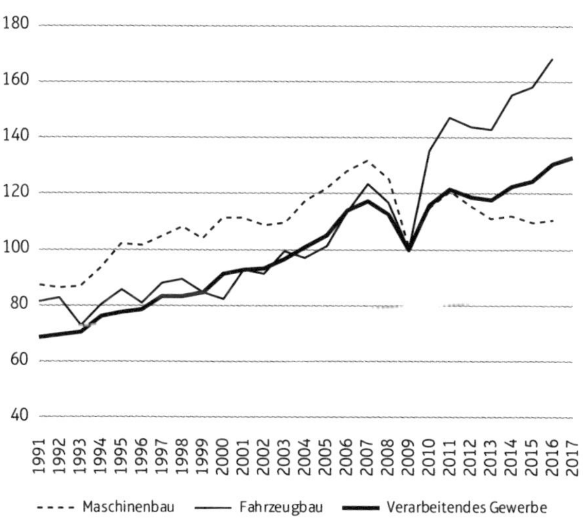

Abbildung 11: Arbeitsproduktivität pro Erwerbstätigenstunde (Index: 2009 = 100): Verarbeitendes Gewerbe, Maschinenbau und Fahrzeugbau[40]

40 Ebd., FS 18, Reihe 1.4, 04.09.2018, Tabellen 3.2.2, 3.2.19; eigene Berechnung.

Trotz der im Vergleich zur Gesamtwirtschaft noch beindruckenden Performance der Autobranche unterliegt sie den gleichen langfristigen Trends, die sich negativ auf die Produktivitätsentwicklung auswirken. Hier, wie im Verarbeitenden Gewerbe insgesamt, gehen die für die Produktivitätsentwicklung besonders wichtigen Ausrüstungsinvestitionen im Verhältnis zur Wertschöpfung zurück (siehe Abb. 12). Der Unterschied besteht lediglich darin, dass der Rückgang in der Automobilindustrie nicht ganz so stark ist, wie in der Gesamtwirtschaft oder gar im Maschinenbau.

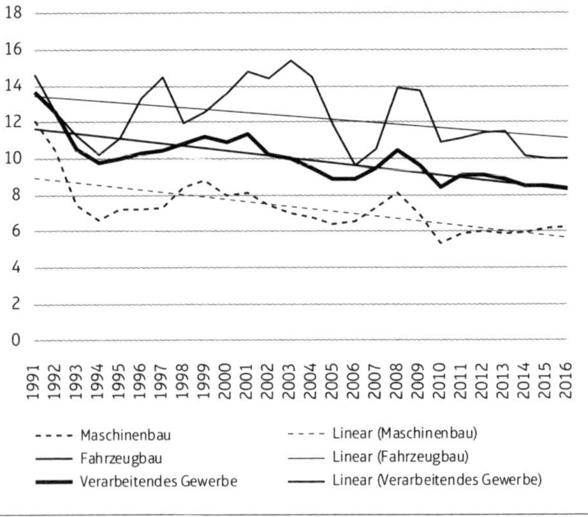

Abbildung 12: Anteil Ausrüstungsinvestitionen an der Bruttowertschöpfung: Verarbeitendes Gewerbe, Maschinenbau, Fahrzeugbau (in %)[41]

41 Ebd., FS 18, Reihe 1.4, 04.09.2018, Tabellen 3.2.1, 3.2.9.2; eigene Berechnung.

Unerwünschte Politisierung der Investitionsschwäche

Die von der wirtschaftlichen Entwicklung in Deutschland ausgehenden Alarmsignale für den gesellschaftlichen Wohlstand könnten kaum deutlicher sein. Der gesamtwirtschaftliche Kapitalstock stagniert und in der Industrie sinkt er sogar seit mehr als einem Jahrzehnt. Diese Entwicklung ist seit dem Beginn der Industrialisierung einmalig und nur vergleichbar mit der Zeit unmittelbar vor der Weltwirtschaftskrise 1929 und der wirtschaftlichen Depression die darauf folgte. Auch damals stagnierte der Kapitalstock über eine längere Phase und ging zeitweise sogar deutlich zurück. Besonders stark wird dieser Negativtrend von der schwachen Entwicklung der Ausrüstungsinvestitionen getrieben. Wichtige Industriezweige, die noch heute viele Arbeitsplätze bieten, sind daher nicht mehr in der Lage, die Arbeitsproduktivität zu steigern und daraus Wettbewerbsvorteile zu generieren. Dass in Deutschland überhaupt noch minimale Produktivitätssteigerungen erreicht werden, ist fast ausschließlich der noch vergleichsweise guten Performance der Autohersteller zu verdanken – ein enormes Klumpenrisiko.

Trotz dieser problematischen Entwicklung wird bisher kaum politischer Handlungsbedarf gesehen. Die Investitionsschwäche der Wirtschaft wird weder von den Regierungsparteien noch von der politischen Opposition zum Thema gemacht.

Eine ganze Reihe von Faktoren trägt dazu bei, dass die Problematik als nicht sonderlich akut erscheint und auf den akademischen Diskurs unter Wirtschaftswissenschaftlern beschränkt bleibt. Ein wesentlicher Grund liegt darin, dass *sinkende Investitionsquoten ein in allen entwickelten*

Volkswirtschaften vorherrschender Trend sind und Deutschland damit nicht als Sonderfall heraussticht. Die Bruttoanlageinvestitionen, also die von den Unternehmen und vom Staat (u.a. in die Verkehrsinfrastruktur) aufgebrachten Gesamtinvestitionen, sind im Verhältnis zur gesamtwirtschaftlichen Leistung in allen entwickelten Volkswirtschaften deutlich am Schwinden (siehe Abb. 13). In Deutschland tragen Unternehmen und Staat gleichermaßen zum Rückgang bei – von einst über 30 Prozent des BIP auf nur noch etwa 20 Prozent seit Anfang der 2000er Jahre.

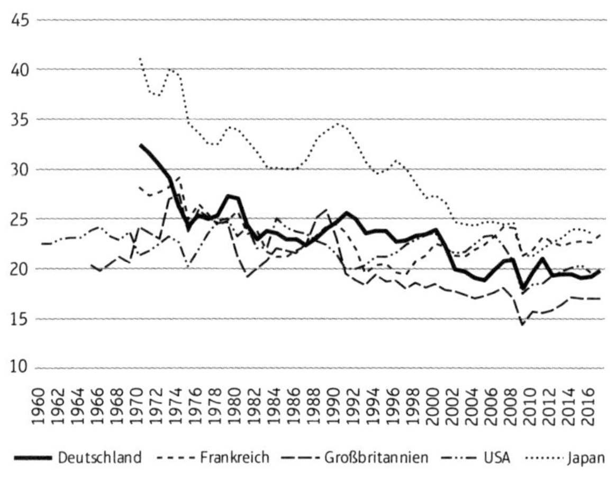

Abbildung 13: Anteil der Bruttoanlageinvestitionen am Bruttoinlandsprodukt (in %)[42]

42 World Bank databank, The World Bank online.

Sofern eine Diskussion über die Investitionsentwicklung in Deutschland überhaupt geführt wird, macht sie sich vorzugsweise an technischen Details fest. Das zeigte sich vor einigen Jahren, als der Präsident des Deutschen Instituts für Wirtschaftsforschung (DIW), Marcel Fratzscher, einen Vergleich der OECD-Länder anstellte, um daraus die Notwendigkeit von steigenden Infrastrukturinvestitionen abzuleiten. Das DIW konstatierte eine „Investitionslücke" in Deutschland von drei Prozent des BIP, also etwa 80 Milliarden Euro jährlich.[43] Zu ähnlichen Ergebnissen kam die 2014 vom damaligen Wirtschaftsminister Sigmar Gabriel (SPD) eingesetzte und von Fratzscher als Vorsitzendem geführte „Expertenkommission zur Stärkung von Investitionen in Deutschland".[44]

Auf diese Kampfansage reagierte der damalige Finanzminister Wolfgang Schäuble (CDU) mit einer eigenen Bewertung seines Minsisteriums. Nach dessen Auffassung sei Deutschland entgegen der Darstellung des DIW sogar besser aufgestellt, als der Durchschnitt anderer entwickelter Volkswirtschaften. Deutschland befinde sich bei den „besonders relevanten Investitionen in Ausrüstungen sowie Ausgaben für Forschung und Entwicklung […] konstant über dem Niveau der anderen Euroländer".[45] Für Deutschland lasse sich „eine systematische Investitionsschwäche […] nicht nachweisen." Auch im Hinblick auf die langfristigen Trends gab das Ministerium Entwarnung, denn: „Investitionsquoten sind im Entwicklungsprozess einer Volkswirtschaft – von

43 Marcel Fratzscher: „Die Deutschland-Illusion – Warum wir unsere Wirtschaft überschätzen und Europa brauchen", Carl Hanser Verlag 2014, S. 81.

44 „Stärkung von Investitionen in Deutschland", Bericht der Expertenkommission im Auftrag des Bundesministers für Wirtschaft und Energie, 20.04.2015.

45 Bundesministerium der Finanzen: „Investitionsschwäche in Deutschland? – Eine Analyse der Investitionstätigkeit im internationalen Vergleich" in: Monatsbericht, 25.03.2014, S. 1.

konjunkturellen Schwankungen und Schocks abgesehen – in der Regel tendenziell rückläufig." Dies gelte eben auch für Deutschland, wo ein „fallender Trend der Investitionsquoten bereits lange vor der deutschen Einheit zu beobachten" gewesen sei.[46] Da alle anderen entwickelten Volkswirtschaften tatsächlich mit den gleichen fundamentalen Problemen konfrontiert sind, und Fratzscher selbst das Investitionserfordernis aus dem Vergleich mit anderen Ländern ableitete, fiel es Schäuble leicht, die These der „Investitionslücke" zurückzuweisen.

Im Kern zielte die von Schäubles Finanzministerium vorgetragene Argumentation darauf ab, den Versuch einer Politisierung der Investitionsschwäche durch das damals SPD-geführte Wirtschaftsministerium abzuwehren. Schäuble gewann die Auseinandersetzung durch den Verweis auf die teilweise noch problematischere Situation der anderen entwickelten Volkswirtschaften. Erleichtert wurde dies durch den nach der Finanzkrise – anders als im Rest Europas – einsetzenden wirtschaftlichen Aufschwung. Trotz rückläufiger Investitionsquoten schien es der deutschen Wirtschaft gut zu gehen, auch weil die vom Euro und der Niedrigzinspolitik ausgehenden Effekte diese Problematik überlagerten.

Die Beschäftigung wird durch die Investitionsschwäche sogar positiv beeinflusst. Die Unternehmen entscheiden sich überwiegend für einen kapitalsparenden Aufbau ihrer Kapazitäten und stellen mehr Personal ein, anstatt in produktivitätssteigerndes Equipment zu investieren. Die günstige Beschäftigungsentwicklung und die sich daraus ergebenden Überschüsse der Sozialkassen werden als Zeichen einer besonders positiven Wohlstandsentwicklung wahrgenommen,

46 Ebd., S. 6.

da sich neben neuen Jobs zusätzliche Verteilungsspielräume in der Sozialversicherung eröffnen.

Wissens- statt Sachinvestitionen

Die Einschätzung des Finanzministeriums, dass selbst die langfristig rückläufigen Investitionsquoten kein Problem darstellen, findet durchaus Unterstützer in der Wirtschaftswissenschaft. Hier hat sich ein Perspektivwechsel vollzogen, wodurch Sachinvestitionen, die physische Veränderungen des Kapitalstocks bewirken, eine geringere Bedeutung beigemessen wird. Wenn überhaupt von Investitionsschwäche die Rede ist, geschieht dies in der Regel mit Blick auf die immateriellen Investitionen. Neuere Ansätze sehen in ihnen den wesentlichen Treiber für die gesellschaftliche Wohlstandsentwicklung und für individuelle Entwicklungschancen. Sie betonen, dass Wissen eine zunehmend bedeutsamere Ressource in der heutigen postindustriellen Gesellschaft sei. Bildung und die Entwicklung anderer immaterieller Ressourcen gelten nun als die entscheidenden gesellschaftlichen Entwicklungsparameter.

Die im Jahr 2000 von der EU verabschiedete Lissabon-Strategie spiegelte die große Bedeutung wider, die das Konzept der „Wissensgesellschaft" erlangt hatte. Um den daraus abgeleiteten Anforderungen zu genügen, verfolgt die EU das Ziel, die Investitionen für Forschung und Entwicklung (FuE) auf mindestens drei Prozent des BIP anzuheben. Auch Deutschland folgte den EU-Vorgaben. Erstmals erreichten die gesamten FuE-Investitionen des Staates und der Unternehmen 2017 diese Marke, obwohl das Ziel bereits 2010 erreicht sein sollte. Viele EU-Länder sind noch meilenweit davon entfernt und auch in der Bundesrepublik war dies ein langwieriger Prozess. Umso euphorischer, wenngleich etwas voreilig, feierte sich die Bundesregierung bereits 2015. Noch nie sei so viel Geld für FuE aufgewendet worden. Deutschland gelte in internationalen Rankings als globaler „Innovationsführer", verkündete das Bundesministerium für Bildung und Forschung stolz.[47]

Tatsächlich sind die FuE-Investitionen in Deutschland von 1991 bis 2015 von 2,4 Prozent auf 2,93 Prozent des BIP angestiegen.[48] Dass das Drei-Prozent-Ziel inzwischen wohl erreicht ist, liegt allerdings weniger am Wachstum der FuE-Investitionen, wie die Schönwettermeldungen vermuten lassen. Als wesentlicher Treiber lässt sich vielmehr ausmachen, dass sich das Wirtschaftswachstum seit Anfang der 1990er Jahre verlangsamt hat und so der etwas stärkere, keineswegs aber besonders dynamische Anstieg der FuE-Investitionen deutlicher zu Buche schlägt. Die FuE-Investitionen stiegen im jährlichen Durchschnitt seit 1991 um lediglich 2,3 Prozent an, während das Wirtschaftswachstum nur 1,4 Prozent erreichte.

Den entscheidenden Sprung machte die Investitionsquote während der Finanzkrise, als das BIP 2007 bis 2009 von 2513 Milliarden auf 2460 Milliarden Euro schrumpfte. Dies verschaffte dem Indikator einen Anstieg von 2,45 auf 2,73 Prozent.[49] Der Wettlauf zur Drei-Prozent-Marke gleicht demnach eher einem seit Anfang der 1990er Jahre vollführten Schneckenrennen, das zugunsten der FuE-Investitionen ausgegangen ist, weil das wirtschaftliche Wachstum noch

47 „Forschung und Innovation", Datenportal BMBF online.

48 „Forschung und Entwicklung in der Wirtschaft, Zahlenwerk 2017, Tabelle 1.1 Bruttoinlandsaufwendungen für interne FuE als Anteil am Bruttoinlandsprodukt 1991 bis 2015 nach durchführenden Sektoren", Stifterverband für die Deutsche Wissenschaft online.

49 Statistisches Bundesamt, Volkswirtschaftliche Gesamtrechnung 2017, FS 18, Reihe 1.4, 04.09.2018, Tabellen 2.3.10, 2.1.1, eigene Berechnung.

langsamer war. Der positiv zu bewertende Ausbau von Forschung und Entwicklung bremst den Negativtrend der Gesamtinvestitionen jedoch kaum und hat zudem keinen Effekt auf die Produktivitätsentwicklung, solange daraus keine Sachinvestitionen resultieren.

Schon im Jahr 2005, als Deutschland mit hoher Arbeitslosigkeit kämpfte, misslang der Versuch des damaligen Ifo-Präsidenten Hans-Werner Sinn, die Investitionsschwäche in den politischen Fokus zu rücken. Er warnte, dass sich die deutsche Wirtschaft zu einer „Basar-Ökonomie" entwickle. Deutschland leide noch stärker als andere Länder an rückläufigen Investitionen, wodurch die inländische Wertschöpfung relativ gesehen zurückgehe. Dies führte er darauf zurück, dass sich die deutsche Industrie zunehmend auf die kundennahen Endstufen der Produktion spezialisiere und eine Verlagerung arbeitsintensiver Vorproduktion ins Ausland betreibe.[50] Er sprach von einem Investitionsstreik und zeigte anhand der Nettoinvestitionsquote, wie kritisch es um die Qualität Deutschlands als Investitionsstandort bestellt war. Der 2006 einsetzende konjunkturelle Aufschwung und die Diskussion um die vom damaligen Bundeskanzler Gerhard Schröder initiierte Agenda 2010 vereitelten eine große Resonanz seiner Erkenntnisse.

Die Nettoinvestitionen errechnen sich aus den jährlichen Bruttoinvestitionen abzüglich der Wertminderungen durch Verschleiß und wirtschaftliche Alterung, die der gesamte Kapitalstock innerhalb eines Jahres erleidet. Eine negative Nettoinvestitionsquote bedeutet, dass die produktiven

50 Hans-Werner Sinn: „Die Basar-Ökonomie. Deutschland: Exportweltmeister oder Schlusslicht?", Ullstein Taschenbuchausgabe 2007, Vorbemerkung S. 10.

Kapazitäten einer Volkswirtschaft abnehmen.[51] 2005 befand sich die Nettoinvestitionsquote im freien Fall. Seitdem hat sie sich auf einem historisch einmalig niedrigen Niveau stabilisiert (siehe Abb. 14).

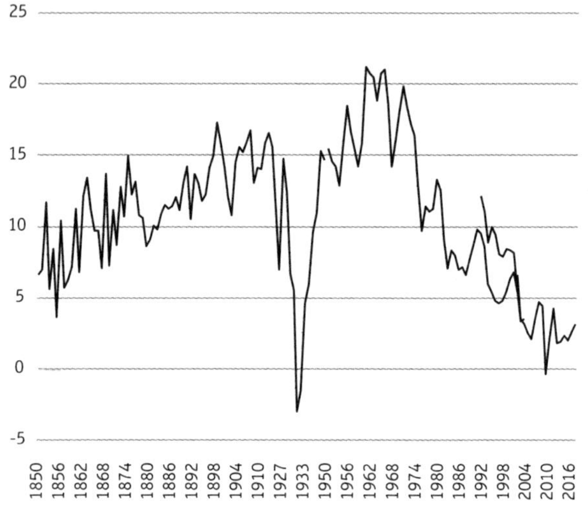

Abbildung 14: Nettoinvestitionsquote Deutschland (in %). Von 1991 bis 2003 ist der Verlauf der Nettoinvestitionsquote sowohl für die ehemalige BRD wie auch für Gesamtdeutschland abgebildet.[52]

51 Das Bundesfinanzministerium bewertet die Aussagekraft der Nettoinvestitionen zur Beurteilung der Investitionstätigkeit als nicht geeignet, da nicht wie im Bruttokonzept die Abgänge im Anlagevermögen berücksichtigt werden. Obwohl also im Nettokonzept Anlagen bereits vollkommen abgeschrieben sein können, sind sie oft noch voll funktionsfähig. Dem lässt sich entgegenhalten, dass im Nettokonzept die Veralterung berücksichtigt wird und damit die Qualität des Kapitalstocks besser bewertet wird. Siehe dazu: Bundesfinanzministerium: „Die Aussagekraft von Nettoinvestitionen in der wirtschaftspolitischen Diskussion", Monatsbericht des BMF Juni 2015, S. 6–12.

52 Rainer Metz: „Säkulare Trends der deutschen Wirtschaft" in: Michael North (Hg.):

Investitionsschwäche erklärbar

Auch auf internationalem Parkett dominieren wirtschaftswissenschaftliche Erklärungen, wonach die schwache Entwicklung von Investitionen und Arbeitsproduktivität kaum anders sein könnte. So liefern sich Techno-Optimisten wie Erik Brynjolfsson oder Andrew McAfee und Techno-Pessimisten wie Robert J. Gordon seit vielen Jahren eine Auseinandersetzung über die Potenziale des heute möglichen technologischen Fortschritts. Während die einen argumentieren, dass die technologische Revolution erst am Anfang stehe, argumentiert Gordon, dass die von der Informationstechnologie ausgehenden Produktivitätseffekte nur gering gewesen und bereits geerntet worden seien.[53] Die IT-Revolution, so Gordon, sei weit weniger bedeutend als die zum großen Teil bereits im 19. Jahrhundert eingeführte Elektrizität, Abwasserentsorgung in den Städten, Chemie und Pharmazie, der Verbrennungsmotor und die moderne Kommunikation. Diese Durchbrüche hätten in den USA bis in die 1940er Jahre und in den anderen entwickelten Volkswirtschaften bis in die 1970er Jahre zu einer fundamentalen Transformation der Lebensbedingungen geführt. Derzeit gebe es keine Technologien mit ähnlich transformativem Potenzial. Zudem wirkten viele andere Faktoren bremsend – wie die demographische

„Deutsche Wirtschaftsgeschichte – ein Jahrtausend im Überblick", C.H. Beck 2005. Daten entnommen aus: GESIS Datenarchiv, Köln. histat., Studiennummer 8179, Datenfile Version 1.0.0; Werte ab 2001: Statistisches Bundesamt, VGR Fachserie 1.4. Tabelle 3.1.1. Wertschöpfung, Inlandsprodukt und Einkommen sowie VGR Arbeitsunterlage Investitionen, 30.11.2018, Tabelle 1.1. Brutto und Nettoinvestitionen in jeweiligen Preisen.

53 Erik Brynjolfsson / Andrew McAfee: „The Second Machine Age", Börsenmedien AG 2014.

Alterung und die zunehmende Ungleichheit.[54] Die Zukunft ist also nicht mehr das, was sie einmal war – Stagnation von Investitionen, Arbeitsproduktivität und Wohlstands sind die neue Normalität. Trotz ihrer völlig konträren Einschätzung passt diese Negativentwicklung gut in die Erklärungsmodelle beider Lager. Die Techno-Optimisten prognostizieren eine zukünftige Dynamik, die Pessimisten erklären die aktuelle Entwicklung zum Dauerzustand.

Ein weiterer gewichtiger Grund, der dazu beiträgt, dass die Investitionsschwäche kaum als Problem identifiziert wird, sind die gängigen wirtschaftswissenschaftlichen Gleichgewichtstheorien. Sie gehen davon aus, dass die Investitionstätigkeit steigt, wenn die langfristigen Zinsen niedriger liegen als der Gleichgewichtszins, der für ein gleichmäßiges langfristiges Wachstum sorgen würde. Da die langfristigen Zinssätze, zu denen sich die Unternehmen verschulden können, bereits extrem niedrig liegen, wäre es nach diesem Modell zu erwarten, dass sogar überhöhte Investitionen angeschoben würden. Zu niedrige Investitionen sind unter den gegenwärtigen wirtschaftlichen Bedingungen demnach nicht zu erwarten und nur schwer erklärbar. Dass dennoch „langfristig leicht rückläufige Investitionsquoten" zu beobachten sind, wird deshalb gerne mit dem Verweis auf die ökonomische Rationalität der einzelnen Marktteilnehmer plausibilisiert.[55] Die Unternehmen, schreibt die Deutsche Bank, wissen schließlich selbst am besten, wie sie Geld verdienen, und würden völlig nachvollziehbar „ihre

54 Robert J. Gordon: „The rise and fall of American growth", Princeton University Press 2017.

55 Deutsche Bank Research: „Deutsche Industrie – Wenige Sektoren tragen Investitionswachstum" in: Deutschland-Monitor, 21.01.2019, S. 2.

Investitionen in zeitlicher und regionaler Hinsicht so tätigen, wie es für ihren wirtschaftlichen Erfolg optimal ist."[56]

Der Investitionsstreik

Der tiefe Fall der Nettoinvestitionsquote auf ein – mit Ausnahme der Weltwirtschaftskrise 1929 – historisch einmalig niedriges Niveau passt nicht gut zu den günstigen Finanzierungsbedingungen, die die Unternehmen seit vielen Jahren vorfinden und auch nicht zur ausgesprochen guten Gewinnentwicklung der Unternehmen in Deutschland. Kapital ist in Deutschland und in den anderen entwickelten Volkswirtschaften *im Überfluss vorhanden, nur findet es nicht den Weg zur Verwendung als Investition*.

Die Gewinne der deutschen Kapitalgesellschaften (ohne Banken und Versicherungen) sind seit Anfang der 1990er Jahre geradezu explodiert. Von damals knapp 200 Milliarden Euro jährlich, steigerten sie die Gewinne bis 2017 mehr oder weniger kontinuierlich auf 564 Milliarden Euro – den fast dreifachen Wert (siehe Abb. 15).[57]

Die Unternehmen haben jedoch keine Verwendung für die von ihnen erzielten Gewinne. Sie finden weder im eigenen Unternehmen noch sonst wo im In- und Ausland geeignete Anlagemöglichkeiten. Stattdessen versuchen sie, diese Gewinne anderweitig wertsteigernd unterzubringen.

Der wohl bedeutendste Weg sind Dividendenausschüttungen an die Anteilseigner. Hohe Dividenden rechtfertigen hohe Unternehmensbewertungen und damit hohe Aktienkurse

56 Ebd., S. 2.

57 Statistisches Bundesamt, VGR Sektorkonten Jahresergebnisse 1991–2017, 27.08.2018.

– üblicherweise eine Win-Win-Situation für Anteilseigner und das Top-Management. So ist das Dividendenaufkommen der 30 Dax-Konzerne seit Jahren deutlich angestiegen. Für das Geschäftsjahr 2017 überstiegen die Dividendenausschüttungen den Rekordwert des Vorjahres um 11 Prozent auf 35,5 Milliarden Euro.[58] 2019 wurde ein Rekordwert von insgesamt 36,4 Milliarden Euro für das Geschäftsjahr 2018 ausgeschüttet.[59] Die Ertragskraft der Dax-Unternehmen ist sogar noch deutlich höher, als die Dividenden nahelegen. Nach Schätzung der Deutschen Schutzvereinigung für Wertbesitz (DSW) werden im Dax nämlich nur etwa 40 Prozent der Gewinne ausgeschüttet.[60]

Der warme Dividendenregen ist jedoch nicht auf die Dax-Konzerne oder die deutschen Unternehmen beschränkt. Auch die europäischen Aktiengesellschaften erreichten nach einer Analyse von Allianz Global Investors im Jahr 2018 eine gegenüber dem Vorjahr um 7,7 Prozent gesteigerte Dividende. Sie schütten, trotz der in Europa nur leidlich überwundenen Folgen der Finanzkrise, den Rekordwert von 323 Milliarden Euro an ihre Aktionäre aus.

Die komfortable Gewinnsituation der meisten Unternehmen in Deutschland und die Verwendungsproblematik bewegen auch hiesige Aktiengesellschaften die, vor allem in den USA in Mode gekommenen, Aktienrückkaufprogramme zur Gewinnverwendung einzusetzen. Die überwiegende Mehrheit der in Dax oder M-Dax gelisteten Unternehmen hat sich in ihren Hauptversammlungen ermächtigen lassen, Aktienrückkaufprogramme zu starten.

58 „Ein warmer Dividendenregen erquickt die Aktionäre" in: F.A.Z., 06.06.2018, S. 23.

59 „Dividenden 2020: Wo für DAX-Anleger im nächsten Jahr am meisten drin ist", finanzen.net, 31.12.2019.

60 „Wir haben selbst die besten Aktien" in: F.A.Z., 16.03.2018, S. 25.

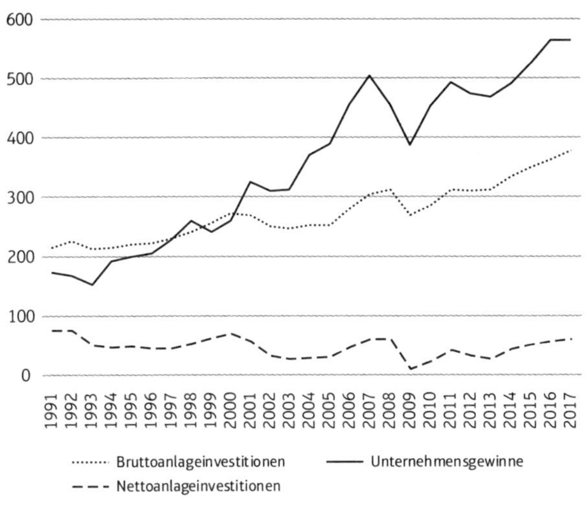

Abbildung 15: Unternehmensgewinne, Bruttoanlageinvestitionen und Nettoanlageinvestitionen der nichtfinanziellen Kapitalgesellschaften in Deutschland (Mrd. EUR jeweilige Preise)[61]

Nach vorläufigen Berechnungen des Flossbach-von-Storch-Research-Institute hatten die Dax-/M-Dax-Unternehmen 2018 für Aktienrückkäufe immerhin 9,4 Milliarden Euro aufgewendet.[62] Sie bieten den Unternehmen einen zusätzlichen Weg der Gewinnverwendung, der sich positiv für die Aktionäre auswirkt. Das zukünftig ausgeschüttete Dividendenvolumen verteilt sich so auf weniger Aktien, was wiederum höhere Aktienkurse rechtfertigt. Die Unternehmen

61 Ebd., eigene Berechnungen.

62 Philipp Immenkötter: „Das Dilemma der hohen Kurse", Flossbach-von-Storch-Research-Institute online, 08.04.2019.

sehen davon ab, in das eigene Kerngeschäft zu investieren. Stattdessen setzen sie darauf, Dividendenrendite und Unternehmenswert durch rein finanzielle Hebel zu steigern. Diese Praxis ist nur ein extremer Auswuchs eines sich seit Jahren kontinuierlich vergrößernden Luxusproblems. Viele deutsche Unternehmen schwimmen regelrecht im Geld.

Seit den frühen 2000er Jahren erzielen die Unternehmen in Deutschland (ohne Berücksichtigung der Finanzwirtschaft) sogar Finanzierungsüberschüsse. Sie müssen *netto kein Kapital aufnehmen, sondern stellen dem Kapitalmarkt freie Mittel zu Verfügung.* Das ist eine völlige Umkehr früherer Verhältnisse, als Kapitalgesellschaften zur Finanzierung ihres Wachstums für die Aufnahme von Fremdkapital auf Kapitalmärkte und Banken angewiesen waren. Die Finanzierungsüberschüsse blähen sich von Jahr zu Jahr sogar immer weiter auf und liegen inzwischen bei satten drei Prozent des BIP.[63] Da die Unternehmen in Summe keine zusätzlichen Mittel für Investitionen benötigen, haben auch die Bezieher der ausgeschütteten Gewinne ein Problem. Die Unternehmen haben schlichtweg keine Verwendung dafür. Außerdem investieren Aktionäre die ihnen zufallenden Gewinne ungern in hiesige Unternehmen, die neue Technologien entwickeln, also etwa in Start-ups. Vor allem junge europäische Firmen leiden an mangelndem Risikokapital.

Durch diesen Investitionsnotstand erklimmt der deutsche Kapitalexport, seit Jahren kontinuierlich neue Rekordstände. 2017 lag er bei 280 Milliarden Euro, was einem Anteil von mehr als 8 Prozent des BIP entsprach und Deutschland

63 Projektgruppe Gemeinschaftsdiagnose: „Aufschwung weiter kräftig – Anspannungen nehmen zu“ in: Gemeinschaftsdiagnose 2/2017, S. 66.

den fragwürdigen Weltmeistertitel beim Kapitalexport bescherte.[64]

Wesentliche Gründe für die enormen Kapitalexporte sind nicht etwa Investitionen deutscher Unternehmen im Ausland. Diese würden dann zumindest in anderen Ländern für technologischen Fortschritt sorgen. Doch laut Zahlungsbilanzstatistik der Bundesbank liegt der Anteil, den inländische Unternehmen in Betriebe außerhalb Deutschlands investieren (oft Tochtergesellschaften), nur bei etwa 40 Milliarden Euro pro Jahr.[65] Die Direktinvestitionen belaufen sich in diesem Zeitraum auf weniger als ein Fünftel des gesamten Kapitalexports.[66] Die große Masse des überschüssigen Geldes fließt auf der Suche nach rentablen Anlagen in die internationalen Kapitalmärkte.

Die unterbliebenen inländischen Investitionen erhöhen, zumindest auf mittlere Sicht, sogar die Unternehmensgewinne. Jeder nicht investierte Euro reduziert den Abschreibungsaufwand, wodurch sich in den Folgejahren der Gewinn unmittelbar erhöht. Zwar kommen die Unternehmen aus Wettbewerbsgründen langfristig nicht umhin, die Profitabilität durch zusätzliche Investitionen zu steigern, gegenwärtig wirkt sich das Zurückfahren der Investitionen jedoch positiv auf die Gewinnentwicklung aus. Die Unternehmen erreichen die hohen Gewinnsteigerungen in der Regel nicht etwa, indem sie verstärkt in Produkt- und Verfahrensinnovationen investieren, die Produktivität steigern und sich durch verbesserte Wettbewerbsfähigkeit im Markt durchsetzen.

64 Deutsche Bundesbank: I Zahlungsbilanz, 9. Kapitalbilanz, Stand 11.02.2019.

65 Dies ist der Saldo der Direktinvestitionen, die durchschnittlich pro Jahr im Zeitraum von 2008 bis 2019 ins Ausland transferiert wurden.

66 Ebd.

Stattdessen basiert der Gewinnschub der letzten Zeit teilweise sogar auf einem Rückzug aus Investitionsprojekten.

Die gegenwärtige wirtschaftliche Situation der Unternehmen in Deutschland erinnert an die „Melkkühe" der von der Boston Consulting Group entwickelten Portfoliomatrix. Dort werden Produkte als Melkkühe bezeichnet, die in ihrem Produktlebenszyklus einen relativ hohen Marktanteil in einem nur geringfügig wachsenden oder statischen Markt erreichen. Sie erzeugen stabile, hohe Cash-Flows und können ohne weitere Investitionen „gemolken" werden. Aus strategischer Perspektive sind diese Produkte hilfreich. Sie ermöglichen es, in die als „Stars" und „Fragezeichen" bezeichneten Produkte zu investieren und so die Melkkühe von morgen aufzubauen. In Deutschland scheinen sich die Unternehmen selbst zu Melkkühen entwickelt zu haben, die von erfolgreichen Produkten und Innovationen der Vergangenheit profitieren, denen aber vielversprechende Investitionsprojekte fehlen.

Schöpferische Zerstörung oder Zombifizierung

Obwohl sich ein substanzieller Anteil zu Zombiefirmen entwickelt hat, stuft sich ein Großteil der deutschen Unternehmen als gut bis sehr gut aufgestellt ein. Sie sind international wettbewerbsfähig und treiben ihre Internationalisierung permanent voran. Unter ihnen gibt es viele hochprofitable Weltmarktführer. Zudem sind sie immer seltener von Insolvenzen betroffen und erzielen in der Regel gute Gewinne, die sie seit den 1990er Jahren deutlich steigern konnten.

Vor diesem Hintergrund erscheint es paradox, dass die große Masse der Unternehmen die Chance nicht nutzt, die von ihnen erwirtschafteten Mittel in die Verbesserung und Optimierung ihrer wertschöpfenden Kapazitäten zu stecken. Diejenigen Unternehmen, die heute die Kraft aufbringen, disruptive Innovationen zu entwickeln und zu etablieren, werden die hochprofitablen Weltmarktführer von morgen sein.

Obwohl es reichlich verfügbares Kapital gäbe und der hohe Bildungs- und Ausbildungstand der Erwerbstätigen gute bis hervorragende Voraussetzungen böte, wird ein immer geringerer Anteil der kontinuierlich steigenden Gewinne investiert. Das pro Erwerbstätigem eingesetzte produktive Kapital stagniert; in der Industrie sinkt es sogar. Die durchschnittliche technologische Ausstattung der Arbeitsplätze verbessert sich nicht mehr. Zwar sind in Deutschland einige technologisch herausragende Unternehmen und Industrien verblieben, die große Masse der Unternehmen investiert jedoch zu wenig, um die Technologiediffusion voranzubringen.

Hohe oder gar steigende Gewinne sind zwar eine gute Voraussetzung, um überhaupt investieren zu können, sie sind aber kein hinreichendes Motiv. In einer Marktwirtschaft ist der Profit das entscheidende Kriterium für den Einsatz finanzieller Mittel. Daher sind die erwartete Rentabilität sowie die Bewertung des mit der Investition verbundenen Risikos der entscheidende Maßstab. Insbesondere solche Investitionen, die einen stark transformativen Charakter haben, also zu vollkommen neuen Produkten, Dienstleistungen oder Technologien führen, haben den Nachteil, dass sie Kapital über einen langen Zeitraum binden, obwohl die Unternehmen die wirtschaftlichen Rahmenbedingungen, unter denen sie agieren, nicht kontrollieren können.

Um diese Hürden überwinden zu können, müssen Unternehmen in der Lage sein, ausreichend eigene Mittel zu generieren oder Fremdkapital aufzunehmen. Ausschlaggebend hierfür ist, ob sie zum Zeitpunkt der Investitionsentscheidung aus ihrem operativen Geschäft eine hinreichende Rendite erzielen. Eine unzureichende Rendite würde ihre Fähigkeit untergraben, die für transformative Investitionen erforderlichen Mittel zu mobilisieren. Bei einer niedrigen Rentabilität sind Investitionen aus den laufenden Gewinnen heraus kaum möglich. Zudem erschwert eine niedrige Rentabilität die Aufnahme notwendiger Kredite.

Sinkende Kapitalrentabilität

Empirische Untersuchungen weisen darauf hin, dass in Deutschland die Rentabilität des Kapitals bis Anfang der 1980er Jahre stark rückläufig war und sich danach wieder verbessert hat. Diesen Verlauf bestätigt eine Untersuchung der Deutschen Bundesbank, die die Nettorendite des gesamtwirtschaftlichen Kapitalstocks in Deutschland seit Anfang der 1960er Jahre analysierte. Von 1960 bis Anfang der 1980er Jahre war die Nettorendite rückläufig, danach hat sie sich stabilisiert und ist inzwischen sogar wieder auf das Niveau Anfang der 1970er Jahre angestiegen.[1] Bestätigen lässt sich dieses Untersuchungsergebnis für den Zeitraum ab Anfang der 1990er Jahre unter Nutzung anderer Datenquellen. Ein Vergleich der insgesamt in Deutschland erzielten Gewinne mit der Entwicklung des Kapitalstocks der gesamten Volkswirtschaft weist ebenfalls darauf hin, dass die Kapitalrendite in den letzten Jahrzehnten angestiegen ist (siehe Abb. 16).[2]

Esteban Maito, Wirtschaftswissenschaftler an der Universität Buenos Aires, hat auf Grundlage statistischer Untersuchungen die Entwicklung der Kapitalrentabilität für den Zeitraum ab 1850 bis heute für einige der größten entwickelten Volkswirtschaften, darunter die USA, Japan, Deutschland und Großbritannien, geschätzt. Maitos Untersuchung zeigt, dass die Kapitalrentabilität in den entwickelten Volkswirtschaften während der wirtschaftlichen Expansion nach dem zweiten Weltkrieg deutlich abgefallen ist.

1 Deutsche Bundesbank: „Zur Entwicklung des natürlichen Zinses", in: Deutsche Bundesbank Monatsbericht, Oktober 2017, S. 29-44, Grafik S. 40.

2 Der Kapitalstock der gesamten Volkswirtschaft repräsentiert das insgesamt in Deutschland eingesetzte Bruttoanlagevermögen einschließlich der gesamten öffentlichen Infrastruktur.

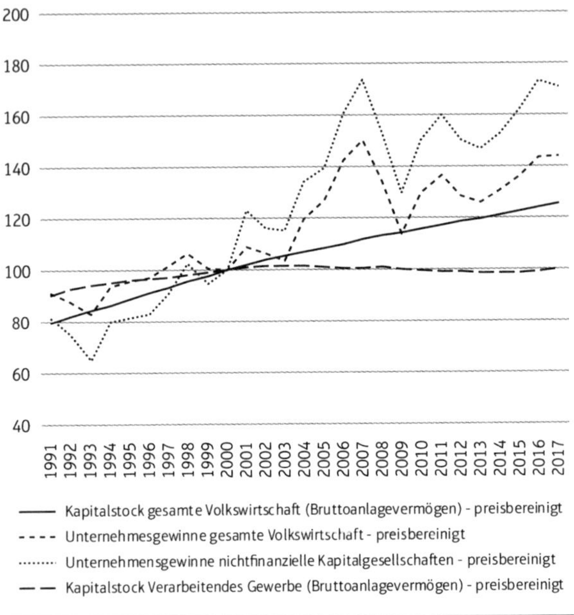

Abbildung 16: Unternehmensgewinne und Kapitalstock in Deutschland (Index: Jahr 2000 = 100)[3]

3 Statistisches Bundesamt: VGR Sektorkonten Jahresergebnisse ab 1991, 27.8.2018 sowie VGR Inlandsproduktberechnung, FS 18, Reihe 1.4, Tab. 3.2.23.1 und 3.2.24.1, eigene Berechnungen. Die aus den Statistiken entnommenen Werte für die Unternehmensgewinne in jeweiligen Preisen wurden mit dem Verbraucherpreisindex für Deutschland des Statischen Bundesamtes deflationiert (preisbereinigt). Das Bruttoanlagevermögen unterstellt, dass beim Anlagevermögen keine Wertminderung eintritt und daher mit dem Neuwert bewertet wird, wie das Statistische Bundesamt erläutert: „Bei der Anwendung des Bruttokonzepts (Bruttoanlagevermögen) werden die Anlagen mit ihrem Neuwert – ohne Berücksichtigung der Wertminderung – dargestellt, während beim Nettokonzept (Nettoanlagevermögen) die seit dem Investitionszeitpunkt aufgelaufenen Abschreibungen abgezogen sind." In: „Erläuterungen zum Inhalt und Aufbau der Volkswirtschaftlichen Gesamtrechnungen", Methodische Erläuterungen der Tabellen zur Fachserie 18, Reihe 1.4 VGR.

Erst in den 1980er Jahren wurde dieser Rückgang gestoppt. Seitdem hat sich die Profitrate auf dem Ende der 1970er Jahre erreichten Niveau stabilisiert oder ist sogar leicht angestiegen (siehe Abb. 17). Der dargestellte Verlauf deckt sich mit der Untersuchung der Bundesbank, die in der Zeit des „Wirtschaftswunders" ebenfalls einen Rückgang der Kapitalrentabilität feststellt. Auch die anschließende Erholung der Kapitalrentabilität in Deutschland auf das Niveau der 1970er Jahre deckt sich mit dem generellen Trend in den entwickelten Volkswirtschaften.

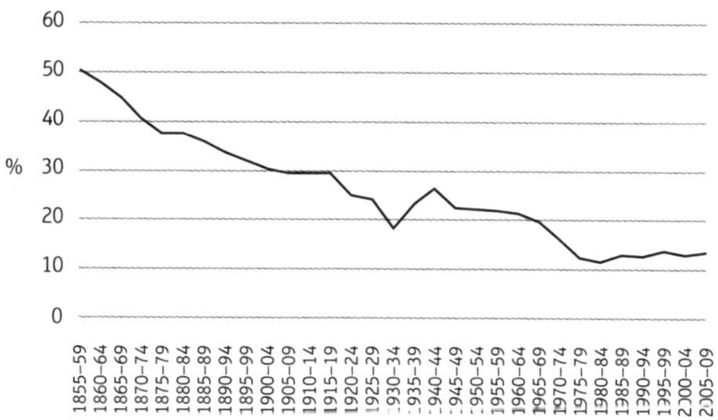

Abbildung 17: Gewichtete durchschnittliche Profitrate, berechnet für sechs der führenden Industrienationen – die Vereinigten Staaten, Großbritannien, Deutschland, Japan, die Niederlande und Schweden, gewichtet nach der Größe ihrer Volkswirtschaften.[4]

Die abgebildete Grafik zeigt, dass die Entwicklung der Profitrate im historischen Verlauf einem deutlichen Abwärtstrend

4 Esteban Ezequiel Maito: „The historical transience of capital: the downward trend in the rate of profit since XIX century", Munich Personal RePEc Archive Paper Nr. 55894, 2014, S. 18f.

unterliegt. Es lassen sich aber auch Phasen erkennen, in denen sich die Rentabilität stabilisiert oder sogar ansteigt. Ein markanter Anstieg ist unmittelbar im Anschluss an die Weltwirtschaftskrise 1929 bis in den Zweiten Weltkrieg zu erkennen.

Bereits die klassischen Ökonomen, so auch Adam Smith und David Ricardo, hatten diesen langfristig rückläufigen Trend in der Kapitalrentabilität erkannt und versucht, dessen Ursache zu ergründen. Marx gelang es später, die Ursachen sinkender Profitabilität zu erklären, indem er zeigte, dass sie eine Eigenheit der kapitalistischen Akkumulation darstellen. Der tendenzielle Fall der Profitrate ist laut Marx eine spezifische Gesetzmäßigkeit des Kapitalismus, die aus der ihm inhärenten Investitionsdynamik entsteht.

Marx zufolge ergibt sich die sinkende Profitabilität des Kapitals durch Investitionen, die mittels verbesserter Technologie die Arbeitsproduktivität steigern. Diese Investitionen führen zu einem höheren Kapitaleinsatz pro Arbeitnehmer. Die produktivitätssteigernden Investitionen erhöhen so in der Tendenz den Wert des investierten Kapitals im Verhältnis zu den Arbeitskosten. Die Kapitalkosten bei der Produktion bestehen jedoch nicht nur aus anteiligen Investitionskosten. Aufgrund der gestiegenen Arbeitsproduktivität werden von der gleichen Anzahl Beschäftigter immer größere Mengen Rohstoffe und Halbfabrikate bewegt, die die Kapitalkosten noch weiter erhöhen. Der Anteil dieser gesamten Kapitalkosten steigt im Vergleich zu den Arbeitskosten daher tendenziell an.

Der Gewinn des Unternehmens ergibt sich gemäß der Marxschen Arbeitswertlehre nur aus der Anwendung menschlicher Arbeit.[5] Sie schafft neuen Wert, der über ihren eigenen Wert, also die Arbeits- bzw. Lohnkosten, hinausgeht. Das Problem besteht nun darin, dass der Gewinn, der sich aus menschlicher Arbeit generieren lässt, infolge von Produktivitätssteigerungen absolut gesehen zwar ansteigt; dem aber eine ungleich größere Wertsumme an Kapitalkosten gegenübersteht. Die Profitrate, gemessen als Gewinn geteilt durch die Summe aus Arbeitskosten und Kapitalkosten, sinkt dadurch tendenziell.

Der tendenzielle Fall der Profitrate ist demnach eine unvermeidliche Begleiterscheinung steigender Arbeitsproduktivität, die sich gerade in wirtschaftlichen Phasen manifestiert, die von hoher Investitionsdynamik geprägt sind. Die sinkende Kapitalrentabilität schränkt dann zukünftige Investitionen ein und verlangsamt das Wachstum der Arbeitsproduktivität. Die Profitrate erfährt demnach nicht etwa einen Abwärtstrend, weil die Produktivität abnimmt, sondern weil sie infolge der Kapitalinvestition in den Zeiten wirtschaftlicher Expansion zunimmt.[6] Der aus der sinkenden Kapitalrentabilität resultierende Rückgang der Investitionstätigkeit ist die tiefere Ursache für die zyklischen Bewegungen, die die kapitalistische Entwicklung auszeichnen.

5 Adam Smith: „Der Wohlstand der Nationen – Eine Untersuchung seiner Natur und seiner Ursachen", 11. Auflage, Deutscher Taschenbuch Verlag 2005, S.28ff; Isaac Ilyich Rubin: „A History of Economic Thought", Part III: „Adam Smith", S. 151-218, Part IV: „David Ricardo", S. 219-288, Pluto Press, 1979 (Russische Originalausgabe 1929).

6 Marx schreibt hierzu u.a.: „Die progressive Tendenz der allgemeinen Profitrate zum Sinken ist also nur ein der kapitalistischen Produktionsweise eigentümlicher Ausdruck für die fortschreitende Entwicklung der gesellschaftlichen Produktivkraft der Arbeit." In: Karl Marx: „Das Kapital", Dritter Band, MEW Band 25, 14. Kapitel, Dietz Verlag Berlin, 1988, S. 223.

Marx sprach explizit von einem „Gesetz des tendenziellen Falls der Profitrate"[7]. Er schränkte die Gesetzmäßigkeit insofern ein, als er betonte, dass die Profitabilität auch aus anderen Gründen sinken kann. Zudem seien „gegenwirkende Einflüsse im Spiel", „welche die Wirkung des allgemeinen Gesetzes durchkreuzen und aufheben und ihm nur den Charakter einer Tendenz geben".[8] Demnach setzt sich der Fall der Profitrate historisch nicht permanent durch. Es gibt Phasen, in denen sich diese stabilisiert oder sogar ansteigt, so etwa während der weltwirtschaftlichen Depression, die der Weltwirtschaftskrise 1929 folgte, wie in der obigen Grafik gut zu erkennen ist.

Das Sinken der Profitrate stellt keine absolute Schranke für eine von hoher Investitionstätigkeit angetriebene dynamische wirtschaftliche Entwicklung dar. Trotz sinkender Profitraten herrschte gerade in den 1950er und 1960er Jahren in allen entwickelten Volkswirtschaften eine Phase praktisch ungebrochener Investitionsdynamik, in der die Arbeitsproduktivität enorm zunahm und der Wohlstand der Massen entsprechend anstieg.

Eine sinkende Profitrate bewirkt, dass die gesamte Masse des gesellschaftlichen Profits im Verhältnis zu dem zur gesellschaftlichen Wertschöpfung eingesetzten Gesamtkapital abnimmt. Zum Problem für die Investitionstätigkeit wird dies erst in einer Situation, in der die relativ kleinere Profitmasse nicht mehr ausreicht, um die Mittel für die nächste Investitionsrunde aufzubringen. Sie ist dann zu gering, um den im Verhältnis zu ihr noch stärker angewachsenen

7 Karl Marx: „Das Kapital", Dritter Band, MEW Band 25, 14. Kapitel, Dietz Verlag Berlin, 1988, S. 221ff.

8 Ebd., S. 242.

Kapitalstock zu erneuern.[9] Der Innovationssprung ist so groß, dass die Profitmasse nicht ausreicht, um die notwendigen Investitionen zu stemmen.

Auch stellt der tendezielle Fall der Profitrate keine permanente Beschränkung von Investitionen und Produktivitätswachstum dar. Sie wird nur dann zum Problem, wenn für das Erreichen eines nächsthöheren technologischen Niveaus das Verhältnis zwischen Profitmasse und dem Wert des Kapitalstocks, den es technologisch zu verändern gilt, nicht ausreicht.[10] Auf diesem Spannungsverhältnis zwischen verfügbarer Profitmasse und dem Erfordernis noch größerer Kapitalsummen beruht die Möglichkeit eintretender Krisen. Ob es tatsächlich zu einer zyklischen Krise oder sogar einer Depression kommt, in der es über einen langen Zeitraum nicht wieder gelingt die Bedingungen für profitables Wachstum wiederherzustellen, hängt von weiteren Faktoren ab.

Wie Phil Mullan in seinem Buchbeitrag erklärt, spielte die Unterminierung des US-Dollars als Weltgeld in den frühen 1970er Jahren die entscheidende Rolle zur Beendigung des Nachkriegsbooms. Zunehmende wirtschaftliche Probleme in den USA bewirkten eine Abwertung des Dollars und den Niedergang des Bretton-Woods-Währungssystems. Mit der weltweiten Rezession von 1973 bis 1976 endete auch das deutsche Wirtschaftswunder. Da es in dieser Krise und auch danach nicht gelang, die Bedingungen für eine neue Investitionsdynamik wiederherzustellen, ist seitdem die Fähigkeit der entwickelten Volkswirtschaften, neue Industrien und Jobs zu schaffen, erheblich beeinträchtigt.

9 Paul Mattick: „Marx und Keynes – Die Grenzen des ‚gemischten Wirtschaftssystems'", Europäische Verlagsanstalt 1971, S. 77.

10 Henryk Grossmann: „Das Akkumulations- und Zusammenbruchsgesetz des kapitalistischen Systems", Neue Kritik Verlag, 1970.

Anders als nach der Weltwirtschaftskrise 1929 und der nachfolgenden „Großen Depression" bis Anfang der 1940er Jahre, der der Boom in den 1950er und 1960er Jahren folgte, steckt die Wirtschaft heute in einer „Langen Depression" fest. Sie ist geprägt von über fünf Jahrzehnte kontinuierlich immer weiter rückläufigem aber relativ stabilem Wachstum, das von kleinen zyklischen Krisen (mit Ausnahme der Finanzkrise 2008) durchzogen ist. Der Schlüssel zum Verständnis der Herausbildung und der besonderen Ausprägung dieser langen Depression liegt in der Frage, warum die dem Fall der Profitrate entgegenwirkenden Tendenzen, die permanent, aber verstärkt während einer Krise zur Geltung kommen, nicht ausreichen, um die Depression zu überwinden. Eine entscheidende Rolle spielt hierbei, dass die während und unmittelbar nach der Rezession Mitte der 1970er in Gang gekommenen entgegenwirkenden Tendenzen, die unter anderem auf der Kapitalvernichtung und der Verminderung der Arbeitskosten beruhten, nicht ausreichten. Mit der Zeit entwickelten sich Behelfslösungen, die die Wirtschaft zwar am Laufen hielten, aber nicht geeignet waren, die Depression zu überwinden und die wirtschaftliche Aktivität anzuschieben. Es gelang, weder die Profitabilität hinreichend zu steigern, noch die Rahmenbedingungen zu schaffen, unter denen eine dynamische Investitionsentwicklung die Depression hätte überwinden können. Eine entscheidende Rolle bei der Herausbildung und Bereitstellung dieser Behelfslösungen spielen bis heute staatliche Institutionen.

„Diese Krisentheorie ist hochaktuell", betont der ehemalige Ifo-Präsident Hans-Werner Sinn in einem Essay anlässlich des 200. Geburtstags von Karl Marx: „Denn heute, 150 Jahre nach Marx, zeigen sich deutliche Anzeichen für langfristig fallende Kapitalrenditen. Bekanntlich krebsen die Zinsen nun schon seit Jahren in der Nähe von Null herum, und Teile der Welt, so Süd- und Westeuropa sowie Japan, scheinen von einer nicht enden wollenden Krise erfasst zu sein."[11]

Kapitalmangel und Sparschwemme

Die Einführung bahnbrechender Innovationen mit dem Potenzial, die bisherigen Prozesse und Produkte grundlegend zu verändern, sind für die Innovatoren mit erheblichen, oft existenziellen Risiken verbunden. Das große Problem ist der enorme Kapitalbedarf. Auch wenn Investitionen in Forschung und Entwicklung große Summen erfordern können, so werden sie vom Kapitalbedarf für den Austausch bestehender Produktionsanlagen, Gebäude oder Infrastruktur üblicherweise weit in den Schatten gestellt. Unternehmen müssen erhebliche Ressourcen mobilisieren, um bestehende Produktionsanlagen mitsamt der Infrastruktur durch produktivere Anlagen zu ersetzen, was sie existenziellen Risiken aussetzen kann.

Mit dieser Problematik sind Unternehmen seit der industriellen Revolution immer wieder konfrontiert. So zum Beispiel, als es vor mehr als 100 Jahren darum ging, die Elektrizität produktivitätssteigernd zu nutzen. Die damaligen Fabriken waren so angelegt, dass möglichst viele Arbeitsmaschinen von einer einzigen großen Dampfmaschine angetrieben werden konnten. Dies erforderte eine entsprechende Maschinenanordnung und machte mehrstöckige Gebäude sinnvoll. Mit der Erfindung des Elektromotors wurde es zwar

11 Hans-Werner Sinn: „Was uns Marx heute noch zu sagen hat", Deutschlandfunk online, 19.03.2017.

möglich, die Dampfmaschine durch einen großen Elektromotor zu ersetzen. Das Potenzial der Elektrifizierung konnte jedoch erst ausgeschöpft werden, als die einzelnen Arbeitsmaschinen mit zuverlässigen, stabilen und zudem kleinen Antriebsmotoren versehen wurden, die den Erfordernissen einer möglichst produktiven Fertigung entsprechend angeordnet werden konnten. Die Produktivitätssteigerung erforderte die Auswechslung von Maschinen, die Erweiterung von Gebäuden und gegebenenfalls die Anpassung der gesamten Infrastruktur. Der technologische Fortschritt seit Beginn der Industrialisierung im 18. Jahrhundert resultierte also nicht nur aus guten Ideen, sondern letztlich aus der Umsetzung dieser Ideen durch moderne Maschinen, Anlagen und Produktionsstätten. Der Kapitalstock wuchs in den letzten 200 Jahren entsprechend stark an.

Heute hingegen gelingt es den Unternehmen in Deutschland und anderen entwickelten Ländern nicht mehr, im großen Stil technologisch voranzukommen. Die notwendige zügige Technologiediffusion findet nicht statt, was auch die Spitzenunternehmen ausbremst, da keine Innovationsdynamik entsteht und es eher bei Insellösungen bleibt. Die Investitionen sind im Verhältnis zur Wirtschaftsleistung zu niedrig. Der gesamtgesellschaftliche Kapitalstock wächst daher im Trend immer langsamer (siehe Abb. 16) und die Kapitalintensität stagniert sogar (siehe Abb. 6).

Obwohl sich die Kapitalrentabilität in Deutschland in den letzten Jahrzehnten stabilisiert hat oder sogar angestiegen ist, hat sie nicht ausgereicht, um die hartnäckige Investitionsschwäche zu überwinden. Das führt zu einem Überfluss an ungenutztem Kapital. Solange die nächste technologische Stufe nicht erreichbar ist, liegt dieses Kapital brach. Die Unternehmen können daher, wie gegenwärtig in Deutschland, im Geld baden, weil die Reinvestition der Gewinne als nicht rentabel erscheint. Sie sind zwar zu punktuellen Innovationen in der Lage, haben aber die Fähigkeit zu einem radikalen Wandel mit durchgreifenden Produktivitätssteigerungen verloren.

Mit dem Widerspruch zwischen der Verfügbarkeit von zinsgünstigem Kapital im Überfluss und niedriger Investitionstätigkeit befassen sich Ökonomen und wirtschaftspolitische Entscheidungsträger schon recht lange. 2005 begründete der spätere Präsident der US-Notenbank, Ben Bernanke, das niedrige Niveau der langfristigen Zinsen mit einer seit zehn Jahren andauernden, globalen Sparschwemme („savings glut"). Als wesentliche Ursache identifizierte er eine hohe Sparneigung in den Schwellen- und Entwicklungsländern, die nach der Finanzkrise in Asien 1997/98 eine Investitionsflaute erlebten. „Diese Verschiebung durch die Schwellen- und Entwicklungsländer," so Bernanke, „hat in Kombination mit der hohen Sparneigung Deutschlands, Japans und einiger anderer großer Industrienationen zu einer globalen Sparschwemme geführt."[12] Der scheinbare Widerspruch niedriger Investitionstätigkeit trotz der Verfügbarkeit billiger Kredite löst sich auf, wenn man in Betracht zieht, dass die Geldschwemme ein Ergebnis niedriger Profitabilität ist und die niedrige Profitabilität daher selbst für niedrige Zinsen sorgt. Der Versuch, an den Zinsen anzusetzen, um die Investitionstätigkeit auf ein neues Niveau zu heben, läuft daher auf die Verwechslung von Ursache und Wirkung hinaus.

12 Ben Bernanke: „The Global Saving Glut and the U.S. Current Account Deficit", The Federal Reserve Board online, 10.03.2015.

Die Überwindung der Zombiewirtschaft

Das Problem der zu niedrigen Kapitalrentabilität kann aus zwei unterschiedlichen Perspektiven betrachtet werden: Die erste Betrachtungsweise führt zur Überlegung, dass aus dem angewachsenen Kapitalstock ein zu geringer Profit generiert wird. Die zweite Betrachtungsweise dazu, dass der angewachsene Kapitalstock in den Unternehmen zu groß ist, um mit den erzielbaren Profitsummen drastisch verändert, revolutioniert oder gar ausgetauscht werden zu können. Bei dieser Betrachtungsweise ist die zu große Kapitalbasis der rentabilitätsbegrenzende Faktor.[13]

Durch dieses vom Kapitalismus kontinuierlich erzeugte Rentabilitätsproblem erlahmt die Investitionstätigkeit und es entstehen wirtschaftliche Krisen. Es entwickeln sich aber gegenwirkende Einflüsse, zuvorderst die Kapitalentwertung durch den infolge einer Krise verschärften Wettbewerb. Insolvenzen und Betriebsschließungen treffen in der Regel die wirtschaftlich schwächsten Unternehmen. Sie werden gezwungen, ihre am wenigsten profitablen und in der Regel auch am wenigsten produktiven Betriebsteile stillzulegen oder profitablere Betriebsteile und Rohstoffe unter Wert zu veräußern. Diese Vernichtung von Kapitalwerten, die keinesfalls deren physische Vernichtung einschließen muss, reduziert die gesamte Kapitalsumme. Die Rentabilität des verbleibenden Kapitals verbessert sich, und die Profitmasse steht in der Folge in einem günstigeren Verhältnis zum Gesamtkapital. So entstehen die Voraussetzungen für steigende

13 Henryk Grossmann: „Das Akkumulations- und Zusammenbruchsgesetz des kapitalistischen Systems", Neue Kritik Verlag, 1970, S. 366.

Investitionen in neue Technologien. Wirtschaftliche Krisen bewirken eine verschärfte Konkurrenz und nötigen die zu Investitionen fähigen Unternehmen, mittels technologischer Verbesserungen ihr wirtschaftliches Überleben zu sichern. Die Wirkung der Kapitalentwertung zeigt, so Marx, „dass dieselben Ursachen, welche die Tendenz zum Fall der Profitrate erzeugen, auch die Verwirklichung dieser Tendenz mäßigen."[14]

Die Zombifizierung der Wirtschaft ist erst entstanden, als es nicht mehr gelungen ist, die Kapitalrentabilität über wirtschaftliche Krisen so wiederherzustellen, dass eine neuerliche Investitionsdynamik auch ohne massive wirtschaftspolitische Eingriffe möglich gewesen wäre. Geldpolitische Eingriffe können das Rentabilitätsproblem nicht überwinden. Stattdessen hat die Geldpolitik als wichtiger Teil einer seit Jahrzehnten auf Stabilisierung ausgerichteten Wirtschaftspolitik wesentlich zum Rentabilitätsproblem beigetragen. Mit ihrer Unterstützung plus einer Vielzahl vor allem keynesianisch inspirierter Maßnahmen wurde nach der Expansion während des Wirtschaftswunders in den 1950er und 1960er Jahren eine so große Kapitalbasis dauerhaft erhalten, dass das in dieser Zeit entstandene Rentabilitätsproblem nicht gelöst wurde. Durch die weitgehende Vermeidung wirtschaftlicher Krisen wurde die dem Kapitalismus inhärente Fähigkeit zur Überwindung von Rentabilitätskrisen zu sehr beeinträchtigt. Die heute gängigen wirtschaftspolitischen Ansätze ignorieren die Problematik der Zombifizierung und die Notwendigkeit wirtschaftlicher Restrukturierung. Auch Kritiker, die eine Produktivitätsschwäche erkennen,

14 Karl Marx: Das Kapital, Dritter Band, MEW Band 25, Vierzehntes Kapitel, S. 246, Dietz Verlag Berlin, 1988.

adressieren ausschließlich eine schöpferische Notwendigkeit: Der Staat soll Industriepolitik betreiben, Infrastrukturinvestitionen, Forschungs- und Bildungsinvestitionen anschieben oder neue Aufgaben übernehmen.[15] Die Unternehmen sollen steuerlich oder auf anderen Wegen entlastet werden. In Anbetracht einer herannahenden Rezession ist der Ruf nach Konjunkturprogrammen allgegenwärtig. Die Notwendigkeit des Ausscheidens defekter und unproduktiver Unternehmen, was als Teil einer schöpferischen Zerstörung unabdingbar ist, wird hingegen nicht thematisiert.

Die stabilitätsorientierte Ausrichtung der Staaten und Zentralbanken verhindert, dass sich die einer erstarrten Wirtschaft entgegenwirkenden Tendenzen entfalten können, und vereitelt insbesondere die notwendige Kapitalvernichtung. Eine Vorstellung über deren strukturelles Ausmaß vermitteln die Zahlen der Unternehmensinsolvenzen. Vor der Finanzkrise mussten in Deutschland jährlich etwa 1,5 Prozent der Unternehmen Insolvenz anmelden. Seitdem ist die jährliche Insolvenzrate kontinuierlich gesunken und liegt gegenwärtig bei etwa 0,5 Prozent. Inzwischen bestehen grob geschätzt etwa 10 Prozent aller Unternehmen vor allem aufgrund des für sie vorteilhaften wirtschaftspolitischen Umfelds fort. Bei der früher üblichen Insolvenzrate wären sie innerhalb des etwa zehnjährigen Zeitraums seit der Finanzkrise bereits untergegangen. Es ist daher nicht verwunderlich, dass die Wirtschaft angesichts einer stockenden Konjunktur fordert, der Gefahr einer Rezession vorzubeugen. „Wir müssen die Risiken eines Wirtschaftsabschwungs bekämpfen, bevor er da ist", sagte der BDI-Präsident Dieter Kempf im April 2019 und forderte erhöhte Investitionen sowie die Infragestellung

15 Mariana Mazzucato, „The Entrepreneurial State", Penguin, 2018.

der Schuldenbremse, denn ein „Konjunkturpaket" könne erforderlich sein.[16]

Das Dilemma des Staates im Umgang mit wirtschaftlichen Krisen hat der ehemalige Ifo-Präsident Hans-Werner Sinn treffend zusammengefasst: „Die Schöpferische Zerstörung, die den Keim des neuen Aufschwungs legt, wird heute [...] von den Zentralbanken der Welt verhindert, indem sie die Zinsen so tief und die Vermögenspreise durch den Kauf von Wertpapieren so hoch halten, dass die Blasen nicht mehr platzen, bzw. wenn sie platzen, die Rückkehr der Vermögenswerte auf ihr Normalniveau verhindert wird. [...] Eine harte Krise wird damit zwar vermieden, doch rutscht die Wirtschaft stattdessen in ein schleichendes Siechtum und eine Dauerkrise. Aus dem tendenziellen Fall der Profitrate wird ein durch die Geldpolitik administrierter Rückgang, der in einem schleichenden Siechtum endet."[17]

Der Staat ist zu einer konservierenden Institution geworden, deren Aktivitäten auf den Erhalt bestehender Unternehmen und Strukturen gerichtet sind, weshalb Wettbewerb und wirtschaftlicher Wandel eher behindert als gefördert werden. Die Zombifizierung hat keineswegs rein ökonomische oder gar nur geldpolitische Ursachen, sie hat eine bedeutende politische Dimension. Diese ist, wie in den nächsten Kapiteln gezeigt werden soll, Ursache und zugleich Mittel zur Überwindung der Zombifizierung.[18]

16 „BDI fordert Investitionen gegen Abschwung" in: F.A.Z. 15.04.2019, S. 16.

17 Hans-Werner Sinn: „Was uns Marx heute noch zu sagen hat", Deutschlandfunk online, 19.03.2017.

18 „Warum heutige Ökonomen die Finanzkrise nicht erklären können. Thomas Mayer im Interview", Austrian Institute of Economics & Social Philosophy, YouTube, 27.05.2019.

III

DIE POLITISCHEN WURZELN DER ZOMBIEWIRTSCHAFT

Stabilität statt Veränderung

Ein bedeutendes Wesensmerkmal der Marktwirtschaft ist die von ihr ausgehende Veränderung. Vorkapitalistische Gesellschaftsformen stagnierten mehr oder weniger, Wandel stellte sich nur sehr graduell ein. Die Marktwirtschaft hingegen entwickelte im Gegensatz dazu eine ungeheure Dynamik der technologischen Entwicklung. Dabei erwiesen sich die Wohlstandseffekte im historischen Vergleich als einzigartig – ein eindrucksvoller Beleg dafür, dass dieser enorme Fortschritt nur durch permanenten wirtschaftlichen Wandel, soziale Veränderungen und politische Umbrüche möglich geworden ist.

Ein wesentlicher Charakterzug des Kapitalismus besteht daher in seiner Tendenz, bestehende *wirtschaftliche Gleichgewichte und soziale Verhältnisse eher aus der Ruhe zu bringen als zu stabilisieren*. Die heute vorherrschenden angebotstheoretischen und auch die keynesianischen Ansätze suggerieren, dass ein gleichgewichtiges und sogar weitgehend krisenfreies Wachstum möglich ist und geschickte Wirtschaftspolitik dazu beitragen kann, diesen Zustand herzustellen. Der Markt wirke danach selbst in Richtung eines Gleichgewichts, oder es sei jedenfalls durch wirtschaftspolitische Mittel zu erreichen.

Veränderung und Instabilität sind aber nicht einfach unerwünschte oder gar vermeidbare Nebenwirkungen der Marktwirtschaft, sondern *unabdingbare Notwendigkeiten wirtschaftlicher Entwicklung* und steigenden Wohlstands. Eine wirtschaftspolitische Orientierung, die auf die Herstellung von Gleichgewicht und auf unbedingte Krisenvermeidung ausgerichtet ist, steht daher in Konflikt mit den Erfordernissen des Marktes. Allein die Tatsache, dass die Marktteilnehmer als individuelle Wirtschaftssubjekte am Markt auftreten, kann zu Störungen führen. Auch exogene Einflüsse, also solche, die nicht aus dem Markt herrühren, wie beispielsweise natürliche oder politische Einwirkungen, können verzerrende Effekte auslösen. So können sich Investitionsentscheidungen von Unternehmen, die in künstlichen Niedrigzinsphasen getroffen wurden, bei einer Rückkehr zu einem nicht verzerrten Zinsniveau als Fehlinvestitionen herausstellen. Prinzipiell kommt es immer wieder zu kleineren oder größeren Anpassungskrisen, die Fehlentscheidungen individueller Marktteilnehmer korrigieren.

Destabilisierende Effekte entstehen zudem bei Produkt- oder Prozessinnovationen. Ganze Wirtschaftsbereiche können in einen Strudel des Umbruchs geraten, wenn bestehende Herstellungsverfahren oder Dienstleistungsprozesse durch andere ersetzt werden, andere Rohstoffe oder Vormaterialien als zuvor zum Einsatz kommen, andere Mitarbeiterqualifikationen benötigt werden oder komplette Betriebsstätten ersetzt werden müssen. Diese „schöpferische Zerstörung" kann ganze Wirtschaftszweige vernichten, wie vor langer Zeit die Pferdewirtschaft, weil sich neue Mobilitäts- und Transportkonzepte durchsetzten. Neue Geschäftsmodelle, die von den Kunden gewünschte Funktionen besser und günstiger erfüllen, bewirken notwendigerweise die Ablösung des Bestehenden.

Die Durchsetzung von Innovationen, so der Ökonom Joseph Schumpeter, sei in einem wirtschaftlichen Gleichgewicht unmöglich, sondern erfordere, dass dieses mit der

„Durchsetzung neuer Kombinationen"[1] ständig außer Kraft gesetzt werde. Vom Unternehmer in seiner Funktion als Entdecker und Innovator gehe als „Mann der Tat [...] ein steter Anstoß zu Veränderungen"[2] aus, die eine „schöpferische Zerstörung" auslösen, bei der weniger innovative Unternehmen untergehen. So könnten zwar Krisen entstehen, notwendig sind in jedem Fall aber die „von Zeit zu Zeit eintretende Liquidationsprozesse, die großen Reorganisationen des Wertesystems der Volkswirtschaft"[3], so Schumpeter. Er erkannte an, dass die wohlstandssteigernden Effekte von Innovationen nur um den Preis von Zerstörung realisierbar sind. Auch Marx betonte diesen Zusammenhang von Wohlstandssteigerung und wirtschaftlicher Krise. Produktivitätssteigernde Investitionen bewirken eine sinkende Kapitalrentabilität, die zu konjunkturellen Abschwüngen und Krisen führt.

Wirtschaftskrisen und Konjunkturschwankungen sind, wie der Wirtschaftshistoriker Werner Plumpe betont, „ein zentrales Moment des ökonomischen Strukturwandels" und „Teil und Moment eines Entwicklungsprozesses, in dem sich die wirtschaftliche Leistungsfähigkeit dauerhaft gesteigert hat." Sie haben laut Plumpe eine Wirkung entfaltet, durch die „das Wohlstandsniveau auch für ärmere Menschen auf ein Niveau gestiegen ist, von dem sich ältere Zeiten bestenfalls in Utopien Vorstellungen machen konnten."[4]

Die heute vorherrschende gesellschaftliche Orientierung ist darauf ausgerichtet, die destabilisierende Wirkung

1 Joseph Schumpeter: „Theorie der wirtschaftlichen Entwicklung", Nachdruck der 1. Auflage von 1912, Duncker & Humblot 2006, S. 170.

2 Ebd., S. 147.

3 Ebd., S. 457.

4 Werner Plumpe: „Wirtschaftskrisen – Geschichte und Gegenwart", 5. Aufl., C. H. Beck 2017, S. 116f.

von Wirtschaftskrisen, die Unternehmen und Jobs bedrohen, zu begrenzen. Auch die mit Innovationen verbundenen Effekte gelten aus den gleichen Gründen als Problem, selbst wenn sie in Phasen wirtschaftlicher Expansion auftreten. Disruptiver Wandel wird mit großer Skepsis angesehen. Die wirtschaftspolitische Agenda zielt daher nicht nur auf Begrenzung der negativen Effekte von Wirtschaftskrisen oder Innovationen, sondern auf Hegung oder sogar Unterdrückung dieser Prozesse. Damit hebelt sie jedoch notwendige Bereinigungen aus und behindert wirtschaftliche Restrukturierungen. So unterhöhlt die Stabilitätsorientierung letztlich die wohlstandsstiftende Funktion der Marktwirtschaft. Es entwickelt sich eine geschwächte Wirtschaft, der es kaum mehr gelingt, Verbesserungen der Arbeitsproduktivität zu erreichen.

Die Herausbildung einer solchen Zombiewirtschaft, die unfähig zu Steigerungen der Arbeitsproduktivität geworden ist, ist kein Naturgesetz. Vielmehr liegt der entscheidende Grund darin, dass wichtige marktwirtschaftliche Mechanismen nicht mehr oder nur unzureichend ihre Wirkung entfalten können. Über die Jahrzehnte immer schwächer ausgeprägte Konjunkturzyklen haben dazu geführt, dass die reinigende Wirkung wirtschaftlicher Krisen verschwunden ist. Zwar sorgt der Marktmechanismus auch bei schwachen Konjunkturzyklen immer noch dafür, dass sich die während des Konjunkturaufschwungs entstandenen Disproportionen bei einer eintretenden Krise wenigstens teilweise abbauen. Die in einer Krise notwendige Kapitalvernichtung ist jedoch so sehr unterdrückt, dass die Wertvernichtung nicht ausreicht, um profitable Bedingungen für neue Investitionen zu schaffen. Die Verdrängung unproduktiver Verfahren und ganzer Unternehmen durch disruptive Innovationen findet kaum statt. Der Wettbewerb ist gehemmt. Es entsteht ein labiles wirtschaftliches Gefüge, das die Gefahr umso heftigerer Krisen in sich birgt.

Abhängigkeitskultur

Der entscheidende Einfluss bei der Erhaltung künstlicher Stabilität geht von staatlichen Institutionen aus. Seit Jahrzehnten bläht sich der Sozialstaat immer mehr auf, beschränkt sich längst nicht mehr nur auf Sozialpolitik und wohlfahrtsstaatliche Umverteilung, sondern nimmt die Unternehmen in seinen Beritt. Allein die ständig wachsenden Etats üben einen maßgeblichen Einfluss auf die wirtschaftliche Entwicklung aus.

Wie stark die wirtschaftliche Bedeutung des Staates im Vergleich zu früheren Gesellschaftsformen und im Verlauf der kapitalistischen Entwicklung gestiegen ist, lässt sich an der Staatsquote festmachen. Sie gibt den Anteil staatlicher Ausgaben inklusive der Transfers der Sozialversicherungen im Verhältnis zum Bruttoinlandsprodukt an. Noch 1890, zu einem Zeitpunkt, als erste Sozialversicherungssysteme bereits eingeführt waren, lag die Staatsquote in Deutschland bei etwa 13 Prozent. Bedingt durch die Weltwirtschaftskrise und deren Bewältigung während des Nationalsozialismus ist sie bis Ende der 1930er Jahre auf knapp 40 Prozent angestiegen. Während des Wirtschaftswunders nach dem Zweiten Weltkrieg ging sie zunächst auf etwa 30 Prozent zurück. Heute liegt sie in Deutschland, wie auch vielen anderen westlichen Sozialstaaten, bei knapp 50 Prozent.

Die Ausdehnung und die Einflussnahme des Sozialstaats auf immer weitere Wirtschaftsbereiche hat dazu geführt, dass viele Unternehmen vom Fluss staatlicher Mittel etwa in Form von Subventionen und Steuervergünstigungen abhängen. Auch von staatlicher Regulierung oder Deregulierung der Märkte hängt die wirtschaftliche Lage vieler Unternehmen ab. Es ist eine regelrechte Abhängigkeitskultur entstanden, in der regulatorische Eingriffe und Subventionen über Wohl und Wehe von Unternehmen oder sogar ganzen Branchen entscheiden.

In besonderer Weise zeigt sich dies im Energiebereich. Da der regulatorische Eingriff zum Atomausstieg den davon direkt betroffenen Energiekonzernen enorm geschadet hat, haben sie versucht, ihr wirtschaftliches Überleben durch den Aufbau neuer Geschäftsfelder im Bereich der regenerativen Energien zu sichern. Dort sind sie wie die gesamte Branche auf Subventionen und staatliche Preisregulierung zur Existenzsicherung angewiesen. Andere, vor allem energieintensive Wirtschaftsbereiche, die wegen der vom Staat durchgesetzten höheren Energiepreise in ihrer Existenz bedroht sind, werden ebenfalls in zunehmendem Maß von staatlichen Subventionen abhängig, um Profite und Jobs zu erhalten.[5] Durch den nun geplanten Kohleausstieg werden erneut sowohl Gewinner- als auch Verliererunternehmen stärker von staatlicher Regulierung und Subventionen abhängig werden.

Die gleiche Entwicklung zeigt sich bei der politischen Durchsetzung der Elektromobilität. Die Umstellung entwertet die technologische Kompetenz und die daraus resultierenden Wettbewerbsvorteile der etablierten Unternehmen im Bereich der Verbrennungsmotoren. Zusätzlich werden sie einem Nachfrageschock ausgesetzt, da Fahrzeuge mit Elektroantrieb aufgrund der höheren Preise und stagnierenden

5 „Saar-Regierungschef bittet Merkel um Staatshilfen", Focus online, 04.10.2019.

Massenwohlstands für deutlich weniger Konsumenten erschwinglich sein werden. Inzwischen wird davon ausgegangen, dass dieser Wandel allein in der deutschen Automobilindustrie bis zu 410.000 Jobs kosten wird.[6] Gewerkschaften, Industrie und Politik sind sich einig, dass daher an allen Ecken und Enden viele Milliarden Euro an Subventionen fließen müssen, um einen darüber hinausgehenden Absturz zu verhindern. Baden-Württembergs Wirtschaftsministerin Nicole Hoffmeister-Kraut gab sich kurz vor dem „Autogipfel" im Januar 2020 überzeugt, dass „unsere Unternehmen dazu befähigt werden, auch diese Zukunftsinvestitionen zu tätigen. Das heißt, wir bräuchten 40 oder 50 Milliarden für Baden-Württemberg, für die Automobilbranche, auch für die anderen Automobilländer, damit wir insgesamt als Wirtschaft diese vierte industrielle Revolution auch erfolgreich gestalten können."[7] Die Realität ist jedoch, dass diese Subventionen unter den gegebenen wirtschaftlichen Rahmenbedingungen nicht etwa eine neue industrielle Revolution auslösen werden, sondern lediglich dazu dienen die Probleme zu kompensieren, die aus zerstörten Geschäftsmodellen erwachsen.

Der Ruf nach dem Staat ist in der Wirtschaft so allgegenwärtig wie auch dessen tatkräftige Unterstützung, um bestehende Geschäftsmodelle möglichst zu erhalten. Der Subventionsbericht des Finanzministeriums weist jährliche Finanzhilfen und Steuervergünstigung von etwa 55 Milliarden Euro aus, die aus dem Bundeshaushalt an private

6 „Umstieg auf E-Mobilität kostet bis zu 410.000 Jobs", Redaktionsnetzwerk Deutschland, 13.01.2020.

7 „VDA fordert Milliarden Investitionen für Elektromobilität", Deutschlandfunk online, 15.01.2020.

Unternehmen und Wirtschaftszweige fließen.[8] Das Kieler Institut für Weltwirtschaft (IfW) hingegen schätzt die staatlichen Subventionen, die in Form von Finanzhilfen und Steuervergünstigungen darauf abzielen, das gegenwärtige Waren- und Dienstleistungsangebot zu bestimmen, auf inzwischen knapp 200 Milliarden Euro jährlich.[9] Bei Vorlage dieser Untersuchung betonte Gabriel Felbermayr, der Präsident des IfW, dass diese Subventionshöhe den Wettbewerb verzerrt: „Häufig […] profitieren einzelne Interessengruppen, während die gesamtwirtschaftliche Wachstumsdynamik, Innovationskraft und Wohlfahrt leiden".[10]

Stabilitätskultur

Ein Grund für die vorrangig auf Konservierung ausgerichteten staatlichen Eingriffe liegt darin, dass sie sich meist von mächtigen Interessen leiten lassen. In einer Demokratie sollten soziale und ökonomische Interessen über den politischen Willensbildungsprozess durchgesetzt werden. Das ist jedoch immer weniger der Fall, denn unsere repräsentative Demokratie leidet daran, dass sie die Bindung zu den Wählern weitgehend verloren hat.[11] Immer häufiger nehmen potente Lobbygruppen direkten Einfluss auf die staatlichen Institutionen. Da die wichtigen Regulierungsvorgaben und auch für die Nationalstaaten bindende Entscheidungen inzwischen auf EU-Ebene getroffen werden, ist das Machtzentrum der EU

8 Bundesministerium der Finanzen: „26. Subventionsbericht", 28.08.2017, S. 23 ff.

9 Claus-Friedrich Laaser, Astrid Rosenschon: „Kieler Subventionsbericht: Steigende Subventionen des Bundes bis zum Jahr 2018", in: Kieler Beiträge zur Wirtschaftspolitik Nr. 22, Institut für Weltwirtschaft Kiel (IfW), September 2019, S. 3.

10 „Kieler Subventionsbericht: Wachstumsdynamik fördern, Reserven im Haushalt heben", IfW online, 05.09.2019.

11 Kai Rogusch et al.: „Experimente statt Experten", Novo Argumente Verlag, 2019.

belagert von Lobbyisten verschiedenster Interessengruppen. In diesem Heerlager tummeln sich neben den klassischen Unternehmerverbänden und Gewerkschaften auch immer einflussreichere Nichtregierungsorganisationen.

Auch wenn sich einige dieser Lobbygruppen als Vertreter übergeordneter Interessen wie etwa allgemeinen Menschheitsinteressen einstufen, so stehen mittlerweile handfeste wirtschaftliche Partikularinteressen auch hinter Klimaschutzgruppen. Die Brüsseler wie auch die Berliner Regierungsinstitutionen bieten einen idealen Nährboden zur Durchsetzung solcher Partikularinteressen, die auf Bewahrung und Ausbau der eigenen, also der bereits bestehenden Geschäftsmodelle ausgerichtet sind.

Dadurch wird in der Tendenz nicht etwa neuen Geschäftsmodellen zum Durchbruch verholfen, noch werden Strukturen geschaffen, die die Entwicklung neuer Geschäftsmodelle begünstigen. Die Platzhirsche haben typischerweise kein Interesse daran, dass neue Wettbewerber in die vorhandenen Märkte eindringen oder diese gar von disruptiven Innovatoren komplett übernommen werden. Ihnen nutzen regulatorische Maßnahmen, die darauf hinwirken, den Markteintritt von Wettbewerbern zu erschweren.[12] Gelingt ihnen dies nicht, wie die Beispiele der Atomindustrie und der Automobilindustrie zeigen, dürfen sie mit milliardenschweren Hilfen oder sogar Dauersubventionen rechnen, die ihnen das Überleben erleichtern.

Ein aktuelles Beispiel für die ambivalente Haltung der Interessengruppen zwischen Abschottung und Liberalisierung

12 Müge Adalet McGowan et al.: „The walking Dead: Zombie Firms and Productivity Performance in OECD Countries" in: OECD Economic Department Working Paper No. 1372, 2017.

ist die für 2020 beschlossene Einführung der steuerlichen Forschungsförderung. Hierzu hat der Bundesverband der Deutschen Industrie (BDI), ein mächtiger Industrieverband, der andere große Industrieverbände zu seinen Mitgliedern zählt, eine Position vertreten, die das Gesamtinteresse der von ihm vertretenen Unternehmen wie auch der Wirtschaft insgesamt zum Ausdruck bringt.[13] Die in vielen anderen Ländern übliche Forschungsförderung besteht darin, Unternehmen eine Steuergutschrift zu erteilen, die die Gewinnsteuern mindert. Junge Unternehmen, die in den ersten Jahren in der Regel keine Gewinne erzielen, erhalten dann keine Förderung und werden benachteiligt. Da die vom BDI wie auch anderen vertretene Position nun Eingang in das Gesetz gefunden hat, kommen in Deutschland auch neue Unternehmen in den Genuss dieser Förderung, obwohl sie potenziell eine Gefahr für bestimmte etablierte Unternehmen darstellen können. Insofern hat der BDI eine Position vertreten, die die Industrie als Ganzes voranbringen kann, denn neue Wettbewerber könnten zwar einige der heutigen Unternehmen verdrängen, andererseits nutzen Innovatoren potenziell allen anderen Unternehmen, da sie bessere Lösungen anbieten und die Wettbewerbsfähigkeit der Industrie insgesamt stärken können.

In den nun vorliegenden Gesetzentwurf hat eine weitere Forderung des BDI Eingang gefunden, die andererseits das Partikularinteresse von einigen der im BDI organisierten Unternehmen widerspiegelt.[14] So sollen nun entgegen der Absicht im Koalitionsvertrag von CDU, CSU und SPD nicht nur kleinere und mittlere Unternehmen, sondern alle

13 „Steuerliche Förderung von Forschung und Entwicklung", März 2013, BDI online, 16.03.2018.

14 „Kabinett beschließt steuerliche Forschungsförderung", Bundesministerium für Forschung und Bildung (BMBF) online, 22.05.2019.

Unternehmen bis zu einem Maximalbetrag von 500.000 Euro pro Jahr gefördert werden.[15] Diese Förderung werde einen hohen Mitnahmeeffekt haben, vermuten Kritiker. Insbesondere große und mittlere Unternehmen würden sich so ihre ohnehin laufenden Forschungs- und Entwicklungsaufwendungen subventionieren lassen, deswegen aber keine zusätzlichen FuE-Anstrengungen unternehmen.

Sogar in konjunkturell guten Zeiten tendieren wirtschaftspolitische Entscheidungen dahin, die Unternehmen und deren Märkte zu schützen und nicht den Wettbewerb zu intensivieren. Bei sich ankündigenden Konjunkturabschwüngen oder gar in einer Rezession reagieren politische Entscheidungsträger und staatliche Institutionen geradezu reflexartig. Dann geht es darum, mit den verfügbaren wirtschaftspolitischen Mitteln Märkte und Unternehmen bestmöglich zu stabilisieren und deren Überleben zu sichern.

Dies zeigte sich in Anbetracht der 2019 rückläufigen Wirtschaftsleistung in der Industrie. Mit steigender Frequenz wird der Ruf nach Senkung der Unternehmenssteuern laut. Im August 2019 veröffentlichten Bundestagsabgeordnete der CDU/CSU-Bundestagsfraktion ein Impulspapier, in dem sie die Notwendigkeit einer Unternehmenssteuerreform mit dem internationalen Standortwettbewerb und der konjunkturellen Abkühlung begründen.[16] Angesichts der Maßnahmen anderer Länder, wie der Senkung der Unternehmenssteuern in den USA auf inzwischen 21 Prozent und der Vorhaben Frankreichs, das 25 Prozent anpeile, „entstehe erheblicher Handlungsbedarf", so der CDU Abgeordnete Fritz Güntzler,

15 „Koalitionsvertrag zwischen CDU, CSU und SPD", Die Bundesregierung online, 12.05.2018, Zeilen 2669ff.; „Steuerliche Forschungsförderung ist da", Ingenieur.de online (VDI-Verlag), 14.01.2020.

16 „Billige Neiddebatte", F.A.Z. online, 23.08.2019.

der das Papier mitverfasst hatte.[17] „Um weiterhin ein konkurrenzfähiger Standort zu bleiben, muss Deutschland daher auf die Veränderungen in der internationalen Steuerlandschaft reagieren", heißt es in dem Papier weiter. Wirtschaftsminister Altmaier hatte bereits 2018 ähnliche Ideen in die Diskussion gebracht und diese später mit der Forderung, die schrittweise Abschaffung des Solidaritätszuschlags auf 2020 vorzuziehen, untermauert.[18] Auch BDI-Präsident Dieter Kempf betonte, Deutschland müsse in Anbetracht eines „immer schärferen internationalen Steuerwettbewerbs [...] endlich strukturelle Steuerreformen angehen".[19]

Die seit Jahrzehnten kontinuierlich erfolgte Absenkung der Unternehmenssteuern in allen entwickelten Volkswirtschaften wirkt wie ein präventives Mittel, das bestehende Unternehmen wirtschaftlich entlastet und ihnen größere finanzielle Spielräume eröffnet.[20] So erhalten sie zusätzliche Mittel, um sich gegenüber neuen Wettbewerbern, die in der Regel Verluste ausweisen und von niedrigeren Steuersätzen nicht profitieren, besser behaupten zu können. Derartige präventive Maßnahmen werden vor allem in Krisenzeiten durch eine Vielzahl weiterer staatlicher Hilfen ergänzt, die folgerichtig darauf ausgerichtet sind, geschwächte Unternehmen,

17 Ebd.

18 „Altmaier will schon 2020 mit Soli-Abbau starten", Spiegel online, 09.11.2019.

19 „Billige Neiddebatte", F.A.Z. online, 23.08.2019.

20 Nikolaus Kowall: „Rekordverdächtige Unternehmenssteuern gefährden den Standort Deutschland", Steuermythen.de, 20.09.2019. Der IWF weist darauf hin, dass in 17 der G-20-Staaten seit den 1990er Jahren Unternehmenssteuern gesenkt wurden, von durchschnittlich 38 (1995) auf 24 Prozent (2017), IMF: „Group of twenty, Global Prospects and Policy challenges. G-20 Finance Ministers and Central Bank Governors´s Meetings March 19-20, 2018", S. 8. In den Zahlen des IWF waren die enormen Steuersenkungen in den USA ab dem 1. Januar 2018, die unter anderem die Ertragssteuern der Unternehmen von 35 auf 21 Prozent reduzieren, noch nicht berücksichtigt.

die kurz vor dem Untergang stehen, unter Einsatz der Staatskasse zu retten.

Die wenigsten staatlichen Versuche, Unternehmen vor dem Untergang zu retten, werden öffentlich bekannt. Schieflagen von Unternehmen sollen verborgen bleiben, da sie sich sonst verschärfen könnten. Im Zusammenhang mit der Pleite des Reisveranstalters Thomas Cook und der Gewährung staatlicher Bürgschaften in Höhe von 380 Millionen Euro zur Rettung des Tochterunternehmens Condor im September 2019 wurde bekannt, dass alleine das Land Hessen im vergangenen Jahr Bürgschaften über insgesamt 668 Millionen Euro für 285 Unternehmen gewährt hatte und über einen Bürgschaftsrahmen von 1,5 Milliarden Euro verfügt.[21] Sofern diese Fälle öffentlich werden, sind sie wegen der zur Debatte stehenden Beträge und der Anzahl der betroffenen Arbeitsplätze oft spektakulär. Dies betraf Opel im Jahr 2010, als der damalige Eigentümer General Motors Staatsbürgschaften von mehr als einer Milliarde Euro forderte, um die Sanierung der Werke in Deutschland zu finanzieren. Allerdings wurden in diesem Fall nach langem Tauziehen die Forderungen des Konzerns nicht erfüllt. Anders lag der Fall 1999 bei der Rettung der Frankfurter Philipp Holzmann AG, damals einer der größten deutschen Baukonzerne. Nachdem die Insolvenz praktisch feststand, intervenierte der damalige Bundeskanzler Gerhard Schröder und sorgte für ein Rettungspaket, in dem staatliche Darlehen und Bürgschaften sowie große Lohnzugeständnisse der Beschäftigten die Pleite abwenden sollten. Es nützte nichts, Holzmann scheiterte im März 2002

21 Falk Heunemann / Jochen Remmert: „Deutsche Thomas Cook beantragt Staatshilfe", F.A.Z. online, 25.09.2019.

endgültig, als neue Milliardenverluste entstanden und die Banken die Gewährung weiterer Kredite ablehnten.

Besonders willig rettet die Politik bei den staatswirtschaftlichen Unternehmen. In seinem aktuellen Schwarzbuch dokumentiert der Steuerzahlerbund, dass die Unterstützung wie auch die Abwicklung von Landesbanken in den letzten Jahren bereits 30 Milliarden Euro Steuergelder gekostet hat. Obendrein wird bemängelt, dass Brüssel die Rettung der Nord LB genehmigt.[22] Die 3,6 Milliarden Euro schwere Auffanglösung sei teuer, und die Regierungen in Niedersachsen und Sachsen-Anhalt berücksichtigten künftige Risiken nicht oder blendeten sie bewusst aus.[23] Die Rettung erfolgt trotz der Tatsache, dass im Bankensektor weiterhin Überkapazitäten existieren.

Die Begründungen für die vielfachen Rettungsversuche werden in der Regel gut kommuniziert. Die Beschwörung der sozialen Auswirkungen auf die Beschäftigten, deren Familien und die jeweiligen Regionen findet öffentlichen Zuspruch. So hat die CDU/SPD-geführte Landesregierung kürzlich unter öffentlichem Beifall bei Bundeskanzlerin Merkel um Staatshilfen für die leidende saarländische Stahlindustrie gebeten. Dort wird der Abbau von zunächst 20 Prozent der Beschäftigten innerhalb der nächsten drei Jahre erwartet. Schlimmeres wird befürchtet.[24] Meist verlängern jedoch die die Versuche, wirtschaftlich angeschlagene Unternehmen zu retten, nur das bereits eingetretene Siechtum und bieten den Beschäftigten wenig Perspektiven und meist schlechtere Verdienstmöglichkeiten und Arbeitsbedingungen. Das

22 „Brüssel segnet die Rettung der Nord LB ab" in: F.A.Z., 12.11.2019, S. 15.

23 Bund deutscher Steuerzahler e.V. (BdSt): „Das Schwarzbuch 2019/2020 – Die öffentliche Verschwendung", 2019.

24 „Saar-Regierungschef bittet Merkel um Staatshilfen", Focus online, 04.10.2019.

Problem für die Beschäftigten besteht nicht darin, dass Unternehmen untergehen und dadurch privates Kapital aus den unterschiedlichsten Gründen, zu denen auch schlechtes Management gehört, vernichtet wird, sondern darin, dass sich ihnen oft keine guten Job-Alternativen bieten.

Die Politik der Vermeidung wirtschaftlicher Krisen ist nicht auf individuelle Hilfen für Unternehmen oder Teilmärkte beschränkt. Viel bedeutsamer geschieht dies auf der makroökonomischen Ebene. Hier bedienen Politik und Staat bei der Vermeidung disruptiver Veränderungen ein heute tiefsitzendes gesellschaftliches Bedürfnis nach Sicherheit und Stabilität. Den jeweiligen Entscheidungsträgern, wie auch den staatlichen Institutionen insgesamt, verschafft eine so ausgerichtete Politik Legitimität und Autorität, weswegen sie die staatliche Handlungsfähigkeit gerne betonen. So ließ es sich Finanzminister Olaf Scholz bei der Vorstellung des Bundeshaushalts am 10. September 2019 im Bundestag nicht nehmen, vor einer drohenden Rezession zu warnen, um gleich im Anschluss auf die von ihm bereitgestellte Munition zu verweisen. Er ließ keinen Zweifel daran, dass es darum gehe, eine sich anbahnende Krise mit allen verfügbaren Mitteln zu bekämpfen. Gegen die Krise müsse man mit „aktiver Politik“ ankämpfen und „mit vielen, vielen Milliarden gegenhalten“. Weiter verkündete er: „Wir werden es dann auch tun, das ist gelebter Keynesianismus, wenn man das so sagen will, das ist eine aktive Politik gegen die Krise – aber dazu muss sie erst mal da sein.“[25]

25 „Mit vielen, vielen Milliarden gegenhalten“, Spiegel online, 10.09.2019.

Blutarme Wirtschaft

Mit dem Ziel, wirtschaftliche Krisen einzudämmen oder sogar zu vermeiden, sind die Zentralbanken seit den 1980er Jahren zu einer zunehmend expansiven Geldpolitik übergegangen. Ermöglicht wurde das, so Gunther Schnabl, Wirtschaftsprofessor an der Universität Leipzig, durch die Liberalisierung der internationalen Finanzmärkte. Die Zentralbankliquidität konnte dadurch ohne Begrenzungen in die Kapitalmärkte abfließen und sorgte damit zwar an den Finanzmärkten, nicht aber auf den Gütermärkten für einen Preisauftrieb.[26]

Die Folge: sich häufende Spekulationswellen auf den Aktien-, Immobilien- und Rohstoffmärkten. Das wiederholte Platzen dieser Blasen hat zu einer immer lockereren Geldpolitik beigetragen. Auf diese Weise wurde den Investoren ein hohes und kontinuierlich weiter steigendes Preisniveau an den Kapitalmärkten sozusagen von Staats wegen garantiert. Spätestens seit der Jahrtausendwende konnte so „im Angesicht von starken Preisrückschlägen auf den Finanzmärkten [...] ein entschlossenes Gegensteuern der großen Zentralbanken erwartet werden".[27]

Die Zentralbanken entwickelten eine „asymmetrische Geldpolitik" mit dem Ziel, die negativen Effekte geplatzter Blasen und sich ausbreitender Krisen möglichst einzudämmen. Dieses Konzept wird bis heute immer entschiedener verfolgt: „In Krisen öffneten Fed, Bank of Japan und EZB die Liquiditätsschleusen, um die Finanzmärkte zu stabilisieren.

26 Gunther Schnabl: „Ultra-lockere Geldpolitiken, Finanzmarktblasen und marktwirtschaftliche Ordnung" in: Universität Leipzig, Wirtschaftswissenschaftliche Fakultät, Working Paper, No.151, Oktober 2017.

27 Ebd., S. 7.

In den Erholungsphasen nach den Krisen strafften sie die geldpolitischen Zügel hingegen nur zögerlich.“[28]

So „wurden die erforderlichen volkswirtschaftlichen Anpassungen durch immer niedrigere Zinsen, mehr Liquidität und immer höhere öffentliche Schulden verhindert“, schreiben der Ökonom Joachim Starbatty und der ehemalige Chefvolkswirt der EZB Jürgen Stark.[29] Die Zentralbanken der entwickelten Volkswirtschaften haben damit den Bereinigungseffekt konjunktureller Krisen ausgehebelt und dadurch viele Unternehmen vor der Insolvenz bewahrt. Auch in der Folge sorgten sie für Bedingungen, in denen viele der angeschlagenen Firmen längerfristig überleben konnten. Sie unterdrückten den wettbewerbsbedingten Ausleseprozess, der normalerweise unrentable Betriebe zur Geschäftsaufgabe zwingt. Dieser sich seit Jahrzehnten schleichend vollziehende Prozess lässt die Zahl schwächelnder, eigentlich unrentabler Unternehmen stetig wachsen.

Der Tiefpunkt eines jeden Konjunkturzyklus wurde so durch die weitgehende Außerkraftsetzung des Kapitalbereinigungsprozesses angehoben. Um trotzdem einen neuen wirtschaftlichen Aufschwung zu generieren, wurden die Zinsen niedrig gehalten. Der Konjunkturauftrieb verläuft dann schwächer, weil er nicht von einer neuen Investitionsdynamik getragen wird, sondern in erster Linie auf den Effekten niedriger Zinsen beruht. Die dauerhafte Öffnung der geldpolitischen Schleusen bewirkt diesen oft blutarmen wirtschaftlichen Aufschwung, so dass der Konjunkturzyklus relativ krisenfrei und mit geringen Ausschlägen vonstattengeht.

28 Ebd., S. 6.
29 Joachim Starbatty / Jürgen Stark, „Schumpeter versus Keynes“ in: F.A.Z., 30.12.2016, S. 20.

Dieser Sachverhalt lässt sich mit dem immer flacheren Muster der Krisenverläufe in Deutschland belegen. Die Wirtschaft kommt fortgesetzt weniger dynamisch aus Wachstumsdellen heraus, weshalb es jedes Mal länger dauert, bis ein solcher Einschnitt überwunden ist. Wie die Grafik unten zeigt, folgte vor 2009 in allen Krisenjahren (1967, 1975, 1982, 1993, 2003) auf den Rückgang des BIP eine Erholung, die den Rückschlag innerhalb von einem Jahr mehr als ausgleichen konnte. Von Krise zu Krise fiel der einsetzende Aufschwung jedoch kraftloser aus. So erreichte das Wirtschaftswachstum ein Jahr nach der Krise von 1967 noch 5,5 Prozent. Im Jahr nach der Krise 2003 wurden nur noch 1,2 Prozent Wachstum erreicht.

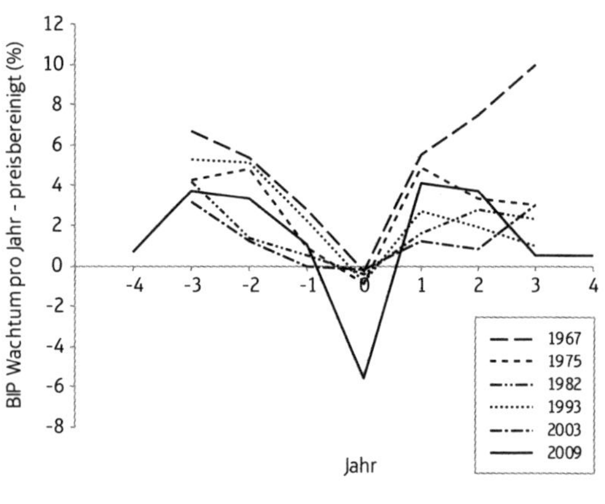

Abbildung 18: Wachstum des Bruttoinlandsprodukts in Deutschland in den Jahren vor und nach dem Konjunkturtiefpunkt (Jahr 0 = Tiefpunkt)[30]

30 Statistisches Bundesamt: Genesis-Online-Datenbank, Sachgebiet 8, Code 81000, Volkswirtschaftliche Gesamtrechnungen des Bundes, eigene Berechnungen.

Mit der Finanzkrise 2009 setzte sich dieses Krisenmuster in verschärfter Form durch. Nun erwiesen sich die konjunkturellen Auftriebskräfte als so schwach, dass das BIP kaum noch über das vor der Krise erreichte Niveau anstieg. Der deutlich tiefere wirtschaftliche Einbruch mit 5,6 Prozent des BIP konnte erst nach knapp zwei Jahren ausgeglichen werden. Zudem sackte das Wachstum, unmittelbar nachdem die Wirtschaftsleistung den Stand vor der Krise erreicht hatte, wieder in sich zusammen. In den Jahren 2012 und 2013 erreichte das Wachstum jeweils nur noch 0,5 Prozent.

Mit jedem Konjunkturzyklus verringerte sich jedoch auch das wirtschaftliche Wachstum. So ist das durchschnittliche jährliche Wirtschaftswachstum von mehr als acht Prozent in den 1950er Jahren auf nur noch zwei Prozent in den 1990er Jahren zurückgegangen. Seit 2001 werden jährlich nur noch gut 1,3 Prozent Wachstum erreicht (siehe Abb. 19).

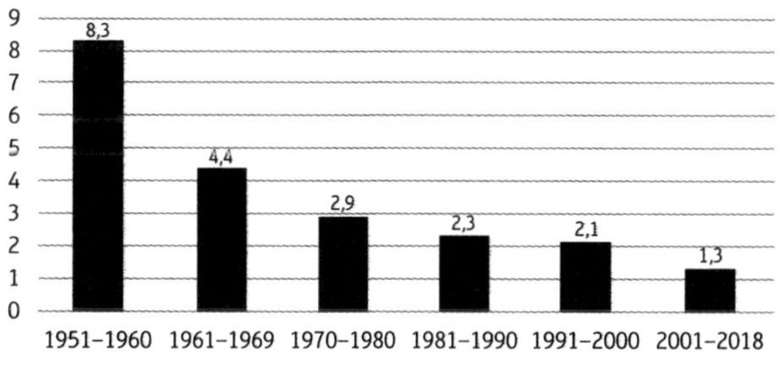

Abbildung 19: Wachstum des Bruttoinlandsproduktes in Deutschland (bis 1990 früheres Bundesgebiet), preisbereinigt (%)[31]

31 Statistisches Bundesamt, eigene Berechnungen.

Aus geschwächtem Wachstum ist eine Abwärtsspirale entstanden, die mit billigem Geld therapiert wird und in weitere Entkräftung mündet. Wirtschaftliche Stabilität wird auf Kosten von immer niedrigeren Investitionen in die wertschöpfenden Kapazitäten erzeugt. Das daraus resultierende schwindsüchtige Wachstum hat einen problematischen Nebeneffekt. Die Wirtschaft verliert ihre Robustheit und wird anfälliger für Krisen, die zudem immer heftiger ausfallen. Die wertschöpfenden Kapazitäten der Wirtschaft entwickeln sich disproportional im Verhältnis zu den steigenden Vermögenspreisen, etwa Aktien und Immobilien. Es entstehen Vermögenspreise, mit denen die reale Wertentwicklung nicht mithält. Der massive wirtschaftliche Einbruch während der Finanzkrise 2009 wie auch die Schwierigkeit, die Krise wieder in den Griff zu bekommen, haben dies deutlich gemacht. Das geldpolitische Doping kann kaum mehr zurückgenommen werden. Die derart „finanzialisierte Wirtschaft hängt am Tropf der Zentralbanken" und steckt fest in einem „Teufelskreis niedrigen Wachstums, noch niedrigerer Zinsen und niedriger Inflation" schreibt Thomas Mayer, Gründungsdirektor des Flossbach-von-Storch-Research-Institute.[32]

Wachstum oder Stabilität

Wie sehr die Stabilitätsfixierung das Denken der Entscheidungsträger in Politik und Staat prägt, hat die Finanzkrise offenbart. Wachstum wäre nun zwar nötiger denn je gewesen, um den wirtschaftlichen Einbruch wieder wett zu machen und Unternehmen und Arbeitsplätze zu sichern.

32 Thomas Mayer: „Die Japanisierung Europas" in: FAS, 21.04.2019, S. 29.

Stattdessen wurde eine Debatte vom Zaun gebrochen, in der wirtschaftliches Wachstum an sich zur Zielscheibe der Kritik wurde, da es Instabilität und Krisen mit sich bringe. Die Finanzkrise sei die typische und problematische Folge wirtschaftlicher Wachstumsorientierung. Je mehr die Politik am „Fetisch Wachstum" hänge, desto gravierendere Nebeneffekte produziere sie.

Noch zu einem Zeitpunkt, als die deutsche Wirtschaft im Herbst 2009 die Rezession bereits überwunden hatte, gaben sich sowohl Bundeskanzlerin Angela Merkel als auch der damalige Bundespräsident Horst Köhler im Hinblick auf wirtschaftliches Wachstum kritisch. Wachstum traditionell verstanden galt ihnen als krisenträchtig; es trage das Potenzial in sich, ganze Gesellschaften in den Abgrund zu reißen. Zwar blieb Merkel in Anbetracht des verheerenden Einbruchs nichts anders übrig, als einen „strikten Wachstumskurs" für erforderlich zu erklären. Gleichzeitig machte sie jedoch deutlich, dass es auch keine Option sei, so weiterzumachen wie bisher. In ihrer Regierungserklärung betonte sie: „Es geht nicht um Wachstum um des Wachstums willen, sondern um nachhaltiges Wachstum, ein Wachstum, mit dem man an das Morgen und an die nächste Generation denkt sowie unsere Lebensumwelt im Blick hat."[33] Auf einer Veranstaltung ihrer Partei mit dem Titel „Nachhaltiges Wachstum – Wege aus der Wirtschaftskrise", brachte Merkel ihre Überzeugung noch deutlicher zum Ausdruck. Sie erklärte, dass die Finanzkrise durch einen Wachstumsfetischismus verursacht worden sei. Die Krise habe gezeigt „was passiert, wenn man jede Form von Wachstum einfach zur Oberprämisse deklariert und sagt:

33 „Regierungserklärung von Bundeskanzlerin Dr. Angela Merkel vor dem Deutschen Bundestag am 10. November 2009 in Berlin", Bulletin 112-1, Bundesregierung online.

‚Egal wie – Hauptsache Wachstum, alle Nebeneffekte werden nicht betrachtet'".[34] Dieser Wachstumsfetischismus sei auch die Ursache für das Problem steigender Staatsverschuldung vieler Länder, denn dadurch habe der Westen „vielfach über die eigenen Verhältnisse gelebt".

Präzise formulierte der wachstumskritische Vordenker Hans Christoph Binswanger diese Position. Es gehe darum, Exzesse zu vermeiden und im Zweifel auf Wachstum zugunsten von Stabilität zu verzichten. Um dieses Ziel besser zu erreichen, unterbreitete er eigene Vorschläge. Mit diesen ließe „sich ein zwar beschränktes, aber kontinuierliches Wachstum der Wirtschaft aufrechterhalten, ohne dass durch eine unkontrollierte Übersteigerung desselben das Risiko des Falls in den Abgrund neuer Krisen ständig erhöht" würde.[35]

Der Schock, den die Finanzkrise ausgelöst hatte, bestätigte und legitimierte die schon zuvor dominierende Orientierung. Die Bewahrung wirtschaftlicher Stabilität wurde nun endgültig zur magischen Formel.[36] Auch wenn man dadurch Einbußen in Verbrauch und Wohlstand hinnehmen müsse, lohne sich eine solche Prioritätssetzung. Horst Köhler warnte folgerichtig vor „unrealistischen Wachstumshoffnungen" und prophezeite ein qualitativ anderes Wachstum: „Der Wandel wird auch unseren Lebensstil verändern – wir werden lernen, mit weniger Verbrauch glücklich und zufrieden zu sein."[37]

34 Angela Merkel: „Nachhaltiges Wachstum – Wege aus der Wirtschaftskrise", Berliner Gespräche der CDU am 17.08.2009.

35 Hans Christoph Binswanger: „Mehr Kompetenz für die Zentralbank" in: Financial Times Deutschland, 17.12.2009.

36 Alexander Horn: „Der schleichende Tod des Wirtschaftswachstums", Novo online, 08.12.2011.

37 Horst Köhler: „Ansprache aus Anlass der Ernennung des Bundeskabinetts am 28.10.2009", Bundespräsident online.

Wachstum war schon lange vor der Finanzkrise in der Kritik. Über die Jahrzehnte bildete sich eine, die öffentliche Meinung stark prägende wachstumsskeptische Perspektive aus. Besonders der stetig steigende Ressourcenverbrauch und die Belastungen von Natur und Umwelt dienten als Argumente der Anklage. Während und auch nach der Finanzkrise wurde daraus ein regelrechter Dauerbeschuss.[38] Die geschickte Verknüpfung mit diesem populären Sentiment verlieh Merkel und Köhler eine hohe Überzeugungskraft und verschafft der stabilitätspolitischen Ausrichtung bis heute zusätzliche Legitimität und Zustimmung.

Auch in den anderen entwickelten Volkswirtschaften ist staatliches Handeln in erster Linie auf Stabilisierung ausgerichtet. Typisch hierfür ist die 2004 vom späteren Präsidenten der US-Notenbank, Ben Bernanke, vorgenommene positive Bewertung der gemilderten konjunkturellen Ausschläge, wie sie seit Mitte der 1980er Jahre in den entwickelten Volkswirtschaften zu beobachten sind. Diese erfolgreiche „Great Moderation" basiere, so Bernanke, auf der größeren Unabhängigkeit der Zentralbanken von politischen und finanzwirtschaftlichen Einflüssen. Sie hätten diese Unabhängigkeit in positiver Weise genutzt, indem sie mit den ihnen zu Verfügung stehenden Mitteln solche makroökonomische Stabilisierung erreicht hätten.[39] In der wissenschaftlichen Diskussion ist zwar umstritten, ob die Zentralbanken tatsächlich einen Beitrag zur Zähmung des Konjunkturzyklus geleistet haben. Die positive Bewertung

38 Schlussbericht der Enquete-Kommission „Wachstum, Wohlstand, Lebensqualität – Wege zu nachhaltigem Wirtschaften und gesellschaftlichem Fortschritt in der Sozialen Marktwirtschaft", Bundestags-Drucksache 17/13300, 03.05.2013.

39 Ben Bernanke: „The great moderation", Rede, Meetings of the Eastern Economic Association, The Federal Reserve Board online, 20.02.2004.

der „Great Moderation" zeigt jedoch sehr deutlich den Primat des Stabilitätsdenkens, auch wenn es zu Lasten von Investitionen und Wirtschaftswachstum geht.

Wohlstand für alle – nicht ohne Nebenwirkungen

Die heute dominierende Stabilitätsorientierung wurde in der Bundesrepublik in der ersten Hälfte der 1970er Jahre zum Thema, als sich das Ende des Nachkriegsbooms abzeichnete. Bis dahin prägte unter dem Wirtschaftsminister und späteren Kanzler Ludwig Erhard der Ordoliberalismus die Wirtschaftspolitik. Ein wichtiger Vordenker war der neoliberale Ökonom Walter Eucken. Nach dessen Überzeugung sollte sich der Staat so weit wie möglich aus der Gestaltung unternehmerischer Entscheidungsprozesse heraushalten und sich auf Ordnungspolitik zur Erhaltung des marktwirtschaftlichen Rahmens beschränken. Ökonomische Prozesse sollten möglichst nicht politisiert werden, also nicht direkt von der Politik beeinflusst werden. Besondere Bedeutung für eine funktionierende Wettbewerbsordnung wurde der Währungsstabilität beigemessen.

Der Umgang mit der sich anbahnenden ersten Rezession in der Bundesrepublik, die 1966/67 einen Anstieg der Arbeitslosigkeit von 0,7 auf 2,2 Prozent verursachte, zeigt sehr deutlich, dass es den handelnden Akteuren auch damals durchaus darum ging, für stabile wirtschaftliche Rahmenbedingungen zu sorgen. Staatliches Handeln war aber in erster Linie darauf ausgerichtet, das wirtschaftliche Wachstum zu stärken und das Versprechen vom „Wohlstand für alle" einzulösen. Die aus diesen Eingriffen resultierenden destabilisierenden Effekte wurden dabei billigend in Kauf genommen.

Erhard kostete die Durchsetzung dieser Herangehensweise sogar die Kanzlerschaft.

Erhard hatte es abgelehnt, während des sich anbahnenden Abschwungs lenkend in den Wirtschaftsprozess einzugreifen. Seinen wirtschaftspolitischen Grundsätzen blieb er auch in dieser Krise treu. Er setzte sogar die 1965 eingeleitete und dann prozyklisch und daher krisenverschärfend wirkende Konsolidierung der Staatsfinanzen durch. Die Bundesbank hatte bereits vor Eintritt der Rezession die Zinssätze angehoben, um einer ansteigenden Inflation entgegenzuwirken, und hielt ihren Zinskurs auch beim Eintritt der Rezession durch. Sowohl das Regierungshandeln als auch die Zinspolitik verschärften die Krise, die von der Bundesbank vor dem Hintergrund der Vollbeschäftigung als notwendige „Reinigungskrise" angesehen wurde.[40] „Die Bundesbank", so eine kritische Bewertung der Bundesbankpolitik, „ließ bewusst den Konjunkturzyklus sich auswirken und vertraute auf die ‚Selbstheilungskräfte' des kapitalistischen Prozesses."[41]

Diese Grundhaltung änderte sich jedoch bald im Zuge der einsetzenden Rezession. Das von Erhard initiierte „Stabilitätsgesetz" wurde von der ab 1. Dezember 1966 regierenden Großen Koalition aus CDU/CSU und SPD modifiziert. Die keynesianisch inspirierte „Globalsteuerung" hielt Einzug. Bereits 1967 starteten die ersten Konjunkturprogramme, die vor allem staatliche Bauinvestitionen vorsahen. Fortan mussten Bundesregierung und Landesregierungen aufgrund der Festlegungen im Stabilitätsgesetz und der Neufassung des Art. 109 GG das Staatsziel eines gesamtwirtschaftlichen

40 Gudrun Lindner: „Die Krise als Steuerungsmittel – Eine Analyse der Bundesbankpolitik in den Jahren 1964-66/67" in: Leviathan 3, 1973.
41 Ebd., S. 375.

Gleichgewichts verfolgen. In ihrer Wirtschafts- und Finanzpolitik waren sie dazu verpflichtet, bei den ergriffenen Maßnahmen „im Rahmen der marktwirtschaftlichen Ordnung gleichzeitig zur Stabilität des Preisniveaus, zu einem hohen Beschäftigungsstand und außenwirtschaftlichem Gleichgewicht bei stetigem und angemessenem Wirtschaftswachstum" beizutragen.[42] Die erste wirtschaftliche Krise während des Wirtschaftswunders hatte heftige politische Auswirkungen. Die politische Stabilität der deutschen Nachkriegsordnung und die Autorität der Eliten basierten ganz erheblich auf wirtschaftlichem Erfolg und wachsendem Massenwohlstand. Es ist daher kein Zufall, dass die Politik im Stabilitätsgesetz sowohl auf „stetiges Wirtschaftswachstum" wie auf Stabilität verpflichtet wurde.

Nach Überwindung des ersten wirtschaftlichen Abschwungs nach dem Zweiten Weltkrieg erreichte die Bundesrepublik Anfang der 1970er Jahre wieder die niedrige Arbeitslosenquote von 0,7 Prozent. Ausgelöst durch den Verfall des Dollars und den endgültigen Zusammenbruch des Bretton-Woods-Abkommens, das andere Währungen in einem festen Kurs an den Dollar band, endete die Zeit des Wirtschaftswunders jedoch abrupt. Es entwickelte sich ein bis zur Finanzkrise 2008 ungebrochenes Muster schwächer werdender Investitionen bei einer von Rezession zu Rezession steigenden Arbeitslosigkeit. Nach wirtschaftlichen Krisen mit negativen Wachstumsraten in den Jahren 1975, 1982, 1993 und 2003 gelang es nicht, mehr die Arbeitslosigkeit auf die niedrigeren Werte der vorangegangen Konjunkturzyklen zu senken. Nach der Krise 1975 sank die Arbeitslosenquote noch auf 4 Prozent, danach konnte sie nicht mehr unter 7

42 §1 StabG, sogenanntes „magisches Viereck".

und später nicht mehr unter 10 Prozent gedrückt werden. Erst nach der Finanzkrise 2008 änderte sich dies.

Die wirtschaftspolitische Agenda zielte in zunehmendem Maß darauf ab, bestehenden Unternehmen – oft sozialpolitisch als Erhalt von Arbeitsplätzen motiviert – schützend unter die Arme zu greifen. Neuen Geschäftsmodellen zum Durchbruch zu verhelfen war hingegen kein Thema. Dies geschah nicht etwa auf Grundlage einer klar formulierten Strategie. Diese Herangehensweise entwickelte sich eher unbeabsichtigt in Anbetracht wirtschaftlicher und sozialer Entwicklungen, auf die rasch und pragmatisch reagiert werden musste. Von 1967 bis 1982 wurden vor allem Konjunkturprogramme eingesetzt, um in Perioden wirtschaftlicher Abschwünge gegenzusteuern.[43] Dies änderte sich durch den Regierungswechsel von einer von Helmut Schmidt geführten SPD/FDP-Koalition zu einer CDU/CSU/FDP-Koalition unter Helmut Kohl im Oktober 1982. Die neue Regierung wandte sich von der nachfrageorientierten Steuerung ab und agierte nun angebotsorientiert, ging also davon aus, dass Beschäftigung und Wachstum in erster Linie von den Bedingungen auf der Angebotsseite der Märkte abhängen. Damit wandelte sich zwar die wirtschaftspolitische Konzeption, es änderte sich jedoch nichts an der Ausrichtung der Wirtschaftspolitik auf wirtschaftliche Stabilisierung. Die Angebotsorientierung überdauerte die Zeit bis zum Ende der Kanzlerschaft von Gerhard Schröder. Dessen 2003 in Anbetracht von über fünf Millionen Arbeitslosen proklamierte Agenda 2010 war ebenfalls noch angebotsorientiert ausgerichtet. Der initiierte

43 Claus-Martin Gaul: „Konjunkturprogramme in der Geschichte der Bundesrepublik Deutschland: Einordnung und Bewertung der Globalsteuerung von 1967 bis 1982", Deutscher Bundestag – Wissenschaftliche Dienste, WD – 310 – 009/09, 2008.

Umbau des Sozialstaates zielte vor allem darauf, Lohn- und Lohnnebenkosten niedrig zu halten oder gar zu senken und damit die Wirtschaft zu stabilisieren.

Die ab Ende der 1960er Jahre überwiegende Stabilitätsorientierung war durch den Zusammenbruch des Bretton-Woods-Systems angestoßen worden. Die Politik reagierte auf heftige soziale Verwerfungen, wurde aber selbst zum Faktor einer nachlassenden Investitionsdynamik. Das Festhalten an der eingeschlagenen Richtung lief in der Konsequenz darauf hinaus, den wirtschaftlichen Niedergang zu managen. Mit dieser Grundorientierung vereitelte staatliches Handeln die Reinigungseffekte wirtschaftlicher Krisen. Sie verstärkte und vertiefte dadurch anderseits die Tendenz zu wirtschaftlicher Stagnation.

Zombies statt Champions

Einer der bedenklichsten Aspekte der heute vorherrschenden Stabilitätsorientierung liegt in der Tendenz, technologischen Wandel auszubremsen. Vor allem wegen der von ihm ausgehenden sozialen Auswirkungen wird er vorrangig als Bedrohung und Gefahr gesehen. Die nicht geleugneten positiven Wirkungen treten dabei in den Hintergrund. Hinzu kommt eine Wahrnehmung, wonach wir einer permanenten technologischen Beschleunigung ausgesetzt seien. Diese Einschätzung ist zu einem unwidersprochenen, gültigen Gemeinplatz geworden. Durch die allgemein beschworene Beschleunigung erscheinen die von Innovationen ausgehenden Veränderungen noch gefährlicher.

In diesem Szenario kann der Staat leicht eine positiv besetzte Rolle übernehmen, wenn er bewahrt, stabilisiert und sozial begleitet, keinesfalls jedoch den Wandel selbst vorantreibt. In diese Rolle sind die staatlichen Institutionen in den letzten Jahrzehnten hineingewachsen, so dass daraus eine nicht mehr hinterfragte Grundhaltung geworden ist, die unsere politische Kultur prägt. Sie zeigt sich in aller Deutlichkeit in dem von Bundeswirtschaftsminister Altmaier vorgelegten Entwurf einer „Nationalen Industriestrategie 2030".[44] Damit wird erstmals in der Geschichte der Bundesrepublik der staatliche Anspruch erhoben, Industriepolitik zu betreiben. Das Strategiepapier ist bedeutend, weil es eine neue Ära der Wirtschaftspolitik in Deutschland signalisiert.

Altmaier entfaltet darin ein Szenario, demzufolge die Gefahren für den Wohlstand nicht etwa im Kollaps der Produktivitätsentwicklung (die ihm keine Erwähnung wert ist) liegen, sondern ausschließlich Entwicklungen außerhalb Deutschlands geschuldet sind. Es beginnt im Vorwort mit der Behauptung: „Die globalen wirtschaftlichen Kräfteverhältnisse sind enorm in Bewegung geraten. Der Weltmarkt befindet sich in einem Prozess rasanter und tiefgreifender Veränderung. Durch die Beschleunigung von Globalisierung und Innovation einerseits sowie durch die Zunahme staatlicher Interventionen und Abkehr von multilateralen Vereinbarungen andererseits (sic)."

Deutschland drohe technologisch ins Hintertreffen zu geraten. Die deutschen Unternehmen hätten in den wichtigen neuen Technologiebereichen entweder bereits den Anschluss verloren oder seien dabei, diesen zu verlieren. Und der „bisher ausbleibende Erfolg in den erwähnten

44 „Nationale Industriestrategie 2030 – Strategische Leitlinien für eine deutsche und europäische Industriepolitik", Bundesministerium für Wirtschaft und Energie (BMWi), Februar 2019.

Zukunftstechnologien" werde sogar „zum unmittelbaren Risiko für künftige langfristige Erfolge in den Bereichen traditioneller Stärke".

Ohne auf die möglichen Ursachen der konstatierten Innovationsschwäche in Deutschland näher einzugehen, springt Altmaier gleich zur Lösung. Sie läuft jedoch nicht etwa darauf hinaus, den Weg für Innovationen frei zu machen und die Investitionsschwäche zu überwinden. An den Strukturen, welche die deutsche Wirtschaft in die beklagte Lage gebracht haben, will er mit seinen „ordnungspolitischen Prinzipien" und seinen „Orientierungspunkten einer nationalen Industriepolitik" nichts ändern. Im Gegenteil geht es ihm darum, die vorhandenen Strukturen zu zementieren. Um dennoch erfolgreich zu sein, will er den Unternehmen durch staatliche Hilfe zu mehr Größe verhelfen, damit sie auf dem Weltmarkt als mächtige Akteure auftreten könnten. Daher soll Unternehmen, die sich als „nationale Champions" qualifizieren, das Überleben von Staats wegen garantiert werden: „Der langfristige Erfolg und das Überleben solcher Unternehmen liegt im nationalen politischen und wirtschaftlichen Interesse, da sie erheblich zur Wertschöpfung beitragen und in vielen Fällen auch für das hervorragende Image deutscher Wirtschaft und Industrie weltweit mitverantwortlich sind."

In diesem Sinn gehe es um den Kampf um „jeden industriellen Arbeitsplatz", um „industrielle Kapazität" und um Fusionen, die mit „Blick auf den Weltmarkt sinnvoll und notwendig" seien. Zum Schutz von Unternehmen, bei denen die „Technologie- und Innovationsführerschaft" bedroht sei, müssten nach einem „neuen volkswirtschaftlichen Verhältnismäßigkeitsprinzip" die staatliche Übernahme von Anteilen oder die Gewährung von Beihilfen möglich sein. Um die Rahmenbedingungen für die industrielle Produktion im Hinblick auf die Wettbewerbsfähigkeit zu verbessern, müssten „wettbewerbsschädliche Wirkungen ausgeglichen" werden. Dieser Ausgleich dürfe von der EU-Kommission nicht wie bisher als Subvention interpretiert werden.

Altmaiers Konzept läuft darauf hinaus, anstatt den Technologiewandel zu beschleunigen nicht wettbewerbsfähige Unternehmen durchzuschleppen und disruptiven Wandel zu vereiteln. Die vorgebrachte „fördernde und schützende Industriepolitik"[45] ist darauf ausgerichtet, genau diejenigen Unternehmen vor dem Untergang zu bewahren, die den technologischen Wandel nicht anführen oder wenigstens mitvollziehen. Die Unternehmen, denen es tatsächlich gelingt, disruptive, also revolutionär bessere Technologien zu entwickeln und dadurch ganze Industrien umzuwälzen und Wettbewerber aus dem Markt zu drängen, benötigen weder den Schutz noch eine Altmaiersche Förderung.

Die Vorgänger Altmaiers teilten die gleiche Orientierung. Sigmar Gabriel propagierte für SPD und GroKo eine „High-Tech-Strategie", die mit der Digitalisierung und Automatisierung in Industrie und Dienstleistungsunternehmen große Hoffnungen verhieß. Aus der Verzahnung von industrieller Produktion mit Informations- und Kommunikationstechnologien (IKT) sollte nichts Geringeres als die Umwälzung von Wirtschaft und Gesellschaft in der von Deutschland angeführten vierten industriellen Revolution erwachsen. In einem Zehn-Punkte-Plan wurde jedoch von revolutionären Ambitionen Abstand genommen. Beim digitalen Wandel gehe es um „Transformation statt Disruption", erklärte das Wirtschaftsministerium, also keinesfalls um radikale Umbrüche, die Geschäftsmodelle und Unternehmen zerstören

45 Ebd. S. 2.

könnten. Die Transformation stellte sich das Ministerium, damals unter politischer Verantwortung von Brigitte Zypries (SPD), vielmehr als „einen politisch begleiteten und moderierten Prozess des digitalen Wandels“ vor.[46]

Hilfe, die Roboter kommen!

Wegen der Begleiterscheinungen, die mit ihnen verbunden werden, steht die Politik technologischen Umwälzungen mit großen Vorbehalten gegenüber. Das ist kein Alleinstellungsmerkmal staatlicher Institutionen, sondern Mehrheitsmeinung in der Öffentlichkeit. Dabei lässt sich die angeblich rasante Geschwindigkeit faktisch nicht nachweisen. Die behauptete Beschleunigung der technologischen Entwicklung gibt es bis auf Ausnahmebereiche nicht wirklich.

In der Bewertung des objektiv erreichten Fortschritts der letzten Jahrzehnte stimmen Technologieexperten bemerkenswert deutlich überein. Sowohl die Technologieoptimisten als auch die Technologiepessimisten unterstreichen, dass sich der technologische und gesellschaftliche Wandel weit langsamer vollzieht als zu irgendeiner Zeit seit der industriellen Revolution. Zwar schätzen die beiden Lager das Potential zukünftiger technologischer Veränderungen völlig unterschiedlich ein, dennoch steht beider Befund in diametralem Gegensatz zum Klischee vom rasenden Fortschritt.

Technologiepessimisten wie der bereits erwähnte Robert Gordon führen an, dass die revolutionären gesellschaftlichen Innovationen, die zu einer Transformation unserer

46 Bundesministerium für Wirtschaft und Energie: „Ein Zehn-Punkte-Plan für inklusives Wachstum“, 20.03.2017.

Lebensbedingungen geführt haben, in den USA bereits Anfang der 1930er Jahre erfolgt sind. Die gesamte Periode von 1870 bis 1970, in der sich diese Transformation vollzog, stelle ein nicht wiederholbares „singuläres Intervall schnellen Wachstums" dar.[47] Seitdem sei keine auch nur annähernd vergleichbare technologische Veränderung eingetreten.

Auch Technologieoptimisten wie der deutschstämmige Paypal-Gründer Peter Thiel bewerten die tatsächlich in den letzten Jahrzehnten erreichte technologische Entwicklung als im historischen Vergleich schwach. Mit der Erfindung der Dampfmaschine, so Thiel, setzte „mit einem Mal ein rasanter Fortschritt ein, der von den 1760er Jahren bis etwa 1970 anhielt. Ihm ist zu verdanken, dass unsere Welt heute reicher ist als alles, was sich frühere Generationen vorstellen konnten. [...] Ende der 1960er Jahre ging man noch davon aus, dass der Fortschritt immer weitergehen würde. Damals erwartete man das Heraufkommen der Vier-Tage-Woche, kostenlose Energie und Mondreisen. Das blieb jedoch aus. Die Smartphones, die uns daran hindern, unsere Umgebung wahrzunehmen, lenken uns auch von der Tatsache ab, dass diese Umgebung sonderbar alt ist. Seit Mitte des 20. Jahrhunderts haben nur Computer und Kommunikation nennenswerte Fortschritte gemacht."[48]

Thiel bezweifelt, dass der dürftige Fortschritt auf menschliche Einfallslosigkeit zurückzuführen ist. Im Gegenteil unterschieden wir Menschen uns von den Tieren zu allen Zeiten durch „unsere Fähigkeit, Wunder zu vollbringen. Diese Wunder nennen wir Technologie." Diese Fähigkeiten kämen

47 Robert J. Gordon: „The rise and fall of American growth", Princeton University Press 2017, S. 3.

48 Peter Thiel mit Blake Masters: „Zero to one – Wie Innovation unserer Gesellschaft rettet", Campus Verlag 2014, S. 15.

jedoch in den Unternehmen immer weniger zum Durchbruch, denn „die amerikanischen Unternehmen häufen Gewinne an, ohne in neue Projekte zu investieren, weil sie keine Zukunftspläne haben", so Thiel.[49]

Trotz des tatsächlich nur langsamen Wandels dominiert die Angst vor einer gesellschaftlichen Überforderung. Im Raum steht insbesondere die Befürchtung, dass Automatisierung und Digitalisierung viele Arbeitsplätze vernichten würden. Die verbleibenden Jobs erforderten zudem höhere Qualifikationen, als die freigesetzten Arbeitskräfte aufbringen oder jemals erwerben könnten.

Diese Ängste sind nicht neu. Bereits in den 1930er Jahren warnte der Ökonom John Maynard Keynes vor der „technologischen Arbeitslosigkeit". Denn die Möglichkeiten, Arbeitskräfte einzusparen, wüchsen schneller, als sich neue Einsatzmöglichkeiten für Arbeitskräfte finden ließen. Durch die wirtschaftliche Expansion nach dem Zweiten Weltkrieg sind diese Befürchtungen lange in den Hintergrund getreten. Sie dominieren nun aber zunehmend die Debatte.

Vor einigen Jahren prophezeite eine vielbeachtete Studie, dass jeder zweite Arbeitsplatz in den USA durch Automatisierung gefährdet sei.[50] Die daraufhin von der Bundesregierung in Auftrag gegebene Studie zur Bewertung des deutschen Arbeitsmarktes kam unter den gleichen Prämissen zu ähnlich hohen Werten. Die tatsächlich zu erwartenden Effekte bewerteten die deutschen Forscher jedoch anders. Sie unterzogen die Tätigkeitsprofile einer genaueren Analyse und kamen zu der Einschätzung, dass nur zwölf Prozent der

49 Ebd., S. 77.

50 Carl Benedikt Frey / Michael A. Osborne: „The Future of Employment: How Susceptible Are Jobs to Computerisation?", Oxford Marin School, 17.09.2013.

Arbeitsplätze in Deutschland und neun Prozent in den USA Tätigkeitsprofile aufweisen, die sich unmittelbar für die Automatisierung eignen. Andere Arbeitsplätze seien nur sehr schwer automatisierbar.

Ein Urteil darüber, ob die Automatisierung netto positive oder negative Arbeitsplatzeffekte habe, fällten die Forscher des Zentrums für Europäische Wirtschaftsforschung (ZEW) damals nicht.[51] In einer späteren Untersuchung über die Auswirkungen des technologischen Wandels in Europa von 1999 bis 2010 kam das ZEW allerdings zu der Erkenntnis, dass die Automatisierung einen positiven Gesamteffekt auf die Arbeitsnachfrage hatte. Zwar ersetzten Maschinen menschliche Arbeit, aber die gestiegene Produktnachfrage habe in einem noch größeren Umfang die Arbeitsnachfrage erhöht.[52]

Empirische Untersuchungen zum Robotereinsatz in den USA allerdings scheinen diesen positiven Befund nicht zu bestätigen. Die Ökonomen Daron Acemoglu und Pascual Restrepo haben die Auswirkungen des zunehmenden industriellen Robotereinsatzes zwischen 1990 und 2007 analysiert und ermittelten einen Netto-Jobverlust zwischen drei und sechs Arbeitsplätzen pro installiertem Roboter. Zudem ergaben sich in den besonders von der Automatisierung betroffenen Regionen negative Auswirkungen auf die Löhne.[53]

Solche wissenschaftlichen Erkenntnisse lösen offenbar große Besorgnis aus, obwohl zum Ende des Jahres 2016

51 „Übertragung der Studie von Frey / Osborne (2013) auf Deutschland", Zentrum für Europäische Wirtschaftsforschung online, 14.04.2015.

52 Terry Gregory et al.: „Racing with or against the Machine? Evidence from Europe", ZEW 2016 Discussion Paper Nr. 16-053.

53 Daron Acemoglu / Pascual Restrepo: „Robots and Jobs: Evidence from US Labor Markets", MIT Department of Economics Working Paper Nr. 17-04, 17.03.2017.

weltweit gerade mal 1,83 Millionen Roboter installiert waren. Selbst bei der extrem pessimistischen Annahme, dass jeder Roboter jeweils sechs Arbeitsplätze netto vernichtet hätte, würde der daraus resultierende Arbeitsplatzverlust in Anbetracht der Milliarden Erwerbstätigen weltweit nicht wirklich ins Gewicht fallen. Das tatsächliche Problem der vierten industriellen Revolution oder des von Erik Brynjolfsson und Andrew McAfee ausgerufenen „Second Machine Age" ist offensichtlich, dass es bisher nicht von der Stelle gekommen ist.[54] Gerade in Deutschland, wo man sich gern als Speerspitze dieses Wandels sieht, zeigt sich ein ernüchterndes Bild. So wächst die Informations- und Kommunikationsbranche in Deutschland seit Jahren schwächer als die Gesamtwirtschaft. Innerhalb der Branche erreicht nur die Informationstechnik mit etwa drei Prozent jährlich ein leicht überdurchschnittliches Wachstum.[55]

Auch die Automatisierung von Fertigungsprozessen als zweitem Standbein der „Industrie 4.0" verläuft nicht wesentlich dynamischer. Ein guter Indikator hierfür sind die neu installierten Industrieroboter. Die International Federation of Robotics (IFR) prognostiziert, dass der weltweite Bestand an Industrierobotern sich zwar in nur vier Jahren von 1,83 Millionen Einheiten (2016) auf 3,1 Millionen Einheiten (2020) fast verdoppeln wird. Das Wachstum findet jedoch in erster Linie in China statt. Schon 2016 erreichte die chinesische Wirtschaft einen Weltmarktanteil von 30 Prozent und ein jährliches Wachstum von über 20 Prozent. Im Jahr 2018 wurden dort so viele neue Roboter installiert wie in Europa und

54 Erik Brynjolfsson / Andrew McAfee: „The Second Machine Age – Wie die nächste digitale Revolution unser aller Leben verändern wird", Plassen Verlag 2014.
55 „IKT-Märkte", Bitkom online, 2017.

Amerika zusammen. Mit einem Bestand von 301 installierten Industrierobotern pro 10.000 Beschäftigten liegt Deutschland hinter Südkorea, Singapur und Japan zwar noch auf einem Spitzenplatz. Das Wachstum stagnierte in Deutschland von 2014 bis 2016 und blieb auch 2017 bei ziemlich ernüchternden 7 Prozent.[56] 2018 wurde dann, getrieben von der Automobilindustrie, die Anzahl der Neuinstallationen auf 26,723 Roboter gesteigert, das entsprach einem Anstieg von 26 Prozent.[57] Für 2019 wurde allerdings wieder mit Nullwachstum gerechnet. Kollaborativen Robotern (Cobots), die nicht mehr durch Schutzeinrichtungen von Menschen getrennt werden müssen, sondern gemeinsam mit ihnen arbeiten können, wird zwar ein großes Potenzial zugeschrieben, bislang spielen sie weltweit und in Deutschland jedoch nur eine Nischenrolle.[58]

Studien, die wie die oben erwähnten die wirtschaftliche Entwicklung der letzten Jahrzehnte untersuchen, werden gerne herangezogen, um die problematischen Effekte einer vermeintlich von beschleunigter Innovation angetriebenen Wirtschaft aufzuzeigen. Tatsächlich werden hier jedoch Probleme aufgeworfen und adressiert, die eine Folge des sehr langsamen technologischen Fortschritts sind; eines Fortschritts, der nicht ausreicht, die westlichen Industrieländer aus der wirtschaftlichen Stagnation der letzten Jahrzehnte zu befreien. Dies führt dazu, dass die durch verstärkten Robotereinsatz ausgelösten Arbeitsplatzverluste zu einem existenziellen Problem für die Beschäftigten werden. Es ergeben

56 „IFR forecast: 1.7 million new robots to transform world's factories by 2020", International Federation of Robotics (IFR) online, 27.09.2017; "Executive Summary World Robotics 2018 International Robots, IFR online, S. 15.

57 Executive Summary World Robotics 2019 International Robots, IFR online, S. 14.

58 „IFR Press Conference 18th September 2019", IFR online.

sich zu wenig berufliche Chancen in neu entstehenden Industrie- oder Dienstleistungsunternehmen.

Technologiegetriebener Wandel führt bei der Beschäftigungsnachfrage zu einer Rückkopplungsschleife – ähnlich dem bei Ressourceneinsparungen bekannten Rebound-Effekt. Günstigere und bessere Produkte erzeugen einen zusätzlichen Bedarf an Arbeitskräften. In reiferen Wirtschaftsbereichen wie beispielsweise der Agrarproduktion einschließlich Landmaschinenbau, Düngemittelindustrie usw., kann es mit einer zunehmenden Sättigung des Bedarfs und weiter steigender Produktivität tatsächlich zu Arbeitsplatzverlusten kommen. Entscheidend ist es daher für die Gesamtbeschäftigung, dass neue Unternehmen und Wirtschaftsbereiche entstehen, die bereits bekannte, aber noch nicht befriedigte oder heute noch unbekannte Bedürfnisse befriedigen.

Der kontinuierliche Ausbau der Beschäftigung im Gesundheitswesen und die stark rückläufige Beschäftigung in der Landwirtschaft sind gute Beispiele hierfür. Die hohen Produktivitätssteigerungen in der Landwirtschaft bewirkten einen höheren Lebensstandard und beförderten neue gesellschaftliche Möglichkeiten. Noch um 1900 waren etwa 10 Millionen Menschen in der deutschen Landwirtschaft beschäftigt,[59] heute gibt es dort noch etwa 600.000 Erwerbstätige.[60] Diese drastische Reduzierung des Einsatzes menschlicher Arbeit im Verhältnis zur Masse der erzeugten landwirtschaftlichen Produkte hat den Lebensstandard der gesamten Gesellschaft angehoben. Die unmittelbare Folge ist, dass heute nur noch

59 Thomas Rahlf: „Deutschland in Daten. Zeitreihen zur Historischen Statistik", Bundeszentrale für politische Bildung 2015, S. 242.

60 „Jahr 2018: Anstieg der Erwerbstätigkeit setzt sich fort", Statistisches Bundesamt online, Pressemitteilung Nr. 001, 02.01.2019.

etwa 12 Prozent der Konsumausgaben für deutlich verbesserte Nahrungsmittel aufgewendet werden müssen. Vor 100 Jahren waren es noch 50 Prozent.[61] Der gestiegene Wohlstand hat neue Bedürfnisse und Geschäftsbereiche geschaffen und zu einer Verschiebung der Arbeitskräfte in andere Wirtschaftszweige geführt. So ist die Gesundheitswirtschaft in Deutschland auf inzwischen über sieben Millionen Erwerbstätige angewachsen.[62] Das belegt eindrucksvoll, dass die Menschheit, angetrieben von dem stetigen Wunsch, die eigenen Lebensumstände zu verbessern, immer wieder neue Betätigungsfelder mit immer neuen Beschäftigungschancen entwickelt.

Auch die verbreitete Sorge, dass die Erwerbstätigen mit Strukturveränderungen nicht oder nur schwer zurechtkommen, ergibt nur vor dem Hintergrund eines lähmend langsamen Fortschritts Sinn, nicht aber bei einem dynamischen technologischen Wandel. Als zu Zeiten des deutschen Wirtschaftswunders ungelernte Arbeitskräfte aus ganz Europa nach Deutschland kamen, verstanden es die Unternehmen offenbar recht gut, diese so zu qualifizieren, dass sie ihren Job erfüllen konnten. In den letzten Jahrzehnten trat hier eine Wende ein: Sogar qualifizierte Arbeitnehmer, die ihren Job verlieren, finden oft keine adäquaten Angebote mehr. Es fehlt an Beschäftigungschancen, die ein dynamischer technologischer Wandel mit sich brächte. Es entstehen immer weniger neue Unternehmen, die mit neuen Geschäftsmodellen und Technologien den Markt umkrempeln. Startups und junge, stark wachsende Unternehmen sind in Deutschland

61 „Jahrhundertvergleich", Deutscher Bauernverband online.

62 Bundesministerium für Wirtschaft und Energie (BMWi), „Gesundheitswirtschaft – Fakten und Zahlen", Ausgabe 2016, März 2017, S. 8.

Mangelware, weswegen immer seltener Jobs in neuen Bereichen entstehen. Viele Arbeitnehmer landen daher zumindest vorübergehend in der Arbeitslosigkeit oder finden sich „eher hinter der Supermarktkasse wieder", wie der Wirtschaftswissenschaftler Jens Südekum aufgrund der Analyse von Erwerbsverläufen ermittelt hat.[63]

Die Idee, dass wir in den westlichen Gesellschaften oder gar in Deutschland Zeugen eines von beschleunigter Digitalisierung und Automatisierung getriebenen gesellschaftlichen Wandels sind, ist eine Chimäre. Die diskutierten und tatsächlich erkennbaren *negativen sozialen Begleiterscheinungen*, wie die seit Anfang der 1990er Jahre allgemeine Stagnation der Reallöhne, die Zunahme wirtschaftlicher Verlierer und die realen Ängste vor sozialem Abstieg *sind die Folgen einer viel zu geringen Innovationsdynamik.*

Die Marktwirtschaft – eine soziale Einrichtung

Die Ergebnisse, die die Marktwirtschaft liefert, sind nicht einfach das Resultat von Marktmechanismen. Markt und Unternehmen sind sozial eingebettet und Teil eines sozialen Gefüges, dessen zentrale Funktion darin besteht, die gesellschaftliche Wertschöpfung zu organisieren. Die Besonderheit der Marktwirtschaft liegt darin, dass die Wertschöpfung weitgehend autonom agierenden Unternehmen vorbehalten bleibt. Obwohl sie mit ihrer Ausrichtung auf Gewinnerzielung einen privaten Zweck verfolgen und ihnen dabei im Rahmen der Gesetze weitgehend freigestellt bleibt, wie sie die Wertschöpfung organisieren, erfüllen sie

63 Jens Südekum: „Hilfe für Wettbewerbsverlierer" in: F.A.Z., 22.09.2017.

mit dieser Wertschöpfung eine zentrale soziale Funktion. Dieses Spannungsfeld zwischen *privater Kontrolle und Organisation der Wertschöpfung* einerseits und ihrem dennoch *gesellschaftlichen Charakter und Nutzen* andererseits hat seit der Herausbildung der kapitalistischen Produktionsweise zu teilweise enormen sozialen und politischen Konflikten und Reibungen geführt. Staatliches Handeln ist daher ein Ergebnis ökonomischer und politischer Interessenskonflikte sowie soziokultureller Entwicklungen, die dem Markt letztlich ihren Stempel aufdrücken.

Die Bedeutung des Staats ist im historischen Verlauf bis zur Herausbildung der modernen Sozialstaaten enorm gewachsen. Das zeigt sich am wirtschaftlichen Einfluss des Staats wie auch an dessen Rolle zur Beeinflussung der wirtschaftlichen Entwicklung. Im Gegensatz zum Frühkapitalismus modifiziert der Staat ganz erheblich die Funktionsweise der Marktwirtschaft, ihre Ergebnisse sowie *Verlauf und Ausprägung wirtschaftlicher Krisen*.

Angesichts der enormen wirtschaftspolitischen Rolle des Staates lässt sich die Herausbildung einer Zombiewirtschaft daher nicht als autonomes Ergebnis marktwirtschaftlicher Prozesse erklären. Bei der Zombifizierung kommt dem von Interessenskonflikten und der politischen Kultur geprägten Staat die Schlüsselrolle zu. Seit Jahrzehnten hat sich die Wirtschaftspolitik am Prinzip der Stabilität ausgerichtet. Die politikbestimmende Angst vor disruptiven Entwicklungen und wirtschaftlichen Krisen ist die entscheidende Ursache dafür, dass die Zombifizierung das heutige extreme Ausmaß erreichen konnte. Der Staat erweist sich als *zu unternehmensfreundlich*, wenn es um die Erhaltung existierender Geschäftsmodelle geht, und als *zu unternehmensfeindlich*, wenn technologischer Fortschritt im Zusammenspiel mit ökonomischen Bereinigungsprozessen notwendig ist. Die Stabilitätsorientierung bildet daher eine objektive Barriere zur Überwindung der Zombiewirtschaft.

Intellektuelle Krise und Antihumanismus

Die allgemeine Skepsis und die verbreitete Angst vor Veränderungen, auf der die staatliche Stabilitätsorientierung beruht, sind kulturell tief verankert. Die Ursache hierfür liegt jedoch nicht etwa in immer schnellerer technologischer Veränderung, denn diese findet zumindest in den entwickelten Volkswirtschaften nicht statt. Das tief verwurzelte Gefühl individueller oder gar gesellschaftlicher Überforderung resultiert nicht aus objektiven Veränderungen unserer sozialen Umwelt, sondern aus einer *Unterschätzung der menschlichen Fähigkeit*, mit Veränderungen umzugehen. Verantwortlich sind geistige und kulturelle Strömungen, die das in Aufklärung und Humanismus formulierte Potenzial der Menschen, autonom zu handeln und von Vernunft und Moralität geleitet zu sein, fundamental in Frage stellen. Die heutige Grundannahme ist, dass wir technologische Entwicklungen kaum mehr sozial verträglich gestalten können. Jedweder Veränderung, egal ob menschengemacht oder natürlichen Ursprungs, wird mit Misstrauen und Widerstand begegnet.

Diese antihumanistische Grundhaltung strahlt auch auf die Bewertung der Marktwirtschaft aus, denn deren geistige Fundamente sind eng mit der Aufklärung verbunden. Die schleichende Abkehr von deren Idealen hat bei vielen Intellektuellen zu einer Distanzierung von der Marktwirtschaft und der sie begleitenden politischen Kultur geführt. Diese Abkehr vom Humanismus ist nicht neu, sondern hat bereits vor dem Ersten Weltkrieg eine große gesellschaftliche

Bedeutung erlangt,[1] und sie wurde durch die aus dem Holocaust gezogenen Lehren weiter verschärft.[2] Wegen der so etablierten Zweifel am menschlichen Potenzial, die gesellschaftliche Entwicklung positiv gestalten zu können, wird die Marktwirtschaft mit den von ihr ausgehenden Krisen und Instabilitäten, als besonders bedrohlich wahrgenommen.

Auch der Zusammenbruch der stalinistischen Regime Osteuropas und die marktwirtschaftliche Öffnung Chinas haben nicht zu einer Aufwertung der Marktwirtschaft beigetragen. Zwar hat sie historisch als das einzig funktionierende System sozialer Organisation überlebt.[3] Sie gilt daher als alternativlos und steht somit nicht grundsätzlich zur Disposition. Dennoch resultiert hieraus keine moralische Aufwertung.[4] Im Gegenteil zeigte es sich, dass ihr eine zentrale moralische Stütze entzogen wurde. Bis dahin glänzte die Marktwirtschaft im Kontrast zu den verkrusteten stalinistischen Regimes Osteuropas als überlegenes ökonomisches Modell.

Hinzu kam, dass die Zeit des „Wirtschaftswunders" mit ihrem „Wohlstand für alle" und die Errungenschaften der „sozialen Marktwirtschaft" mit steigenden Arbeitslosenzahlen und verringertem Produktivitätswachstum verblassten. Der Marktwirtschaft kam eine positive moralische Fundierung abhanden, die ihren Befürwortern nach der Vertrauenskrise, die die Marktwirtschaft seit dem Ersten Weltkrieg und der Weltwirtschaftskrise 1929 erlitten hatte, nicht überzeugend gelungen war.[5] Die Bedingungen, unter denen Marktwirt-

1 Frank Furedi: „First World War: Still No End in Sight", Bloomsbury Continuum 2014.
2 Max Horkheimer / Theodor W. Adorno: „Dialektik der Aufklärung", Fischer 1988.
3 Francis Fukuyama: „The end of history and the last man", Free Press 1992.
4 Daniel Bell: „Die kulturellen Widersprüche des Kapitalismus", Campus Verlag 1991.
5 Angus Burgin: „The Great Persuasion: Reinventing Free Markets since the Depres-

schaft heute funktionieren muss, harmonieren daher nicht mehr mit den heutigen kulturellen Wertvorstellungen.[6]

Eine weitere Schwächung erfuhr die marktwirtschaftliche Perspektive paradoxerweise durch den Untergang der traditionellen Linken. Das Verschwinden einer gesellschaftlichen Perspektive jenseits des Marktes hat die traditionelle Polarisierung zwischen der Linken und dem „bürgerlichen Lager" praktisch gegenstandslos gemacht. Die Befürworter des Marktes sind heute nicht mehr durch alternative Gesellschaftsentwürfe unter Druck und kaum mehr zu dessen Verteidigung gezwungen. Das befördert Selbstzufriedenheit und geistige Trägheit auf der einen, hypermoralische Kritik und Kontrollphantasien auf der anderen Seite.

Trotz der herrschenden staatlichen Orientierung, die destabilisierenden Effekte des Marktes einzudämmen, werden daher die Stimmen gegen einen vermeintlich ungezügelten Markt lauter. Oft wird behauptet, die Kapitalismuskritik des linksliberalen politischen Spektrums habe an Glaubwürdigkeit oder Substanz gewonnen. Auch der ehemalige Vorsitzende der CDU/CSU Bundestagsfraktion und Kandidat für den CDU-Parteivorsitz, Friedrich Merz, vermutet dies in seinem während der Finanzkrise veröffentlichen Buch „Mehr Kapitalismus wagen: Wege zu einer gerechten Gesellschaft". Er glaubt, dass das Auftreten der Linkspartei einen „Überbietungswettbewerb in den sozialen Versprechungen" ausgelöst habe. Merz konstatiert aber auch, dass dagegen schon während der Finanzkrise kaum eine überzeugende Argumentation entgegengesetzt wurde. Das Gefühl der Ungerechtigkeit in der Bevölkerung sei durch „wahltaktisch

sion", Harvard University Press 2012.

6 Frank Furedi: „Neoliberale Werte", Novo online, 02.10.2013.

motivierte, irreführende und deshalb verantwortungslose Rhetorik einer großen Anzahl von Politikern und Interessensvertretern gefördert" worden.[7] Zudem sei die Auseinandersetzung mit den Kapitalismus- und Globalisierungskritikern vernachlässigt worden. Dies führe „auf Dauer zu einem Dissens zwischen den weitverbreiteten Überzeugungen und Befürchtungen einer Bevölkerung und den Entscheidungen der politisch Verantwortlichen."

Das von Merz erkannte Dilemma zeigt sich seit der Finanzkrise immer wieder, so beispielsweise am Streit um das Freihandels- und Investitionsschutzabkommen zwischen der EU und den USA (TTIP). Den Befürwortern gelang es nicht, eine hinreichend überzeugende Argumentation für einen möglichst freien Welthandel aufzubauen und das Abkommen in diesen Kontext zu stellen. Dass den Kritikern der Marktwirtschaft keine fundierte Position entgegengebracht wird, erschien Merz damals als taktischer Fehler, gewissermaßen als ein politischer Unfall.

Die fehlende Auseinandersetzung hat jedoch grundlegendere Ursachen: Viele Akteure und politische Verfechter der kapitalistischen Wirtschaft betrachten diese selbst als defektes System und liefern den Gegnern entscheidende Argumente. Dies erkannte der damals bestverdienende Manager Deutschlands, Porsche-Chef Wendelin Wiedeking, schon vor der Finanzkrise im Jahr 2006. „Der Kapitalismus [...] steckt in einer heftigen Krise", konstatierte er. Es seien nicht mehr nur irgendwelche Außenseiter, die sich als notorische Kritiker des Kapitalismus hervortun. Gestandene Manager wie der Chef der Investmentfirma Goldman Sachs und etablierte Medien

7 Friedrich Merz: „Mehr Kapitalismus wagen: Wege zu einer gerechten Gesellschaft", Piper 2008, S. 33.

wie das Wall Street Journal übernähmen inzwischen diese Aufgabe.[8] Peter Wahl, Mitbegründer der globalisierungskritischen NGO Attac Deutschland, stellte damals amüsiert fest: „Unsere Positionen sind Mainstream geworden, und da stellt sich die Frage: Sollen wir jetzt einfach radikaler werden?"[9]

Gerade bei den Meinungsführern aus Wirtschaft und Politik ist ein Unbehagen zu beobachten, mitunter sogar eine Distanzierung von der Marktwirtschaft. Moderat klang noch der langjährige CDU-Generalsekretär Heiner Geißler, der 2007 Attac beitrat und die Marktwirtschaft als „neoliberalen Turbokapitalismus" geißelte, oder der damalige SPD-Vorsitzende Franz Müntefering, der 2005 eine Debatte über Finanzinvestoren lostrat, indem er diese als „Heuschrecken" stigmatisierte.[10] Etwas härter formulierte es der damalige Bundespräsident und ehemalige Direktor des Weltwährungsfonds (IWF), Horst Köhler, der die internationalen Finanzmärkte als „Monster" bezeichnete.[11]

Einen Eindruck, was die Mächtigen in Politik und Wirtschaft umtreibt, liefert auch das alljährlich stattfindende Weltwirtschaftsforum in Davos. Einen guten Einblick in deren Gemütslage vermittelte im Jahr 2012 Klaus Schwab, der Begründer und Organisator dieses Treffens. Ihm zufolge könne man sagen, „dass das kapitalistische System in seiner jetzigen Form nicht mehr in die heutige Welt passt". Dies wurde

8 Wendelin Wiedeking: „Anders ist besser: Ein Versuch über neue Wege in Wirtschaft und Politik", Piper 2006, S. 39.

9 Marie Katharina Wagner: „Im Strudel des Mainstream" in: F.A.Z., 24.03.2009.

10 Interview mit Franz Müntefering in: Bild am Sonntag, 17.04.2005. Müntefering sagte: „Manche Finanzinvestoren verschwenden keinen Gedanken an die Menschen, deren Arbeitsplätze sie vernichten – sie bleiben anonym, haben kein Gesicht, fallen wie Heuschreckenschwärme über Unternehmen her, grasen sie ab und ziehen weiter. Gegen diese Form von Kapitalismus kämpfen wir."

11 „Köhlers ‚Monster'-Debatte gefährdet Deutschland" in: Die Welt, 17.05.2008.

von den anwesenden hochrangigen Politik- und Wirtschaftsvertretern weitgehend widerspruchslos hingenommen, wie die F.A.Z. berichtete.[12] Typisch ist auch der Galgenhumor von David Rubenstein, dem Mitbegründer eines der größten Private-Equity-Fonds, der in Davos in Anlehnung an Churchills Ausspruch „Die Demokratie ist die schlechteste aller Staatsformen, ausgenommen alle anderen", sagte, der Kapitalismus sei „die schlechteste Wirtschaftsform überhaupt – wenn man von allen anderen absieht".[13] Selbst den vehementesten Verfechtern marktwirtschaftlicher Prinzipien gelingen offenbar nur negative und zynisch klingende Begründungen.

Die heutige Negativbewertung oder Skepsis gegenüber der Marktwirtschaft beruht nicht etwa darauf, dass deren problematische Effekte im Vergleich zu früher größer oder sichtbarer geworden wären. Ganz im Gegenteil gibt es viele gute Belege, dass die auf marktwirtschaftlichen Prinzipien beruhende weltwirtschaftliche und soziale Entwicklung seit dem Zweiten Weltkrieg von gewaltigen Erfolgen geprägt ist. Der Lebensstandard der breiten Masse der Weltbevölkerung ist enorm angestiegen und mit zunehmendem Wohlstand auch die Freiheit der meisten Menschen. Bemerkenswert ist auch der hohe Grad internationaler Kooperation und politischer Stabilität. Im Übrigen lässt sich zeigen, dass die vom Markt ausgehenden problematischen Effekte nichts qualitativ Neues darstellen. Jede Gesellschaft musste Wege und Kompromisse finden, um mit den durch den Markt hervorgerufenen sozialen Problemen und politischen Konflikten zurechtzukommen, die einst als Klassenkonflikte sogar die Existenz des Kapitalismus in Frage stellten.

12 „Vertrauensverlust und Kapitalismuskritik", F.A.Z online, 28.01.2012.

13 Ebd.

Die Menschheit außer Kontrolle

Die heutige, von fast allen politischen Lagern geteilte Skepsis gegenüber der Marktwirtschaft bezieht ihre Stärke aus einem negativen Menschenbild. Das humanistische Ideal der Aufklärung gründete sich auf die Freiheit und Autonomie des Individuums. Derzufolge kann der Mensch Leben und Umwelt durch rationales Handeln zum Besseren gestalten. Diese revolutionäre Erkenntnis prägte etwa 400 Jahre lang, beginnend in der Renaissance, das Denken der Neuzeit. „Dieses ganze Paket steht heute unter Beschuss, weil seine Grundprämisse – das Vertrauen in die menschliche Subjektivität – einen epochalen Bedeutungsverlust erlitten hat", der sich ab dem Zweiten Weltkrieg manifestierte, schreiben die Autoren eines 2013 veröffentlichten Freiheitsmanifests.[14] Heute überwiegt ein Menschenbild, das auf Vermeidung, Selbstbegrenzung, Risikoscheu und Angst vor Veränderung basiert. Der Mensch erscheint in erster Linie als mögliche Gefahr für sich selbst, für andere und den ganzen Planeten. Dieses negative Menschenbild zeigt sich ebenso im Verlust des Vertrauens in die Kreativität unserer Gesellschaften, neue Probleme zu meistern.

Von bahnbrechenden wissenschaftlichen und technischen Entdeckungen ging schon immer eine große Faszination aus. Seit der Industriellen Revolution haben wir ungeheuer vom menschlichen Erfindungsreichtum und Entdeckergeist gewonnen. Diese historische Erfahrung legt

14 Sabine Beppler-Spahl et al.: „Freiheitsmanifest. Der Wert der Freiheit und die Ursachen der Unfreiheit. Freiheit und Unfreiheit – eine Bestandsaufnahme", Freiblickinstitut online, 2013.

daher ein gewisses Grundvertrauen in das menschliche Potenzial nahe. Dennoch wird die Faszination, die oft von neuen Technologien ausgeht, konterkariert, wenn damit gesellschaftsverändernde Effekte vermutet oder befürchtet werden. Durch die Umsetzung mutiert das Gedankenexperiment zu einem sozialen Experiment mit unvorhersehbaren Folgen und Dynamiken. Nicht selten dominiert die Angst vor dem Verlust gesellschaftlicher Kontrolle. So ist ausgerechnet der weltweit gefeierte Technologie-Pionier Elon Musk, Chef des Automobilherstellers Tesla und des Raumfahrtunternehmens SpaceX, extrem kritisch, was die sozialen Folgen von künstlicher Intelligenz angeht. Vor einiger Zeit warnte er auf Twitter, alle sollten sich „Sorgen über die Gefahren der Künstlichen Intelligenz" machen, denn das Risiko sei „weit größer als Nordkorea."

Einem Grundvertrauen in die menschlichen Fähigkeiten sind in der westlichen Kultur inzwischen tiefe Vorbehalte gegenüber neuen Technologien gewichen. 1986, im Jahr der Reaktorkatastrophe von Tschernobyl, erreichte das Buch „Risikogesellschaft" des deutschen Soziologen Ulrich Beck eine enorme Popularität. Beck behauptete, die Verteilungsprobleme und -konflikte, die frühere „Mangelgesellschaften" kennzeichneten, würden nun von neuen Problemen und Konflikten in Gestalt wissenschaftlich-technisch produzierter Risiken überlagert.[15] Es bestünden ernste Zweifel daran, ob die Gesellschaft in der Lage sei, die selbsterzeugten Risiken zu beherrschen. Die weit verbreitete Ablehnung sogenannter „Risikotechnologien" wie Kernenergie oder Gentechnik speist sich aus dieser negativen Bewertung des

15 Ulrich Beck: „Risikogesellschaft – Auf dem Weg in eine andere Moderne", Suhrkamp 1986.

menschlichen Potenzials. Der Menschheit wird nicht mehr zugetraut, neu entstandene oder erkannte Probleme mit neuen Lösungen zu beantworten. Bereits 1997 konstatierte der britische Soziologe Frank Furedi, dass „Sicherheit ein definierendes Merkmal der heutigen Gesellschaft" ist, in der „Sicherheit verehrt wird und Risiken untrennbar mit etwas Schlechtem assoziiert werden".[16] Diese „Risikoobsession", so Furedi, forciert „ein reduziertes Bild des Menschen sowie der menschlichen Fähigkeit zur Verbesserung".[17]

Schon 1972 hatte der elitäre Club of Rome mit seinem Bestseller „Die Grenzen des Wachstums" Zweifel genährt, ob die Menschheit die Zukunftsprobleme in den Griff bekommen könne. Die Autoren empfahlen, statt auf künftige Technologien zu setzen, sich den Ressourcengrenzen zu unterwerfen und auf Wachstum zu verzichten. Die Reihe der Zukunftspessimisten hatte 1968 der US-amerikanische Biologe Paul R. Ehrlich begonnen, der in seinem vielbeachteten Buch „Die Bevölkerungsbombe", die These aufstellte, die „Überbevölkerung" belaste die Ressourcen der Erde zu sehr und führe unweigerlich zu Hungersnöten in naher Zukunft. Indien sei spätestens in der 1990er Jahren am Ende und müsse seinem Elend überlassen werden. Durch diese Popularisierung der Angst vor einer angeblichen Erschöpfung der Rohstoffvorkommen und unüberwindbarer Schranken der Nahrungsmittelproduktion erlebten pessimistische Ideen, wie sie der Nationalökonom Robert Malthus bereits 1798 formuliert hatte, in den 1970er Jahren eine fulminante Wiederbelebung. Der Malthusianismus wurde wieder aktuell, obwohl er seit den 1880er Jahren als widerlegt galt.

16 Frank Furedi: „Culture of Fear", Cassell 1997, S. 4.
17 Ebd., S. 10.

Wiederkehr des Malthusianismus

Der von Malthus verfasste „Essay on the Principle of Population", war eine Reaktion auf die Aufklärung und die radikalen gesellschaftlichen Umwälzungen seiner Zeit. Malthus antwortete damit auf die Schrift seines Landsmanns William Godwin, Ehemann der frühen Feministin Mary Woolstonecraft und Vater Mary Shelleys, der Autorin des „Frankenstein". Godwin hoffte, dass soziale Reformen den Weg für die Überwindung von Standes- und Klassenschranken und somit für bessere Lebensverhältnisse ebnen würden. Demgegenüber beharrte Malthus darauf, dass Armut nicht aus den Unzulänglichkeiten des sozialen Systems resultiere, sondern natürliche Ursachen habe. Der menschliche Fortpflanzungstrieb sei so stark, dass die Grenzen zur Vermehrung der Subsistenzmittel immer wieder überschritten würden und Hungersnöte die Folge seien. Malthus führte Armut und Arbeitslosigkeit nicht auf soziale Ursachen wie mangelhaften gesellschaftlichen Fortschritt und geringe Arbeitsproduktivität zurück, sondern sah sie als Probleme, die von natürlichen und daher sozial unüberwindbaren Grenzen herrührten.[18]

Malthus' zentrale Prämissen haben seit den 1970er Jahren so sehr an Einfluss gewonnen, dass sie immer mehr an allgemeiner Akzeptanz gewinnen. Heute tritt das malthusianische Denken in unterschiedlichen Formen auf, wie Brendan O'Neill, Chefredakteur des britischen Online-Politikmagazins Spiked, analysiert.[19] Eine der Varianten behauptet, dass

18 Isaac Ilyich Rubin: „A History of Economic Thought", Pluto Press, 1979, S. 291 ff. (Russische Originalausgabe 1929).

19 Brendan O'Neill: „Malthus ist tot, es lebe der Malthusianismus", Novo online, 04.04.2012.

zu viele Menschen die begrenzten natürlichen Ressourcen erschöpfen, weswegen die globale Bevölkerungszunahme ein weiteres Mal als universale Bedrohung erscheint. Auch das Konzept eines „ökologischen Fußabdrucks“, den es bis zur Ressourcenneutralität zu reduzieren gelte, basiert auf diesem Denken. Dem hat sich auch die deutsche Bundesregierung mit dem 2016 aufgestellten Klimaschutzplan verpflichtet.[20]

Der Klimaschutzplan basiert auf der Idee, menschliche Aktivität möglichst zurückzudrängen, um auf diesem Weg den menschlichen Einfluss auf die Natur zu minimieren. Diese Herangehensweise stellt das reale Verhältnis von Mensch und Natur auf den Kopf. Sie berücksichtigt weder die historische Entwicklung noch das in ihr aufscheinende Potenzial. Im geschichtlichen Verlauf haben die Menschen ihre Eingriffe in die Natur *kontinuierlich ausgeweitet*, was sich in der technologischen Entwicklung reflektiert.

Das zeigt sich besonders in der Energienutzung. Unsere Zivilisation erfordert tiefe Eingriffe in die Natur, denn sie ist auf die massenhafte Verfügbarkeit billiger Energie angewiesen. Der menschliche Erfindungsreichtum hat es in der Vergangenheit stets geschafft, den zur gesellschaftlichen Weiterentwicklung erforderlichen Energiehunger zu decken. Durch das zunehmende Wissen und die Kontrolle über die Natur konnten immer neue Technologien entwickelt werden, die Begrenzungen der scheinbar endlichen Rohstoffquellen überwinden halfen. So folgte dem Holz und der Holzkohle die lange Reihe der fossilen Energieträger. Das heute größte Potenzial liegt zweifellos bei der Kernspaltung und zukünftig

20 „Wegweiser in ein klimaneutrales Deutschland: Der Klimaschutzplan 2050 – Die deutsche Klimaschutzlangfriststrategie“, Bundesministerium für Umwelt, Naturschutz und nukleare Sicherheit online.

bei der Kernfusion. Durch Wissenschaft und Technik hat die Menschheit gelernt, natürliche Grenzen zu überwinden und Instrumente geschaffen, die eine erfolgreiche Anpassung an Veränderungen der Umweltbedingungen leisten können.

Wir sind immer besser in der Lage, die Folgen von Temperaturausschlägen zu beherrschen und die davon ausgehenden Risiken zu minimieren. Auch in der Vergangenheit waren wir Klimaveränderungen ausgesetzt, hatten aber im Gegensatz zu heute keine Chance, die Konsequenzen zu kontrollieren. So führte im Jahr 1815 die gewaltige Eruption des indonesischen Vulkans Tambora weltweit zu Ernteausfällen und Hungerkatastrophen, denen hunderttausende Menschen zum Opfer fielen.[21] Anstatt also den menschlichen Einfluss auf das Klima zu minimieren oder diesen Einfluss entsprechend der deutschen Klimaziele sogar auf null reduzieren zu wollen, müssten Strategien entwickelt werden, die es uns erlauben, mit Klimaveränderungen – egal ob menschlichen oder natürlichen Ursprungs – umzugehen und dabei Wirtschaftsniveau und Wohlstand durch die Verfügbarkeit massenhaft billiger Energie sicherzustellen.

Ganz in diesem Sinn argumentierte der dänische Politikwissenschaftler Bjørn Lomborg, Autor des 1998 erschienen Buches „The Skeptical Environmentalist: Measuring the Real State of the World“. Auf die hypothetische Frage, wie die Menschheit wohl reagieren würde, wenn die Klimaerwärmung nicht menschengemacht wäre, vermutete er eine rationalere und eher an der menschlichen Entwicklungsfähigkeit orientierte Herangehensweise: „Wenn die Erwärmung nicht durch Menschen verursacht wäre, würde die Diskussion sicher sehr viel mehr in die Richtung gehen, wie

21 Ulli Kulke: „Der Vulkanausbruch, der die Sonne verfinsterte“, Welt online, 10.04.2015.

die Gesellschaft mit dieser Entwicklung umgehen, wie sie sich darauf einstellen könnte. Wenn die Sonne für die Erwärmung verantwortlich wäre oder wenn wieder eine neue Eiszeit käme, was auf jeden Fall irgendwann der Fall sein wird, dann bräuchten wir Gesellschaften, die durch ihren Wohlstand und ihr Wissen so gut geschützt und in der Lage sind, mit diesen Problemen umzugehen und all das bewahren können, was uns in unserer Zivilisation wichtig ist. In meinem Buch geht es um die Frage, ob wir nicht genau diese Art von Diskussion haben sollten, auch wenn die Erwärmung von Menschen verursacht ist. Es ist richtig: Der CO_2-Anstieg führt zu einer Erwärmung. Aber wir müssen fragen: Wenn man die Emissionen reduziert, wie viel besser wird es dann den zukünftigen Generationen, wie viel besser wird es dem Planeten, den Menschen und der Umwelt gehen? Das ist die Diskussion, die meiner Meinung nach nicht stattfindet."[22]

In der auch von Lomborg kritisierten, sehr einseitigen Orientierung der Klimadebatte kommt das malthusianische Denken und das darin enthaltene fehlende Vertrauen in die Fähigkeiten der Menschheit sehr deutlich zum Ausdruck. Das Credo der heute vorherrschenden kulturpessimistischen Perspektive ist es, lieber Risiken und Veränderung zu meiden, als darauf zu vertrauen, dass die Menschheit dazulernt und die Fähigkeiten erwirbt, auch unerwartete Entwicklungen zu beherrschen. Diese *antihumanistische Perspektive* liefert die *ideologische Grundlage für die ausgeprägte Stabilitätsorientierung staatlicher Institutionen.*

22 „‚Ich hoffe, wir werden das Problem auf intelligente Art lösen'", Interview mit Bjørn Lomborg, Novo online, 01.05.2008.

Zweifel am Humanismus der Aufklärer

Wer auf defensive Risikovermeidung setzt, dem sind autonomes individuelles Handeln und darauf basierendes kollektives gesellschaftliches Handeln eher suspekt.[23] Es ist daher nicht verwunderlich, dass seit geraumer Zeit eine Flut von Initiativen darauf abzielt, Autonomie und Freiheit mit fürsorglichem Anschubsen (Nudging) und Regulierungen einzuschränken, um „negative" menschliche Potenziale in politisch gewünschte Bahnen zu lenken und zu kontrollieren.[24] Damit werden aber auch grundlegende *Prämissen der Aufklärung*, die ihrerseits wichtige *geistige und moralische Ressourcen der kapitalistischen Entwicklung bilden*, in Frage gestellt.

Ein zentraler Baustein ist der maßgeblich von Immanuel Kant geprägte Begriff der Autonomie. Diese wird von ihm als Möglichkeit und Aufgabe des Menschen gesehen, sich selbst als freiheits- und vernunftfähiges Wesen zu bestimmen und selbstbestimmt und moralisch zu handeln. Die Autonomie ist für Kant die Grundlage, um aus der bis dahin gesellschaftlich bestimmten „Unmündigkeit" herauszutreten: „Sapere aude! Habe Muth, dich deines eigenen Verstandes zu bedienen! ist also der Wahlspruch der Aufklärung."[25]

Die historische Entwicklung des kapitalistischen Marktes ist mit dem Humanismus der Aufklärung eng verwoben

23 Frank Furedi: „Das Ideal der Autonomie und seine Verwirklichung", Novo online, 21.02.2019.

24 Sabine Beppler-Spahl et al.: „Freiheitsmanifest, Der Wert der Freiheit und die Ursachen der Unfreiheit. Freiheit und Unfreiheit – eine Bestandsaufnahme", Freiblickinstitut online, 2013.

25 Immanuel Kant: „Beantwortung der Frage: Was ist Aufklärung?" in: Berlinische Monatsschrift, 2/1784, S. 481–494.

und lässt sich im Werk des wohl bekanntesten Vertreters der klassischen Ökonomie und geistigen Vater des Wirtschaftsliberalismus, sehr gut nachvollziehen. Adam Smith entwickelte in seinem Buch über den „Wohlstand der Nationen" eine Erklärung dafür, wie es in einem marktwirtschaftlichen System gelingt, dass zwar jeder nach seinem eigenen Vorteil strebt, dies aber jedem Einzelnen nutzt und die gesamte Gesellschaft durch steigenden Wohlstand profitiert.[26] Smith findet jedoch noch eine zweite positive Begründung. In seiner „Theorie der ethischen Gefühle" zeigt er, dass die Menschen zur Sympathie fähig sind und sich in ihr Gegenüber hineinversetzen können. Jeder Mensch kann sich demnach ein ethisches Werturteil über die Interaktion zweier Menschen (also der eigenen Interaktion mit einem anderen Menschen) bilden, indem er diese aus Sicht eines vorgestellten unparteiischen Zuschauers beurteilt.[27] Alle Menschen sind nicht nur zu ethischem Handeln befähigt, sondern sie werden durch ihr eigenes ethisches Werturteil ständig in ihren Handlungen geleitet. Dies hatte einen starken Einfluss auf die Bewertung des Marktes, denn *autonom handelnden Menschen wurde ethisches Handeln zugetraut*. Frei agierende Wirtschaftssubjekte waren von diesem Standpunkt aus legitim, da sie über die erforderliche ethische Kompetenz verfügen.

Smith hält die Menschen jedoch nicht nur für fähig, sich in der Interaktion ethisch zu verhalten. Derart ausgerüstet sind sie auch in der Lage, gesellschaftliche Institutionen aufzubauen, die dies absichern. Das Streben nach materiellem,

26 Adam Smith: „Der Wohlstand der Nationen – Eine Untersuchung seiner Natur und seiner Ursachen", 11. Aufl., Deutscher Taschenbuch Verlag 2005 (Erstveröffentlichung 1776).

27 Adam Smith: „Theorie der ethischen Gefühle", Felix Meiner Verlag 2010 (Erstveröffentlichung 1759).

persönlichem Wohlstand und ethischer, sozialer Anerkennung, schreibt Smith, „weckt den Erwerbsfleiß der Menschheit und hält ihn dauernd in Gang."[28] Dieses auf Eigenliebe basierende Streben wird nach Smith auf mehrfache Weise in Schranken gehalten, so der Wirtschaftswissenschaftler Horst Claus Recktenwald.[29] Erstens durch die Sympathie, die egoistisches Handeln diszipliniert, indem sie den einzelnen davon abhält, einem anderen Unrecht zuzufügen. Zweitens durch die freiwillige Anerkennung von gemeinsamen Regeln, die die Menschen aus Erfahrung und Vernunft herauszufinden vermögen. Und drittens durch ein System positiver Gesetze, die Gerechtigkeit durch Sanktionen erzwingen, wozu es gemeinsamer Einrichtungen, also des Staates bedarf. Damit schuf er eine bedeutende ideelle Grundlage, die autonomes Handeln der Marktteilnehmer positiv begründete und ihnen auch die Fähigkeit zusprach, über den Staat kollektive Organisationsformen zu entwickeln, die das Streben nach Wohlstand und das Bedürfnis nach Anerkennung fördern.

Im heute vorherrschenden Menschenbild zeigt sich geradezu eine Umkehrung. Das Vorteilsstreben des Menschen nach Verbesserung der eigenen Lebensumstände nutzt nach Smith letztlich allen. Gegenwärtig überwiegen negative Assoziationen wie Habgier und Rücksichtslosigkeit. Nach populärer Lesart erscheint die Gier als eine zutiefst menschliche Eigenschaft die die Marktwirtschaft wecke und anheize. Dies thematisierte der US-Spielfilm „Wall Street", der 1987 in die Kinos kam und diese Kultur der Gier attackierte. Dort lernt der aufstrebende Börsenmakler Fox, dass der Schlüssel

28 Ebd.

29 Horst Claus Recktenwald: „Würdigung" in: Adam Smith: „Der Wohlstand der Nationen – Eine Untersuchung seiner Natur und seiner Ursachen", 11. Auflage, Deutscher Taschenbuch Verlag 2005, S. XLI.

zum Erfolg an der Börse in der Beschaffung von Insiderinformationen und deren illegaler Verwendung liegt. In einer Schlüsselszene erklärt sein Mentor, der Finanzhai Gordon Gecko, dass moralische Bedenken für ihn in keiner Weise existierten: „Die Gier ist richtig, die Gier funktioniert. Die Gier klärt die Dinge, durchdringt sie und ist der Kern jedes fortschrittlichen Geistes. Gier in all ihren Formen, die Gier nach Leben, nach Geld, nach Liebe, Wissen hat die Entwicklung der Menschheit geprägt." Der Film thematisierte publikumswirksam die ab Mitte der 1980er Jahre verbreitete Angst, die von hemmungsloser Gier getriebenen Finanzmärkte könnten die Wirtschaft schädigen.

Smith hatte die Eigenliebe und den Erwerbsfleiß der Menschen als positive Eigenschaften gepriesen, die mit Hilfe des Marktes den gesellschaftlichen Wohlstand befördern. Heute steht in erster Linie die negative Wirkung des Marktes, die Vernichtung von Jobs und Wohlstand im Fokus. Die Gier in der Finanzwelt muss sogar als zentrale Ursache für die Krise und deren zerstörerische Effekte herhalten. Der damalige Finanzminister Peer Steinbrück (SPD) drosch sogar in einer Regierungserklärung zur Finanzkrise auf die Geldprofis ein, die die Finanzkrise „verbockt" hätten. Er forderte ein Ende der „Gier", denn sie sei mit ihrer „Kurzatmigkeit" und dem „wahnsinnigen Streben nach immer höherer Rendite" die wesentliche Ursache der Krise.[30] An anderer Stelle formulierte er mit Blick auf den US-Immobilienmarkt: „Da hatte die Gier das Hirn ausgeschaltet". Auch der damalige Wirtschaftsminister Michael Glos (CSU) machte die „Gier und Maßlosigkeit"

30 Zit. nach Alexander Horn: „Alles bloße Gier", Novo online, 01.11.2008.

von Spekulanten für die Destabilisierung des Finanzsystems verantwortlich.[31]

Da dem Markt die mächtige Stütze eines positiven Menschenbildes abhanden gekommen ist, *erscheinen die am Markt autonom agierenden Unternehmen weniger als wohlstandsstiftende Akteure, sondern als Zeitbomben*. In den Augen von Politikern und den Wortführern der öffentlichen Meinung *erscheint der Markt als riesiges problematisches Experimentierfeld*, weil er sich dem unmittelbaren Einfluss des Staates und dessen direkter Kontrolle entzieht.

Der herrschende Antihumanismus verstärkt diese reale Problematik enorm. Je geringer das Vertrauen in die menschlichen und gesellschaftlichen Fähigkeiten, mit den aus diesem Experimentierfeld resultierenden Problemen zurecht zu kommen, umso bedrohlicher erscheint eine vom Markt ausgehende Dynamik. Staat und Demokratie scheinen gegenüber einem entgrenzten Kapitalismus überfordert und ihm geradezu ausgeliefert. Dieses Bild wird von politischen Akteuren oft gezielt eingesetzt. Es dient faktisch dazu, Verantwortung für Entwicklungen abzustreifen, die politisch scheinbar nicht beeinflussbar sind. Die durch den Markt erzeugten Probleme und Risiken werden daher überdimensioniert beschrieben im Vergleich zu den gesellschaftlichen Möglichkeiten ihrer Beherrschung.

31 Zit. nach ebd.

Innovationsbremsen

Das kulturell verankerte antihumanistische Menschenbild hat unmittelbar negative Auswirkungen auf die Fähigkeit der Gesellschaft, neue Technologien und Innovationen zu entwickeln und anzuwenden. Veränderungen werden nicht primär als Chance, sondern in erster Linie als riskant und daher ablehnenswert betrachtet. Diese Perspektive ist inzwischen zu einem fest verankerten Leitkriterium staatlicher Institutionen geworden und erstickt wissenschaftliches und soziales Experimentieren. Einen wichtigen regulatorischen Rahmen zur Durchsetzung dieser Perspektive bildet das inzwischen für alle gesellschaftlichen Bereiche akzeptierte und anerkannte Vorsorgeprinzip.

Das Null-Toleranz-Vorsorgeprinzip

Das Vorsorgeprinzip entwickelte sich ursprünglich im Umweltmanagement und gewann in Deutschland ab den 1970er Jahren an Bedeutung, wo es bereits 1971 im ersten Umweltprogramm der Bundesregierung als zentrales umweltpolitisches Handlungsprinzip festgelegt wurde. Internationale Geltung hat es durch die Rio-Deklaration zu Umwelt und Entwicklung (Agenda 21) der UN von 1992 erhalten. Es ist auch im Vertrag zur Gründung der Europäischen Gemeinschaft von 1992 sowie in unzähligen Rechtsnormen der EU vor allem zu Umwelt und Gesundheit verankert. In der Rio-Deklaration wird formuliert, dass „angesichts der Gefahr irreversibler Umweltschäden [...] ein Mangel an vollständiger wissenschaftlicher Gewissheit nicht als Entschuldigung dafür dienen [soll], Maßnahmen hinauszuzögern."

In der Praxis verleitet das Vorsorgeprinzip dazu, wegen eines möglichen Risikos auf neue Technologien oder Erfindungen zu verzichten, sogar bei einem kaum wahrscheinlichen „Restrisiko". Das Vorsorgeprinzip verlangt bei Neuerungen einen unumstößlichen Beweis ihrer Unschädlichkeit, wie der dänische Politikwissenschaftler Bjørn Lomborg schreibt: „Seit Rio wurde das Vorsorgeprinzip zunehmend missbraucht und als Waffe eingesetzt. Heutzutage wird es dazu verwendet, Handlungen zu unterbinden, bis bewiesen werden kann, dass sie keine Gefahren mit sich bringen (schuldig bis zum Beweis der Unschuld). Das Problem dabei ist, dass so ziemlich nie bewiesen werden kann, dass etwas ungefährlich ist."[1] Auch der US-amerikanische Soziologe Steve Fuller bemängelt die einseitige Auslegung des Vorsorgeprinzips und thematisiert dessen Wirkung als Innovationsbremse: „Das Vorsorgeprinzip geht davon aus, dass jede Unsicherheit eine Bedrohung darstellt, nie eine Chance [...]. Es verringert die Chance, Innovationen auf den Markt zu bringen. Das ist die sichtbarste Folge. Man erkennt die abnehmende wirtschaftliche Gestaltungskraft Europas, wo das Vorsorgeprinzip über eine große Anhängerschaft in der Politik verfügt."[2]

Bereits in seinem 1997 erschienenen Buch „Culture of Fear" thematisierte Frank Furedi die antihumanistischen Konsequenzen des Vorsorgeprinzips, dessen Dominanz dazu führt, „dass wir nicht einfach über Risiken besorgt sind, sondern uns auch nicht zutrauen, Lösungen zu finden, wenn wir

1 Bjørn Lomborg: „Angst essen Leben", The European online, 18.01.2014.

2 „‚Sagen wir Ja zum Risiko'", Interview mit Steve Fuller, Novo online, 01.04.2016.

in die Bredouille geraten. Dem Vorsorgeprinzip zufolge ist es ratsam, kein neues Risiko einzugehen, es sei denn, das Ergebnis kann im Voraus bestimmt werden. Durch dieses Prinzip, das im Umweltmanagement inzwischen als vernünftige Praxis anerkannt ist, liegt die Beweislast bei denjenigen, die Veränderung vorschlagen. Da die vollen Auswirkungen von Veränderungen jedoch nie im Voraus bekannt sind, würde die vollständige Implementierung dieses Prinzips jede Form wissenschaftlichen oder sozialen Experimentierens verhindern. Durch die Institutionalisierung der Vorsicht verhängt das Vorsorgeprinzip eine Doktrin der Grenzen. Es verspricht Sicherheit, aber nur im Austausch für eine Absenkung der Erwartungen und Wachstumsgrenzen sowie der Verhinderung von Experimenten und Veränderung."[3]

Inzwischen wird das Vorsorgeprinzip in jener Art und Weise gegen neue Technologien ins Feld geführt, wie sie Furedi in den 1990er Jahren befürchtete. Es ist fast gängige Praxis, bei der Anwendung neuer Technologien wegen möglicher Risiken „Null-Toleranz" einzufordern. Erkannte oder oft nur vermutete Risiken können so dazu führen, dass Technologien unabhängig von den damit verbundenen Chancen verworfen werden und das Abwägen von Chancen und Risiken im Vorhinein obsolet wird. Die vernünftige Grundidee einer vorausschauenden Bewertung möglicher Risiken und der Abwägung von Chancen wird durch diese Kultur der Angst ad absurdum geführt und verhindert technologischen Fortschritt in vielen gesellschaftlichen Bereichen.

Die Logik der Risikoaversion wurde kaum jemals plastischer formuliert als 2002 durch US-Verteidigungsminister Donald Rumsfeld. Als er vor Journalisten die Irak-Invasion

3 Frank Furedi: „Culture of Fear", Cassell, 1997, S. 9.

der USA zu begründen versuchte, gelang ihm ein rhetorischer Superlativ an Irrwitz. Vor Journalisten wich er der Frage nach Beweisen für die Existenz irakischer Massenvernichtungswaffen aus und wendete die Debatte ins Metaphysische: „Es gibt bekannte Bekannte, es gibt Dinge, von denen wir wissen, dass wir sie wissen. Wir wissen auch, dass es bekannte Unbekannte gibt, das heißt, wir wissen, es gibt einige Dinge, die wir nicht wissen. Aber es gibt auch unbekannte Unbekannte – es gibt Dinge, von denen wir nicht wissen, dass wir sie nicht wissen."[4]

Die Regulierung der Gentechnik

Vom Staat gesetzte Rahmenbedingungen haben entscheidenden Einfluss auf die Entwicklung des technologischen Fortschritts. Mit der staatlichen Durchsetzung des Vorsorgeprinzips, das seit Jahrzehnten immer härter ausgelegt wird, agiert der Staat in manchen Bereichen als kompromisslose Innovationsbremse. Die Regulierung der Gentechnik in Deutschland dokumentiert sehr eindrucksvoll, wie sehr staatliches Handeln die Innovationsfähigkeit der Unternehmen behindert und die Erforschung und Anwendung neuer Technologien sogar effektiv zu unterbinden vermag. Dabei wird nicht nur eine Zukunftstechnologie zu Grabe getragen. Viel schwerer wiegt, dass das Schicksal der Gentechnik nur die Spitze eines Eisbergs bildet. Nationale und EU-Institutionen funktionieren inzwischen auf der Ebene der Gesetzgebung, der Rechtsprechung und der Verwaltung als System

4 „There are known knowns", Wikipedia.

kommunizierender Röhren, in dem sich die risikoaverse Ausrichtung kontinuierlich verfestigt.

In den frühen 1980er Jahren gelang es mehreren Unternehmen, darunter auch der Frankfurter Höchst AG, unter Anwendung gentechnischer Verfahren humanes Insulin herzustellen. Dies eröffnete die Chance, den Bedarf an Insulin zu decken, das zuvor aus Schweine- und Rinderorganen gewonnen wurde. Zudem war das tierische Insulin oft nicht gut verträglich. 1984 bemühte sich Höchst um die Genehmigung einer Anlage zur gentechnischen Herstellung von Humaninsulin, die von der damaligen hessischen Landesregierung erteilt wurde. 1986 jedoch verweigerte der neue hessische Umweltminister Joschka Fischer (Grüne) die Betriebsgenehmigung. Ein Rechtsstreit entbrannte, der erst auf Grundlage des 1990 von der damaligen Regierungskoalition auf Bundesebene aus CDU/CSU und FDP auf den Weg gebrachten Gentechnikgesetzes (GenTG) zugunsten von Höchst entschieden wurde. Das Gentechnikgesetz wurde gegen den Widerstand der Grünen durchgesetzt, die schon damals die Gentechnik generell ablehnten. Unter behördlichen Auflagen gelang 1993 der Versuchsbetrieb und schließlich die kommerzielle Insulinproduktion ab 1998. So dauerte es 15 Jahre, und erst nachdem ausländische Wettbewerber Humaninsulin auf den Markt gebracht hatten, dies auch in Deutschland herzustellen. Die Patienten profitierten enorm von den gentechnisch hergestellten Insulinpräparaten. Sie revolutionierten die Behandlungsmöglichkeiten im Vergleich zu dem aus Tieren gewonnenen Insulin.

Solche überaus positiven Erfahrungen im Bereich der Humanmedizin waren jedoch nicht ausschlaggebend für die Zukunft der Gentechnik in Deutschland. Die Zweifel gegenüber dieser Technologie und den mit ihr in Verbindung gebrachten Risiken haben seitdem sogar deutlich zugenommen. Ein Opfer dieser Entwicklung wurde die kommerzielle Erforschung, Entwicklung und Nutzung gentechnisch veränderter Pflanzen in Deutschland. Entgegen dem weltweiten Trend – inzwischen werden mehr als zwölf Prozent der gesamten Ackerfläche mit gentechnisch veränderten Pflanzen bestellt – wird die Gentechnik hierzulande durch immer restriktivere Regulierung verhindert.[5] Hierzu wurde das Gentechnikgesetz wiederholt verschärft.

So wurden im Jahr 2004, zu einem Zeitpunkt, als bereits Anträge auf die Zulassung genveränderter Pflanzen vorlagen, die Hürden für Landwirte unüberwindbar gemacht. Sie konnten nun für eventuelle „Verunreinigungen" der Ernte fremder Felder mit ihrem Saatgut in Haftung genommen werden – ein wirtschaftliches Risiko, das in Anbetracht der gutorganisierten Gentechnik-Gegner kein Landwirt eingehen konnte. Greenpeace feierte diese Verschärfung als „wichtigen Etappensieg für Verbraucher und für Bauern, die keine genmanipulierten Pflanzen anbauen wollen", denn: „Wird herkömmliche oder gar Bio-Ernte durch Gen-Pflanzen verunreinigt, muss der Gentechnik einsetzende Bauer dafür aufkommen."[6] Das wirtschaftliche Risiko für die Landwirte wurde durch die gleichzeitige Einführung eines Standortregisters, in dem die Flächen mit gentechnisch veränderter Aussaat ausgewiesen werden mussten, noch verschärft. Außerdem wurden die Versuchsfelder regelmäßig Opfer illegaler Feldzerstörungen. So blieb den Landwirten keine andere Wahl als auf den Anbau zu verzichten.

5 „Statistical Pocketbook World food and agriculture 2015", Food and Agriculture Organization of the United Nations (FAO) online.

6 „Bundestag verabschiedet Gentechnikgesetz", Greenpeace online, 26.11.2004.

Trotz des klaren Anti-Gentechnik-Trends keimte in den letzten Jahrzehnten immer wieder die Hoffnung auf, diese Entwicklung umdrehen zu können. Schließlich hat sich die Gentechnik als sehr sichere Technologie erwiesen. Beim Anbau transgener Pflanzen außerhalb Europas haben sich keinerlei Risiken für den Konsumenten oder für die übrige Vegetation gezeigt.

Diese Hoffnung hatte wohl auch die Landesregierung von Sachsen-Anhalt, als sie im Sommer 2003 eine umfangreiche Biotechnologiestrategie beschloss. Die Grüne Gentechnik wurde neben dem Pharmasegment als zweiter Förderschwerpunkt festgelegt. Der damalige Wirtschaftsminister Horst Rehberger (FDP) kündigte an, Sachsen-Anhalt zu einem „führenden, weltweit anerkannten Biotechnologiestandort" ausbauen zu wollen. Sachsen-Anhalt war dabei, sich zu einem Vorreiter für die Ausschöpfung der Potenziale, die in der Grünen Gentechnik stecken, zu entwickeln. Dieses verheißungsvolle Projekt wurde jedoch von der rot-grünen Bundesregierung und Landwirtschaftsministerin Renate Künast (B'90/Grüne) konterkariert. Es kam zu anhaltenden Verstimmungen mit Künast, die die deutsche Gentechnikverhinderungspolitik vorantrieb, woran später Horst Seehofer und Ilse Aigner (beide CSU) anknüpften. Gegen den Willen Berlins beschloss Sachsen-Anhalt im Jahre 2003, auf mehreren Hundert Hektar Ackerland einen Erprobungsanbau mit transgenem Mais zu starten. 2004, parallel zum Beginn der Unternehmung, gelang es Künast mit einer Novellierung des GenTG, den Modellversuch und auf Sicht die Nutzung der Gentechnik dauerhaft auszubremsen. Der Widerstand gegen dieses Abwürgen der Biotechnologie blieb erfolglos.

Eine Klage der Landesregierung gegen das Gentechnikgesetz scheiterte beim Bundesverfassungsgericht.[7]

Institutionalisierte Innovationsbremsen

Die Hürden zur Entwicklung und Nutzung der Gentechnik wurden in Deutschland wie auch in anderen EU-Mitgliedsländern kontinuierlich hochgeschraubt. Als Folge davon haben sich EU-Institutionen, nationale Behörden und vor allem Gerichte an dieser staatlichen Ausrichtung orientiert. Ab 1996 kämpfte die Firma BASF lange Zeit vergeblich um die Zulassung für eine gentechnisch veränderte Kartoffelsorte. „Amflora“ wurde nicht als Speisekartoffel entwickelt, sondern für die industrielle Verwendung zur Stärkegewinnung. Es dauerte bis zum Jahr 2007, bis die für notwendig befundenen Gutachten, unter anderem von der Europäischen Arzneimittelagentur und der Europäischen Behörde für Lebensmittelsicherheit (EFSA), eingeholt waren. Letztere Organisation bestätigte schließlich, dass „Amflora“ für „Mensch, Tier und Umwelt“ unbedenklich sei. Daraufhin erklärte der EU-Umweltkommissar seine Bereitschaft, die Kartoffel für den Anbau freizugeben. Allerdings konnten sich die EU-Agrarminister nicht auf eine Zulassung einigen, woraufhin die BASF Klage beim Europäischen Gerichtshof wegen des schleppenden Zulassungsverfahrens erhob. Ein weiteres Gutachten der EFSA im Jahr 2009 bestätigte erneut die Sicherheit der „Amflora“. Am 2. März 2010, also etwa 15 Jahre nach Antragstellung, gestattete die EU-Kommission

7 Thomas Deichmann: „Karlsruhe gehorcht dem nachhaltigen Vorsorgeprinzip“, Novo online, 26.11.2010.

schließlich den Anbau und die industrielle Anwendung. Gegen die Entscheidung der EU-Kommission reichten jedoch bereits 2010 verschiedene EU-Mitgliedsstaaten Klage beim Europäischen Gerichtshof ein, der 2013 zugunsten der Kläger entschied und die Zulassung widerrief. Bis dahin hatte die BASF bereits kapituliert, das „Amflora"-Projekt aufgegeben und die gesamte Forschung und Entwicklung im Bereich der Gentechnik aus Europa abgezogen.

Die von Risikoangst getriebene fortschrittsfeindliche Regulierung vielversprechender neuer Technologien betraf auch andere Methoden und Produkte, die im Kontext der Gentechnik stehen. Dies tangierte etwa die Anwendung des CRISPR/Cas Verfahrens im Pflanzenbereich, eine Prozedur zur Genmodifikation, die anders als herkömmliche gentechnische Verfahren ohne die Einschleusung fremder Gene erfolgt. Experten aus verschiedenen Ländern haben vorgeschlagen, Genom-editierte Pflanzen, sofern sie keine Fremd-DNA enthalten, Pflanzen aus konventioneller Züchtung gleichzustellen. Diesem Vorschlag folgte der Europäische Gerichtshof (EuGH) in seiner Entscheidung vom 25. Juli 2018 jedoch nicht. Daher unterliegen CRISPR/Cas und vergleichbare leistungsfähige und sichere Verfahren nun ebenfalls der überzogen restriktiven Regulierung, die noch immer für gentechnisch veränderte Pflanzen gilt. Das Urteil des EuGH ist zwar eine zweifelhafte richterliche Auslegung der gegenwärtigen Gesetzeslage, aber vermutlich folgt der EuGH damit der überwiegenden Mehrheit deutscher und europäischer Parlamentarier. Der politische Protest gegen diese Entscheidung hielt sich dementsprechend in Grenzen.

Dass der EuGH eine derart bedeutende Entscheidung, die in allen EU-Ländern praktisch das Aus für diese revolutionäre Technologie bedeutet, mit großer Selbstverständlichkeit trifft, anstatt die Entscheidung an die Parlamente zu delegieren, ist ein deutlicher Hinweis darauf, wie sehr die restriktive Auslegung des Vorsorgeprinzips in staatlichen Institutionen verankert ist. Sie hat zur Folge, dass eingehende öffentliche und parlamentarische Auseinandersetzungen verhindert werden. Die Gerichte halten das offenbar für obsolet. Damit ist ein Status erreicht, der im krassen Gegensatz zum Vorgehen des Hessischen Verwaltungsgerichtshofs steht, als dieser 1988 einen Baustopp für die bereits erwähnte Humaninsulinanlage der Höchst AG verhängte. Damals lehnte es das Gericht ab, diese wichtige Frage eigenständig zu entscheiden, und begründete dies mit der Entscheidungshoheit und -verantwortung des Gesetzgebers. Das Gericht begründete den Baustopp mit einer fehlenden Rechtsgrundlage, da „gentechnische Anlagen – unabhängig von der Bewertung ihrer Gefährlichkeit – nicht errichtet und betrieben werden" dürften. Die Frage, ob die Gentechnologie industriell genutzt werden dürfe, habe „allein der Gesetzgeber zu entscheiden", betonte damals das Gericht.[8]

Wie weit die politischen Entscheidungsträger die einseitig risikoaverse Haltung zur Richtschnur ihres Handels gemacht haben und daher vor eigenen Entscheidungen zurückschrecken, zeigt auch die seit einigen Jahren gärende Diskussion um das Unkrautbekämpfungsmittel Glyphosat. Politiker delegieren Entscheidungen zunehmend an staatliche Institutionen, die nicht gewählt werden und damit keiner Rechenschaftspflicht gegenüber dem Wähler unterliegen. So verwundert es nicht, dass der EuGH die Entscheidung über CRISPR/Cas an sich gezogen hat. In der Kontroverse

8 „Baustopp für gentechnische Insulinanlage bei der Hoechst AG", Hessisches Landesamt für geschichtliche Landeskunde online, 08.11.1988.

um die Verlängerung der EU-Zulassung für Glyphosat führte die hartnäckige Verweigerungshaltung der SPD in der GroKo letztlich dazu, dass die EU-Kommission 2015 die Verlängerung über die Köpfe der EU-Landwirtschaftsminister hinweg entschied. Wegen der so entstandenen Lähmung des Entscheidungsgremiums dehnte die EU-Kommission die Zulassung sogar wiederholt eigenmächtig um weitere zwei Jahre aus.

Trotz des erwiesenen enormen wirtschaftlichen und ökologischen Nutzens von Glyphosat, der jahrzehntelangen positiven Erfahrung und der umfangreichen Risikoforschung, die Glyphosat als unbedenklich einstuft, mauerte die SPD unter dem Beifall der Grünen.[9] Zum Aufregungspunkt „Krebsrisiko" stellte der Präsident des Bundesinstituts für Risikobewertung (BfR), Andreas Hensel, fest, die Wissenschaft sei sich einig, dass Glyphosat nicht krebserregend ist. Deshalb sei die Zulassung des Mittels eine politische Ermessensentscheidung, über die es faktisch keine wissenschaftliche Unklarheit gebe.[10] All das reichte der SPD wie auch anderen im Bundestag vertretenen Parteien nicht, um die Zulassungsverlängerung von Glyphosat zu befürworten. Da wissenschaftliche Erkenntnis nie endgültig ist, ist dies nur dann ein plausibler Standpunkt, wenn auf einem absoluten Null-Risiko beharrt wird. Das ist jedoch eine irrationale Haltung gegenüber jedweder Technologie, und sei es nur die Anwendung von Essbesteck. Auch mutet die Haltung der SPD gegenüber den Wählern geradezu zynisch an, wenn sie einerseits in Bezug auf Glyphosat unbegründete Ängste schürt,

9 Thilo Spahl: „Wofür sprechen die Fakten?", Novo online, 09.11.2015.

10 „„Die Wissenschaft wird als Kampfmittel missbraucht'", Interview mit dem Präsidenten des Bundesinstituts für Risikobewertung, Andreas Hensel, Tagesspiegel online, 01.12.2017.

gleichzeitig in ihrem aktuellen Regierungsprogramm die Risikoaversität der Gesellschaft als Problem darstellt und von den Wählern „mehr Bereitschaft für Innovationen" fordert.

Regulatorische Sackgassen

Seit Jahrzehnten wird in Deutschland, beschleunigt durch die „Energiewende", darauf hingearbeitet, den CO_2-Ausstoß zu reduzieren und bis 2050 sogar „Klimaneutralität" zu erreichen, also netto keine klimaschädlichen Gase mehr auszustoßen. Die dafür notwendige Steigerung der Energieeffizienz, eine generelle Verbrauchsreduktion sowie das Umschwenken auf regenerative Energiequellen wie Sonne, Wind und Biomasse ist in vollem Gang. Diese energiepolitisch eingeschlagene Richtung ist unter dem Gesichtspunkt der Entfaltung menschlicher Kreativität ein Irrweg und führt zu einer staatlichen Regulierung, die gravierende Hürden für den technologischen und sozialen Fortschritt aufbaut.

Das ganze Konzept gründet sich auf eine *Geringschätzung des materiellen Wohlstands der breiten Massen*. Das wurde im 2013 vorgelegten Abschlussbericht der Enquete-Kommission aller im Bundestag vertretenen Parteien mit dem Titel „Wachstum, Wohlstand, Lebensqualität – Wege zu nachhaltigem Wirtschaften und gesellschaftlichem Fortschritt in der Sozialen Marktwirtschaft" besonders deutlich.[11] Wohlstand und Lebensqualität werden hier nicht mehr primär auf materielle Faktoren wie wirtschaftliches Wachstum zurückgeführt,

11 Schlussbericht der Enquete-Kommission „Wachstum, Wohlstand, Lebensqualität – Wege zu nachhaltigem Wirtschaften und gesellschaftlichem Fortschritt in der Sozialen Marktwirtschaft", Bundestags-Drucksache 17/13300, 03.05.2013.

sondern auf weiche Faktoren wie Zufriedenheit und gesellschaftlichen Zusammenhalt. Diese Umdefinition des „gesellschaftlichen Fortschritts" setzt Faktoren hintan, die die materielle Wohlstandsentwicklung maßgeblich ermöglichen. Obwohl billige Energie eine der wichtigsten Triebkräfte von materiellem Wohlstand ist, wird die Entwicklung dieser Ressource als sekundär bewertet, wenn materieller Wohlstandszuwachs keine Priorität mehr genießt.

Der weltweite gesellschaftliche Fortschritt in den letzten Jahrzehnten basierte wesentlich auf der Fähigkeit der Menschheit, immer wieder die Begrenztheit der Energie- und Rohstoffressourcen durch die Entdeckung neuer Technologien zu überwinden. Die Folge war eine drastische Zunahme der Energienutzung. In den am weitesten fortgeschrittenen Ländern der Welt lässt sich diese Entwicklung bereits seit dem 19. Jahrhundert beobachten. Von 1971 bis 2016 ist der weltweite Energieverbrauch um das Zweieinhalbfache gestiegen. Auch unter Berücksichtigung eines optimistischen Szenarios prognostiziert die internationale Energieagentur IEA einen deutlich wachsenden Energiebedarf. Sogar unter Annahme geringeren Wirtschaftswachstums in den entwickelten Volkswirtschaften und weltweiter Energieeinsparmaßnahmen rechnet sie mit einer Steigerung des Weltenergiebedarfs um 25 Prozent bis 2040.[12]

Der menschliche Erfindungsreichtum hat zur Entdeckung und Nutzbarmachung neuer und immer billigerer Energieträger geführt und den weltweiten Energiehunger gestillt. Heute ist Energie daher in Industriestaaten sehr günstig und in beliebiger Menge verfügbar. Dies hat sich historisch als ein entscheidender Motor der technologischen

12 „World Energy Balances Overview 2018", International Energy Agency (IEA), S. 5.

Entwicklung und der Steigerung der Arbeitsproduktivität herausgestellt. Physische menschliche Arbeit konnte immer stärker durch energieangetriebene Maschinen ersetzt werden. In den Schwellen- und Entwicklungsländern steht diese Entwicklung noch an ihrem Anfang. Aber auch in den entwickelten Volkswirtschaften ist sie längst nicht abgeschlossen und überträgt sich gegenwärtig in zunehmendem Maß auch auf geistige Arbeit.

Einer Untersuchung der New York Times zufolge verbraucht jede Suchanfrage über Google so viel Strom wie eine Energiesparlampe in einer Stunde, und das bei einem rasanten Wachstum: Alle vier Monate verdoppelt sich die Datenmenge im Internet.[13] Der digitale Fortschritt wird auch durch den Einsatz Künstlicher Intelligenz und die Verwendung von Assistenzsystemen oder Steuerungseinheiten zu einem gigantischen Energiefresser. Im Vergleich zum täglichen Energieverbrauch des menschlichen Gehirns, der etwa dem Verbrauch einer schwachen Glühbirne entspricht, benötigt eine lernende Maschine, wie sie zum Beispiel für Übersetzungsprogramme verwendet wird, alleine in der Trainingsphase fünfmal so viel Energie wie ein Durchschnittsauto während seines gesamten Lebenszyklus. Diesen „ökologischen Fußabdruck der massenhaft verbauten Maschinenintelligenz hatte […] keiner auf der Rechnung", schreibt der Wissenschaftsjournalist Joachim Müller-Jung in der F.A.Z. Welchen Nutzen hat also die angestrebte Klimaneutralität in neuralgischen Industrieknoten wie in Deutschland, die von dem Potenzial der digitalen Revolution noch gar nicht erfasst sind, wenn sich die Digitalisierung „wie ein fettsüchtiges Monster rund

13 Thomas Heuzeroth: „Das Internet ist der wahre Klimakiller", Welt online, 22.09.2007.

um den Planeten ausbreitet und seine hungrigen Fäden jede einzelne Energiequelle" anzapfen, fragt Müller-Jung.[14]

Da der materielle Fortschritt nicht mehr als Priorität erscheint und technologischer Fortschritt skeptisch betrachtet wird, scheint es offenbar zunehmend legitim, in Deutschland auf Energieträger zu setzen, die nur „dünne Energieflüsse" liefern, wie der Wissenschaftsautor Heinz Horeis erklärt. Von diesen dünnen Energieflüssen wird der auch in der absehbaren Zukunft steigende Energiebedarf kaum gedeckt werden können, so Horeis mit Verweis auf die historische Entwicklung: „Bis zum Beginn der Neuzeit lebten die menschlichen Gesellschaften, trotz diverser Fortschritte, immer mit Knappheit. Ihnen standen nur dünne Energieflüsse zur Verfügung: ein bisschen Wind, ein bisschen Wasser, aber vor allem Holz und die Muskelkraft von Tieren und Menschen. […] Die übergroße Mehrheit der Menschen, mit der Ausnahme von kleinen Eliten, lebte schlecht und kurz und, nach heutigem Maßstab, in absoluter Armut. Die nutzbare Energie war zwar erneuerbar, erlaubte aber weder dauerhaftes Wachstum noch grundlegend bessere Lebensbedingungen. Über viele Jahrtausende ging es im Schneckentempo voran, bis zum ‚Big Bang' vor etwa 250 Jahren: dem Beginn des Kohlezeitalters. Seitdem geht es rapide aufwärts. […] Von 1750 bis 2009 hat sich die Lebenserwartung von 26 auf 69 Jahre mehr als verdoppelt, die Weltbevölkerung verachtfachte sich von 760 Millionen auf 6,8 Milliarden und das durchschnittliche Jahreseinkommen wuchs von 640 US-Dollar auf 7300. Niemals zuvor hatte die Menschheit – genauer ihr innovativer Anteil – derart große und schnelle Fortschritte erlebt. Die Energie aus Kohle ermöglichte den Siegeszug der Dampfmaschine

14 Joachim Müller-Jung: „Intelligenz ist grün, oder?" in: F.A.Z., 12.06.2019, S. 9.

und eröffnete das Industriezeitalter. In englischen Manufakturen und Haushalten liefert Kohle bereits um 1700 die Hälfte der Energie, die andere Hälfte stammte noch aus den traditionellen erneuerbaren Quellen, Muskelkraft und Holz. Und um 1800 bestritt Kohle in England bereits 80 Prozent der Energieversorgung. Mit Holz als Energiequelle wäre diese Entwicklung nicht möglich gewesen. Hätte man 1850 in England und Wales Kohle durch Holz ersetzen wollen, so der Historiker Edward Wrigley, wäre dafür 150 Prozent der gesamten Landfläche erforderlich gewesen."[15]

Die regenerative Form der Energiegewinnung aus dünnen Energieflüssen ist, wenn man das Gesamtsystem betrachtet, ineffizient und daher im Vergleich zu den fossilen Energieträgern wie Kohle, Öl und Gas und auch gegenüber der Atomenergie vergleichsweise teuer. Das zeigt sich in Deutschland an den mit wachsendem Anteil regenerativer Erzeugung fortwährend steigenden Energiepreisen, die letztlich von Steuerzahlern und Verbrauchern aufgebracht werden müssen.[16] Unter diesen Rahmenbedingungen führt die Energiewende in Richtung Klimaneutralität zu so immensen Kosten, dass dies nicht wohlstandsneutral machbar sein wird.

Eine gesellschaftliche Perspektive, die die Wohlstandsentwicklung in das Kalkül einbeziehen würde, müsste die Frage beantworten, wie Energie nicht nur klimaneutral und sicher, sondern mit Blick auf den steigenden Bedarf massenhaft und jederzeit verfügbar und zudem billig werden könnte. Die Relevanz einer derart auf Innovation ausgerichteten Energieentwicklung wird deutlich, wenn man den nationalen Rahmen verlässt und die globale Entwicklung

15 Heinz Horeis: „Das fossile Zeitalter ist noch nicht zu Ende", Novo online, 26.02.2018.
16 Thilo Spahl: „Der Fiskus und das Klima", Novo online, 13.05.2019.

in Betracht zieht. Selbst wenn es möglich sein sollte, in Deutschland, das für weniger als zwei Prozent der weltweiten CO_2-Emissionen verantwortlich ist, die Klimaneutralität zu erreichen, ist mit diesem nationalen Alleingang kaum etwas erreicht.

Was selbst in einem der reichsten Länder der Welt kaum realisierbar erscheint und obendrein zu erheblichen Wohlstandseinbußen führen wird, kann keine Lösung für Schwellen- und Entwicklungsländer sein. Diese müssen auch weiterhin auf fossile Rohstoffe setzen, weil diese vergleichsweise preiswert sind. Jede nächsthöhere gesellschaftliche Entwicklungsstufe ist mit einem massiv erhöhten Energieverbrauch pro Kopf verbunden.[17] Deutschland würde als technologisch führendes und reiches Land daher gut daran tun, Technologien zu entwickeln, die auch in den weniger entwickelten Ländern den Hunger nach massenhaft verfügbarer billiger Energie befriedigen. Sollte es nicht gelingen, klimaneutrale Energie massenhaft und billig zu erzeugen, bleiben Schwellen- und Entwicklungsländer zur Sicherung und Hebung ihres Lebensstandards auf lange Sicht auf die zunehmende Nutzung fossiler Energieträger angewiesen. Die energiepolitische Nabelschau in Deutschland erhöht so das Risiko, dass ärmere Länder nicht umsteuern können, weil sie nicht über die erforderlichen Technologien verfügen, mit denen Wohlstandsentwicklung und Klimaneutralität in Einklang gebracht werden können.

In Deutschland ist die Chance auf die Entwicklung innovativer klimaneutraler Technologien verbaut. Durch das verlorengegangene Vertrauen in die menschliche Fähigkeit, absehbare oder noch nicht erkennbare Folgewirkungen und

17 Heinz Horeis: „Chinas Energiehunger", Novo online, 30.08.2019.

Risiken neuer Technologien beherrschen zu können, hat sich Deutschland in eine energiepolitische Sackgasse manövriert. Ein wissenschaftlich und technologisch erkennbarer Weg, der den CO_2-Ausstoß substantiell vermindern und dabei den weltweiten Bedarf nach billiger Energie befriedigen könnte, läge in der Nutzung der Energie aus der Kernspaltung oder der Kernfusion. Doch ist die Kernenergie seit dem verheerenden Tsunami, der am 11. März 2011 von einem Seebeben an der japanischen Pazifikküste ausgelöst wurde, mehr als 15.000 Menschen das Leben kostete und einen Reaktorunfall im Kernkraftwerk von Fukushima herbeiführte, hierzulande kaum mehr eine Option.

In einer Panikreaktion hatte sich die Bundesregierung „in einem weltweit beispiellosen Akt für sofortige scharfe Schritte entschieden und nur vier Tage nach der schrecklichen Katastrophe von Fukushima, das heißt, ohne jede Kenntnis der genauen Ursachen dieser Katastrophe, zunächst 7, sodann 8 der 17 in diesem Land in Betrieb befindlichen Atomkraftwerke stilllegen lassen".[18] Die Bundesregierung tat dies ohne „zureichende Rechtsgrundlage", wie der ehemalige Bundeswirtschaftsminister Wolfgang Clement (SPD) damals kritisierte.[19] Den Regierungskurs bekräftigte der damalige Bayerische Ministerpräsident Horst Seehofer (CSU) wenige Tage später, als er, wie viele andere, den Atomunfall von Fukushima als ein apokalyptisches Ereignis einstufte und sofortiges Handeln als alternativlos bezeichnete: „Die Tat ist jetzt entscheidend, nicht die Analyse."[20] So wurde der seit 2000 von der rot-grünen Bundesregierung vorangetriebene

18 Wolfgang Clement: „Angela Merkels nukleares Solo", Novo online, 11.07.2011.
19 Ebd.
20 „Horst Seehofer will schnellen Atomausstieg", Focus online, 28.03.2011.

und 2010 von der CDU/CSU/FDP-Bundesregierung bestätigte Atomausstieg unter dem Eindruck der neuerlichen Reaktorkatastrophe drastisch beschleunigt. Nur gut drei Monate nach dem Vorfall, am 30. Juni 2011, beschloss der Bundestag in namentlicher Abstimmung das „13. Gesetz zur Änderung des Atomgesetzes", das die Beendigung der Kernenergienutzung bis 2022 regelt. Unter den 600 abgegebenen Stimmen votierten nur 79 mit Nein, darunter 70 Abgeordnete der Linken, die das Gesetz ablehnten, weil ihnen der Atomausstieg nicht schnell genug ging.[21] Während es den Befürwortern der Atomkraft, darunter auch die Bundeskanzlerin, noch einige Monate zuvor gelungen war, die Laufzeitverlängerung der deutschen Atomkraftwerke gegen heftigen Widerstand im Bundestag durchzusetzen, gab es nun praktisch keine Stimme mehr, die in Anbetracht von Fukushima ein besonnenes und reflektiertes Vorgehen forderte.

Kultur der Angst

Die panikartige Reaktion auf Fukushima zeigte, wie sehr das öffentliche Leben von einer Kultur der Angst dominiert ist, in der Risikoscheu und Vorsorgeprinzip alle Lebensbereiche durchdringen. In dieser Kultur der Angst, so der britische Soziologe Frank Furedi, ist die „Politisierung von Ängsten zur Normalität geworden". Diese Politisierung haben auch die Befürworter der Atomenergie genutzt und vorangetrieben. Sie proklamierten den Klimawandel als vorrangiges universales Problem, um Laufzeitverlängerungen für Atomkraftwerke durchzusetzen. „Nicht wenige Atomgegner schlossen

21 „117. Sitzung des Deutschen Bundestages am Donnerstag, 30. Juni 2011", Deutscher Bundestag online.

sich damals dieser Argumentation an. Ihre Befürchtungen hinsichtlich des Klimawandels überwogen sogar ihre Ablehnung der Atomenergie. Doch der Sieg der Klimapanik war nur von kurzer Dauer. Die Aussicht auf eine atomare ‚Verstrahlung' im Hier und Jetzt erwies sich als das wirksamere Angstszenario im Gegensatz zu den wenig greifbaren Schäden, die der Klimawandel für ‚zukünftige Generationen' bereithalten könnte."[22] In dieser Kultur der Angst und einem derartigen „titanenhaften Zusammenprall konkurrierender Bedrohungsszenarien" überwiegt die Panik, das tatsächliche Gefahrenpotenzial tritt in den Hintergrund. „Angstschüren", warnt Furedi, ist „zu einer kulturellen Ressource geworden, aus der sich verschiedene Leute und Interessensgruppen nähren, um daraus Zustimmung für ihre Botschaften und Argumente zu ziehen".[23]

Dies zeigt sich auch in den tendenziösen Berichten über Opfer und Schäden derartiger Katastrophen. So wurde zum Zeitpunkt des Unglücks von Fukushima in deutschen Medien von bis zu 500.000 Tschernobyl-Toten und 3,5 Millionen Strahlenopfern mit Behinderungen berichtet.[24] Zu einem völlig anderen Ergebnis kam 2005, also knapp 20 Jahre nach der Reaktorkatastrophe von 1986 und viele Jahre vor dem Reaktorunfall von Fukushima, eine umfassende Untersuchung des „Tschernobyl-Forums". Mitglieder des Forums sind unter anderen die Weltgesundheitsorganisation (WHO), die Internationale Atomenergie-Organisation (IAEO) sowie die Regierungen der Ukraine, Weißrusslands und der Russischen Föderation. Das „Tschernobyl-Forum" bezifferte die

22 Frank Furedi: „Atomenergie versus Klimawandel", Novo online, 16.02.2011.
23 Ebd.
24 Rob Lyons: „Tschernobyl vom Mythos befreien", Novo online, 10.12.2011.

dokumentierten Todesfälle bis zu diesem Zeitpunkt auf 50 Personen. Es wurde vermutet, dass etwa 2200 der insgesamt 200.000 eingesetzten Rettungs- und Sanierungskräfte vorzeitig versterben könnten. Zudem wurden 4000 Fälle von Schilddrüsenkrebs auf die Kontamination zurückgeführt. Die Gruppe internationaler Fachleute stellte bei den Einwohnern der kontaminierten Region jedoch weder Anzeichen für eine verminderte Fruchtbarkeit noch für erhöhte Missbildungen oder eine erhöhte Krebshäufigkeit fest.[25]

Auch die Berichterstattung und öffentliche Wahrnehmung über das Reaktorunglück von Fukushima und dessen Folgen steht in einem Missverhältnis zu den tatsächlichen Opfern.[26] Durch den von einem Seebeben ausgelösten Tsunami fanden über 15.000 Menschen den Tod. Der vom Tsunami ausgelöste Reaktorunfall forderte jedoch weder bei den im Kraftwerk eingesetzten Arbeitern und Rettungskräften noch in der Bevölkerung unmittelbare Todesopfer durch die Strahlung.[27] 2018 hatte die japanische Regierung einen ersten Todesfall auf die Strahlenbelastung in Fukushima zurückgeführt.[28] Bezüglich etwaiger Langzeitfolgen bei denjenigen, die radioaktiver Strahlung ausgesetzt waren, gibt es unterschiedliche Bewertungen. Dies hängt vor allem damit zusammen, dass die Strahlenbelastung relativ gering war und dadurch die Zuordnung typischer Langzeitfolgen wie Krebs bei den Strahlenopfern gegenüber einer natürlichen Krebsrate schwer zu ermitteln ist.[29]

25 Thilo Spahl: „Folgen des Reaktorunfalls in Tschernobyl“, Novo online, 01.03.2011.
26 Matthias Heitmann: „Der deutsche Fukushima-Mythos“, Novo online, 17.03.2013.
27 Sven Stockrahm / Dagny Lüdemann: „Der Super-GAU in den Köpfen“, Zeit online, 11.03.2016.
28 „Fukushima: Japan bestätigt ersten Strahlentoten“, Bild online, 05.09.2018.
29 Will Boisvert: „Fukushima: Gesundheitlich unbedenklich“, Novo online, 14.09.2015.

Der Wettstreit der Ängste behindert Technologien, denen ein stark gesellschaftsveränderndes Potenzial zugesprochen wird, da die Gesellschaft vermeintlich nicht in der Lage ist, die von ihnen ausgehenden Risiken zu kontrollieren. Die Sieger in diesem Überbietungswettbewerb können enorm an moralischer Autorität und Legitimität gewinnen, was den Kampf um die Deutungshoheit so attraktiv macht. Die Politisierung dieser Angst ermöglicht es den unterschiedlichsten Gruppierungen, aber auch den Parteien und staatlichen Institutionen, durch scheinbar glaubwürdiges und konsequentes Auftreten im Kontext einer gefühlten Bedrohung an Legitimität zu gewinnen.

Zwar sind alle entwickelten Volkswirtschaften von dieser Entwicklung betroffen, dennoch hat sich die Angst vor der Kernenergie im Rest der Welt weniger verfangen. In einigen Ländern, vor allem in weniger entwickelten, ist eher ein Neustart der Kernenergie unter neuen Vorzeichen zu beobachten. Es mehren sich die Stimmen derjenigen, die in der Kernenergie 2.0 eine Riesenchance sehen. Bill Gates etwa zählt zu den Investoren der Firma TerraPower, die sich vorgenommen hat, einen Kernreaktor zu entwickeln, der wesentlich sicherer ist als bisherige Reaktoren und extrem günstigen Strom produzieren soll. Die Vereinbarung mit der Chinesischen National Nuclear Corporation zum Bau eines Prototyps in China bis 2025 ist wegen des Handelsstreits zwischen den USA und China allerdings in Frage gestellt worden.[30] In den USA entstehen immer mehr „Nuclear Start-Ups", die die Kernenergie neu erfinden wollen. Als Hoffnungsträger gelten sogenannte Schnellspaltreaktoren,

30 Michael Gassmann: „So zerstört Trump Bill Gates' Energie-Träume", Welt online, 03.01.2019.

die in der Lage sind, Atommüll als Rohstoff einzusetzen, und besonders die Salzschmelzreaktoren, die zudem als „walk-away safe" gelten, d.h. selbst wenn der Reaktor beschädigt würde, der Strom ausfällt und das ganze Personal nach Hause ginge, würden passive Sicherheitssysteme trotzdem einen Unfall verhindern.

All diese Konzepte gelten als technisch machbar, sagt Götz Ruprecht vom Institut für Festkörper-Kernphysik (IFK) in Berlin: „Es geht nicht mehr um Forschung. Es geht nur noch um technische Entwicklung. Die Innovation erfolgt dadurch, dass wir Elemente neu kombinieren, die vorher in ganz unterschiedlichen Zusammenhängen eingesetzt wurden."[31] Das Berliner Start-Up hat das Konzept eines bereits in den 1960er Jahren in den USA experimentell betriebenen Salzschmelzreaktors weiterentwickelt, dieses bei einem Treffen der Internationalen Atomenergie-Organisation vorgestellt und inzwischen patentieren lassen. Auch bei den deutschen GreenTec Awards 2013, unter der Schirmherrschaft von Peter Altmaier, damals noch als Bundesumweltminister, hatte sich das IFK mit seinem Konzept beworben. Als das IFK-Konzept bei der Online-Abstimmung als Sieger hervorgegangen war und sich damit automatisch für das Finale qualifiziert hätte, wurde nachträglich das Reglement geändert.[32] Auf der glamourösen Preisverleihungsgala durfte offenbar auf keinen Fall ein Kernreaktor präsentiert werden – ein zwar nur anekdotisches, aber deutliches Zeichen für die ideologische und innovationsfeindliche Ausrichtung von Initiativen wie

31 Thilo Spahl: „Die Neuerfindung der Kernenergie", Novo online, 08.11.2013.
32 Christian Riesen: „Skandal-Wettbewerb! GreenTec Award lädt Publikumsliebling aus!", Blog etwasanderekritik, 13.06.2013.

dem GreenTec Award, die von Wirtschaft und Staat gesponsert werden.[33]

Der Kernenergiebereich ist exemplarisch dafür, wie sehr sich staatliche Regulierung auf die Innovationsfähigkeit auswirkt. In Deutschland wird neben der Forschung zur Beseitigung kerntechnischer Anlagen praktisch nur noch die Fusionsforschung mit staatlichen Mitteln gefördert. Zu den geförderten Projekten gehört der „Internationale Thermonuklear Experimental-Reaktor" (ITER) im französischen Cadarache, dessen Baukosten derzeit auf 20 Milliarden geschätzt werden. 2025 soll der ITER als experimentelles Kraftwerk in den Betrieb gehen.[34] In Deutschland erforscht auch das Max-Planck-Institut für Plasmaphysik (IPP) in Garching und Greifswald die physikalischen Grundlagen für ein Fusionskraftwerk, das Energie aus der Verschmelzung von leichten Atomkernen gewinnen soll. Mit rund 1100 Mitarbeiterinnen und Mitarbeitern ist das IPP eines der größten Zentren für Fusionsforschung in Europa.[35] Trotz vieler politischer Störfeuer wurde die staatliche Förderung der Fusionsforschung in den letzten Jahrzehnten in Deutschland nicht aufgegeben – zu vielversprechend sind die Chancen, die sich aus der technologischen Beherrschung der Kernfusion zur Stromerzeugung ergeben würden. Die Fusionsforschung sank jedoch in der staatlichen Prioritätsliste nach unten. Vor einem Jahrzehnt warben die in Deutschland führenden Institute im Bereich der Fusionsforschung in einem Strategiepapier für die deutliche Aufstockung staatlicher Mittel, um die Forschung auf einem Gebiet schneller voranzubringen, auf

33 „GreenTec Awards", Wikipedia.

34 Alexander Mäder: „Der lange Weg zur Kernfusion" in: Tagesspiegel online, 08.05.2018.

35 „Forschung für die Energie der Zukunft", Max-Planck-Institut für Plasmaphysik online.

dem Deutschland eine „Spitzenposition“ habe. Die Institute forderten „ein ‚Apollo-Programm‘ für Energie“ mindestens jedoch eine „Verdopplung der Forschungsausgaben“.[36]

Daraus ist nichts geworden. Die Ausgaben des Bundes zur Forschung im Bereich der Nukleartechnologie sind seither reduziert worden. Im Jahr 1991 wurden noch fast zwei Drittel der Ausgaben für die Energieforschung in die Nukleartechnologie gesteckt. Heute ist es nur noch etwa ein Fünftel.[37] Der Löwenanteil der Energieforschungsausgaben fließt heute in die Energieeffizienzforschung und die Erneuerbaren Energien. Die Ausgaben für die Nuklearforschung wurden dagegen nahezu halbiert von 396,4 Millionen Euro im Jahr 1991 auf 213,2 Millionen im Jahr 2017.[38] Besonders krass ist jedoch der Vergleich dieser Forschungsausgaben mit den Subventionen, die in die Energieerzeugung fließen. In ihrem Strategiepapier von 2009 wiesen die Forschungsinstitute darauf hin, dass in Deutschland damals bereits 10 Milliarden Euro jährlich in die Subventionierung der regenerativen Stromerzeugung geflossen sind. Heute sind daraus mehr als 30 Milliarden Euro geworden und das mit weiter steigender Tendenz – ein deutliches Indiz, dass die Zukunft nur noch als Energiesparvariante der Gegenwart gedacht und auch in diese Richtung gesteuert wird.

36 „Strategiepapier der deutschen Fusionsforschung“, Max-Planck-Institut für Plasmaphysik, Forschungszentrum Karlsruhe in der Helmholtz-Gemeinschaft, Forschungszentrum Jülich, Unterzeichnet von Prof. Dr. Günter Hasinger (IPP), Prof. Dr. Eberhard Umbach (Forschungszentrum Karlsruhe), Prof. Dr. Achim Bachem (Forschungszentrum Jülich), April/Mai 2009.

37 „Ausgaben (real 2017) für Energieforschung aus Bundesmitteln“, Bundesministerium für Wirtschaft und Energie online, 01.08.2018.

38 Ebd.

Sinnentleerter Innovationsbegriff

Eine in erster Linie Risikoscheu und Vorsorgeprinzip präferierende staatliche Orientierung ist zur objektiven Barriere für die Freisetzung kreativer Potenziale und technologischen Fortschritts geworden. Technologie erscheint dabei nicht per se als Problem. Erst im Kontext unserer politischen Kultur, in der Werte wie der „Erhalt der natürlichen Umwelt“ und „Gesundheit“ dominieren, verbreitet sich eine Kultur genereller Risikoangst, in der zahlreiche vielversprechende technische Entwicklungen als potentiell gefährlich stigmatisiert werden. Es gibt durchaus ein großes naturwissenschaftlich interessiertes Publikum, das sich für Quantencomputer oder Weltraumsonden zur Erforschung des Sonnensystems begeistern kann, und viele neue Technologien können sogar allgemeine Begeisterung und Bewunderung auslösen. Sobald sich aus diesen Technologien jedoch gesellschaftliche Umsetzungen und Veränderungen ergeben, wird ihre Bewertung ungleich skeptischer. Die vorhandenen Ängste werden politisiert und instrumentalisiert, und es wird zuallererst gefragt, ob der Umgang mit dem Neuen nicht neue Risiken mit sich bringen könnte. Damit bekommt jede Erfindung, jede Innovation zunächst eine Hypothek an präventivem Misstrauen aufgebürdet. Die *fehlende Zuversicht in die historisch testierte menschliche Lösungskompetenz wird so zu einer Bremse für den technologischen Fortschritt.*

Die Angst vor gesellschaftsverändernden Technologien lässt Veränderungen aus einer Position individueller und gesellschaftlicher Schwäche betrachten. Dadurch erscheinen Umbrüche oft größer und bedrohlicher, als sie real sind. Wirtschaftsminister Altmaier etwa behauptet in seinem

Industriestrategiepapier, dass sich das Innovationstempo „im Vergleich zu früheren Zeiträumen [...] heutzutage enorm beschleunigt" habe, und er prognostiziert, dass das „Innovationstempo noch einmal drastisch zunehmen" werde durch „die Verbindung von wesentlichen Aspekten der digitalen Revolution mit traditioneller Forschung und Umsetzung".[39] Die Tatsachen zeigen etwas Anderes: Technologischer Fortschritt kommt heute eher im Schneckentempo daher, was sich an der schleppenden Produktivitätsentwicklung in allen entwickelten Volkswirtschaften zeigt. Da Altmaier den gegenwärtig gebremsten Wandel jedoch als besonders dynamisch interpretiert, hält er industriepolitische Konzepte für geeignet, die nicht auf die Steigerung der Innovationsfähigkeit abzielen, sondern sich mit einem Schritthalten zum Mainstream begnügen. So scheint ihm die „fördernde und schützende Industriepolitik", die in erster Linie darauf ausgerichtet ist, Unternehmen vor dem Untergang zu bewahren und mit Subventionen zu pampern, als hinreichend.

Wie der Technologieexperte und Publizist Peter Heller erklärt, hat sich ein sehr reduziertes Verständnis von Innovation herausgebildet. Der heute gerne benutzte Begriff „Disruption" entspricht eher dem, was in früheren Zeiten als innovativ angesehen wurde. Echte Innovationen, also Disruption, sehen wir heute jedoch kaum, wie Heller ausführt: „Der Mangel an Inspiration und Anspruch [...] wird hierzulande gerne mit der Einbildung verdeckt, es gäbe einerseits ‚normale' und andererseits besonders wirkungsvolle, als ‚disruptiv' bezeichnete Innovationen, die eher selten und

39 „Nationale Industriestrategie 2030 – Strategische Leitlinien für eine deutsche und europäische Industriepolitik", Bundesministerium für Wirtschaft und Energie (BMWi), Februar 2019, S. 10f.

im Grunde reine Glückssache seien. Doch in Wahrheit sind erfolgreiche Innovationen immer disruptiv, oder besser ausgedrückt: Was nicht das Potential in sich trägt, substantielle Umwälzungen zu induzieren, darf nicht Innovation genannt werden."[40]

Der ursprüngliche Begriff von Innovation, wie er in die Wirtschaftswissenschaften durch den Ökonomen Joseph Schumpeter zu Beginn des 20. Jahrhunderts eingeführt wurde, ist mittlerweile verschwommen. Schumpeter sah einen kausalen Zusammenhang zwischen Produkt- sowie Prozessinnovationen und Wohlstand durch Produktivitätsentwicklung. Mit der Formulierung ihrer „Neuen High-Tech Strategie" 2014 verwendeten CDU/CSU und SPD einen „erweiterten Innovationsbegriff, der nicht nur technologische, sondern auch soziale Innovation umfasst" und „die Gesellschaft als zentralen Akteur" einsetzt.[41] Diese Erweiterung führt zu einem sehr schwammigen, beliebigen Verständnis von Innovation und läuft auf eine Abkehr von der ursprünglichen Bedeutung hinaus. Das Eckpunktepapier zur Forschungs- und Innovationsstrategie des CDU-geführten Bundesministeriums für Bildung und Forschung (BMBF) vom Juli 2017 zeigt, wie verwässert der Innovationsbegriff ist. Das Ministerium will „Forschung und Innovation zielgerichtet auf gesellschaftlichen Nutzen ausrichten: sicher, gesund und nachhaltig".[42]

Auch auf der EU-Ebene ist dieser Paradigmenwechsel zu beobachten. Die Lissabon-Strategie aus dem Jahr 2000 zielte noch auf wirtschaftliches Wachstum ab, um die EU

40 Peter Heller: „Jede Innovation ist disruptiv", Novo online, 19.03.2018.

41 „Die neue Hightech-Strategie, Innovationen für Deutschland", Bundesregierung online, August 2014, S. 4.

42 Bundesministerium für Bildung und Forschung: „Chancen 2012 – Eckpunkte einer Forschungs- und Innovationsstrategie", Juli 2017, S. 3.

zum „wettbewerbsfähigsten und dynamischsten wissensbasierten Wirtschaftsraum der Welt" zu machen. Zehn Jahre später verabschiedete man sich mit dem Wirtschaftsprogramm Europa 2020 sang und klanglos vom nicht erreichten Entwicklungsziel. An Wachstum und Entwicklung wurden nun Bedingungen geknüpft. Nur solches Wachstum sei erwünscht, das sich als „intelligentes, nachhaltiges und integratives Wachstum" qualifiziere. Wachstum, Innovation und Forschung sollen nicht mehr darauf ausgerichtet sein, den materiellen Wohlstand zu steigern, sondern in erster Linie weiche Ziele wie Nachhaltigkeit, Sicherheit, Inklusion, Glück oder soziale Gerechtigkeit gewährleisten.

Dies führt dazu, dass Entwicklungen als innovativ angesehen werden, die nichts mit der ursprünglichen Bedeutung des Begriffs zu tun haben oder sogar das Gegenteil von Innovation sind. Typisch ist in dieser Hinsicht der bereits erwähnte Zehn-Punkte-Plan des Wirtschaftsministeriums zum digitalen Wandel, das explizit „Transformation statt Disruption" anstrebt.[43] Der Einsatz revolutionärer Technologien, die für bestehende Geschäftsmodelle und ganze Branchen das Aus bedeuten könnten, wird somit abgelehnt. Innovationen, die es verdienen, so bezeichnet zu werden, sind jedoch notwendigerweise disruptiv, denn sie ersetzen oder verbessern bisherige Produkte oder Prozesse: Sie bieten den ersten Anwendern so deutliche Vorteile, dass sich diese Innovationen durchsetzen und Veraltetes verdrängen. Ist dies nicht der Fall, handelt es sich nicht um eine Innovation im klassischen Sinn. Die angstgetriebene Ablehnung von Disruption kommt praktisch dem Verzicht auf die wohlstandsteigernde Kraft

43 Bundesministerium für Wirtschaft und Energie: „Deutschland – stark und gerecht! Ein Zehn-Punkte-Plan für inklusives Wachstum", 20.03.2017.

von möglichst großen Produktivitätssprüngen gleich. Die ausgehöhlte Bedeutung des Innovationsbegriffs führt dazu, dass *der Wunsch nach mehr Innovation allgegenwärtig* ist, aber nur *selten wirkliche Innovation gemeint* ist.

Regulierung und Selbstregulierung der Unternehmen

Staatliche Regulierung verläuft seit Jahrzehnten in zwei Hauptlinien, die für die Zombifizierung der Wirtschaft entscheidend sind. Erstens erfolgt eine eher *indirekte Regulierung, die sich über fiskal- und wirtschaftspolitische Eingriffe sowie Rahmensetzungen manifestiert.* Wirtschaftliche Stabilisierung steht seit dem abrupten Ende des Wirtschaftswunders in den 1970er Jahren als regulatorisches Motiv im Zentrum der Wirtschaftspolitik. Diese Regulierung hat sich in Kombination mit den beschriebenen soziokulturellen Trends, die sich in Misstrauen und Ablehnung gegenüber Veränderung ausdrücken, immer stärker durchgesetzt und ist inzwischen institutionalisiert und kulturell verankert. Dabei hat sich ein sich selbst verstärkender Teufelskreis herausgebildet, zwischen einer immer schwächeren wirtschaftlichen Entwicklung und einer daher umso bereitwilligeren Bewahrung und Rettung bestehender Unternehmen und deren Geschäftsmodellen zulasten disruptiver Neuerungen.

Die zweite Hauptlinie staatlicher Regulierung besteht in einer sehr *direkten Regulierung des Innovationsgeschehens, die darauf hinwirkt die möglichen Innovationspotenziale zu ersticken, statt ihnen zum Durchbruch zu verhelfen.* Von dieser Regulierung sind alle gesellschaftlichen Bereiche tief durchdrungen. Sie zielt darauf ab, die sich vermeintlich aus Risiken oder beschleunigten Veränderungsprozessen ergebenden individuellen wie auch gesellschaftlichen Überforderungen zu vermeiden. Als Regulierungsgrundlage dient das institutionalisierte und in seiner restriktiven Auslegung konsensuale Vorsorgeprinzip. Seit vielen Jahren zeigt sich sogar eine metaphysische Überdrehung des Null-Toleranz Risikos, indem trotz gesicherter wissenschaftlicher Grundlage und sogar nach erfolgreicher jahrzehntelanger Anwendung innovative Produkte und Verfahren regulatorisch verhindert werden. Für Unternehmen oder potenzielle Start-Ups und deren Investoren, die in diesem sogar ins metaphysische abgleitende hochregulierten Umfeld Innovationen hervorbringen wollen, entstehen unkalkulierbare Risiken. Verschleppte und gar verhinderte Zulassungen wie auch die regulatorische Verhinderung der Weiterverwendung etablierter und unbedenklicher Produkte verursachen Milliardenschäden. Noch schädlicher dürfte sein, dass sie die Bereitschaft dämpfen, derart hochgeschraubte Risiken einzugehen, die weit über die ohnehin oft existenziellen Risiken bei Produkt- oder Prozessinnovationen hinausreichen.

Staatliche Institutionen agieren als Innovationsbremsen, obwohl sie in Worten geradewegs wie Innovationsfetischisten daherkommen. Diese Paradoxie ergibt sich aus der Aushöhlung der ursprünglichen Idee von Innovation, so dass heute unbedeutende Entwicklungen als Innovation gelten und Innovationen frei sein müssen von disruptiven Entwicklungen, die es notfalls zu verhindern gilt. So entsteht der Eindruck, das Problem bestehe darin, dass es eine zu große Innovationsdynamik gibt und der Staat eine eher bremsende oder – wie sich das Wirtschaftsministerium ausdrückt – „politisch begleitende und moderierende" Rolle übernehmen muss. Der Staat legt seine schützende Hand über die von Innovationen negativ betroffenen Menschen, indem er darauf abzielt, den Wegfall ihrer Jobs zu bekämpfen. Zudem erhebt er den Anspruch, sie vor einer zu dynamischen Veränderung der Arbeitswelt zu bewahren, da sie vermeintlich nicht fähig sind, sich in neue Jobs hineinzuqualifizieren. Gleiches gilt für die Unternehmen, die vor den negativen Folgen eines angeblich allzu beschleunigten technologischen Wandels bewahrt und notfalls staatlich abgesichert werden. In dem Bestreben, die zerstörerischen Aspekte von Innovationen zu verhindern und einzudämmen, anstatt diesen Wandel bestmöglich voranzubringen, agieren staatliche Stellen innovationsfeindlich.

Die vielen staatlichen Förderprogramme zur Steigerung der Innovationsfähigkeit scheitern nicht zuletzt an der beschriebenen regulatorischen Grundausrichtung, die von weiten Teilen der Gesellschaft getragen wird. Das viele von Bund und Ländern bereitgestellte Geld zur Initiierung und Förderung etablierter Unternehmen und Start-Ups hilft nicht viel, wenn die *Vermeidung von Risiken aller Art zu einem die Gesellschaft dominierenden Leitprinzip* geworden ist, das individuelles und unternehmerisches Verhalten prägt.

Staatliche Regulierung drängt auch die Unternehmen und deren Führungskräfte, die selbst die „Kultur der Angst" verinnerlicht haben, zu einer sehr konservativen Herangehensweise im Umgang mit Risiken. Den Managern wirft der ehemalige BWL-Professor und heutige Unternehmensberater Wolfgang Vieweg vor, dass sie ihre Aufgabe vornehmlich darin sehen, „Risiken aufzuspüren und dann irgendwie zu beherrschen. Erfolg wird gesichert durch Ausschaltung jeglicher Risiken. Über Chancen reden wir kaum. Chancen haftet etwas Positives, aber auch etwas Spekulatives, Draufgängerisches, Verwerfliches an. [...] Die Moderne lebt in der

Möglichkeitsform; es geht um die Steigerung der Handlungsmöglichkeiten. Ein auf Risikovermeidung gerichtetes Management wird dem nicht gerecht."[44]

Diese problematische Ausrichtung wird durch staatliche Vorgaben zur Institutionalisierung des Risikomanagements in den Unternehmen begünstigt. In den 1990er Jahren hatte eine Welle großer Unternehmenszusammenbrüche zu einer massiven Kritik an der Art des Umgangs mit Risiken in deutschen Unternehmen geführt. 1998 trat daraufhin das Gesetz zur Kontrolle und Transparenz im Unternehmensbereich (KonTraG) in Kraft und schuf einen völlig neuen Rahmen für die Aufsichtspflicht und das Risikomanagement in deutschen Unternehmen. Vorstände, Geschäftsführer, Wirtschaftsprüfer und Sicherheitsmanager werden haftbar gemacht, wenn keine geeignete Vorsorge beziehungsweise Frühwarnung im Rahmen des betrieblichen Risikomanagements betrieben wird. Den Unternehmen bleibt wenig anderes übrig, als sich diesen Trends anzupassen. Insofern hat auch das KonTraG seine Wirkung nicht verfehlt, denn vor allem die Großunternehmen haben ihr Risikomanagement seitdem erheblich ausgeweitet: Absicherungsdenken und Risikovermeidung florieren. In der Praxis führt dies üblicherweise zur Institutionalisierung einer risikoaversen Haltung.

Wissenschaftliche Untersuchungen weisen darauf hin, dass Unternehmensleitungen schon seit den 1990er Jahren bei Investitionsentscheidungen die möglichen Verluste tendenziell stärker fürchten und den potenziellen Nutzen daher geringer bewerteten.[45] Trotz der vor allen in den 2000er

44 Wolfgang Vieweg: „Alle suchen Risikomanager – niemand Chancenmanager" in: F.A.Z. 16.09.2013, S. 18.

45 Phil Mullan: „Creative Destruction – How to start an economic renaissance", Policy Press University of Bristol 2017, S. 211ff.

Jahren deutlich rückläufigen Zinssätze für die Finanzierung langfristiger Investitionen haben die Unternehmen kontinuierlich höhere Risikoaufschläge aufgesattelt. Dies führt dazu, dass der Amortisationszeitraum bei Investitionsentscheidungen immer kürzer wird. Noch vor der Finanzkrise wurde in den Unternehmen mit Amortisationszeiträumen von sechs Jahren gerechnet, heute liegt der Zeitraum bei vier Jahren.[46] Die Konsequenz ist, dass Investitionsentscheidungen nur getroffen werden, wenn enorm hohe Renditen zu erwarten sind und der Investitionsaufwand in sehr kurzer Zeit wieder verdient ist. Die Verkürzung des Amortisationszeitraums betrifft in erster Linie Investitionen, die einen transformativen Effekt auf die Unternehmen und dessen Geschäftsmodell haben können und daher als risikoreich gelten und zudem hohe Investitionssummen erfordern. Demzufolge suchen die Unternehmen andere Verwendungen für ihre finanziellen Mittel, als diese in produktives Kapital, also F&E oder gar verbesserte Maschinen und Anlagen zu investieren. Zu beobachten ist dieser Trend bereits seit Anfang der 1980er Jahre.[47]

Die Neuerfindung der Unternehmerfunktion

Auch der staatlich ausgeübte Zwang, die Leitlinie der „Sozialen Verantwortung der Unternehmen", neudeutsch auch als Corporate Social Responsibility (CSR) bezeichnet, zu übernehmen, trägt dazu bei, die Unternehmen zu

46 Ebd., S. 212f.

47 Petra Dünhaupt et al.: „Finanzsystem und wirtschaftliche Entwicklung: Tendenzen in den USA und in Deutschland aus makroökonomischer Perspektive" in: IMK Studies, 05/2007.

Innovationsbremsen zu machen. Sie sollen durch CSR „auf freiwilliger Basis soziale Belange und Umweltbelange in ihre Unternehmenstätigkeit […] integrieren" und diese auf die gleiche Stufe wie das Profitinteresse heben.[48]

Da Marktwirtschaft und unternehmerisches Handeln in der öffentlichen Meinung skeptisch betrachtet werden, sehen sich die Unternehmen einem erheblichen Druck ausgesetzt, ein vorrangig am Gewinn ausgerichtetes Handeln gesellschaftlich zu legitimieren. Nicht durch Erzielung hoher Erträge, sondern durch Selbstbegrenzung und Affirmation defensiver Wertorientierungen, wie es CSR transportiert, soll neues Vertrauen entstehen. Ökonomisch vernünftiges Handeln leidet unter hohem gesellschaftlichem Reputationsrisiko. Die Unternehmen versuchen das zu kompensieren, indem sie in Wort und Tat ihre soziale Verantwortung inszenieren und Nachhaltigkeitsdenken und Vorsorgeprinzip aufnehmen.[49]

Hinter CSR steckt die Vorstellung, dass Unternehmen die Interessen verschiedenster Anspruchsgruppen berücksichtigen müssten und nicht einseitig das Interesse ihrer Eigentümer verfolgen dürften. Indem die alleinige Gewinnerzielungsabsicht als illegitim erscheint, bewirkt die CSR-Doktrin jedoch auch eine Entwertung der wertschöpfenden Funktion der Unternehmen, denn aus Sicht des Unternehmens führt es diese ausschließlich zum Zweck der privaten Gewinnerzielung aus. Der eigentliche gesellschaftliche Beitrag des Unternehmens liegt laut CSR stattdessen darin, auch die Vielzahl seiner anderen Anspruchsgruppen, etwa

48 „Grünbuch Europäische Rahmenbedingungen für die soziale Verantwortung der Unternehmen", EU-Kommission, 18.07.2001.

49 „Nationales CSR-Forum", Bundesministerium für Arbeit und Soziales online.

die Beschäftigten, deren Familien, die Gemeinde am Unternehmenssitz usw. am Erfolg partizipieren zu lassen. In diese Kategorie wohltätiger Handlungen fallen typischerweise Ressourceneffizienzprogramme, die nicht unbedingt profitabel sein müssen, aber gerade dann dazu beitragen, dass Unternehmen ihrer sozialen Verantwortung gerecht werden. Wohltätigkeiten wie etwa die Förderung regionaler Vereine und Initiativen oder die Verbesserung sozialer Einrichtungen des Unternehmens usw. gehören ebenfalls in das CSR-Programm.

CSR fordert von den Unternehmen, einen gesellschaftlichen Beitrag zu leisten, der sich jedoch ausschließlich auf größtmögliche Wohltätigkeit im Hinblick auf soziale Belange und Umweltthemen beschränkt. Die Profiterzielung erscheint nur noch als ein Ziel unter vielen und ist insofern einer impliziten Kritik unterworfen. Das zentrale Problem ist jedoch, dass die *eigentliche wohlstandstiftende Funktion der Unternehmen*, die in der möglichst profitablen Organisation der Wertschöpfung besteht, nicht nur in den Hintergrund tritt, sondern als *alleiniger Ausfluss des Profitinteresses gesehen* wird und nicht mehr *als gesellschaftlicher Beitrag* erscheint.

Die CSR-Doktrin ist eine Ideologie, die perfekt in die Zombiewirtschaft passt. Es scheint gleichgültig, wie die Unternehmen ihre Wertschöpfungsprozesse organisieren und insbesondere, ob sie in der Lage sind, den gesellschaftlichen Wohlstand durch die Steigerung der Arbeitsproduktivität anzuheben, solange sie wohltätig agieren. Dies steht in diametralem Gegensatz zu der Perspektive der klassischen Ökonomie. Schon Adam Smith sah den Nutzen der privatwirtschaftlichen Tätigkeit darin, dass der materielle Wohlstand der gesamten Gesellschaft gesteigert wird. Smith konstatierte, dass die Unternehmer in einer marktwirtschaftlich organisierten Gesellschaft mit ihrem Interesse an größtmöglichem Gewinn eine objektiv im Interesse der gesamten Gesellschaft liegende Aufgabe wahrnähmen. Wenn „jeder einzelne so viel wie nur möglich danach trachtet, sein Kapital zur Unterstützung der einheimischen Erwerbstätigkeit einzusetzen, und diese dabei so lenkt, dass ihr Ertrag den höchsten Wertzuwachs erwarten lässt, dann bemüht sich auch jeder einzelne ganz zwangsläufig, dass das Volkseinkommen im Jahr so groß wie möglich werden wird", schreibt er im „Wohlstand der Nationen". Mit seinem Gewinnstreben fördert der Unternehmer, indem er das Volkseinkommen steigert, auch das Allgemeinwohl, obwohl dies subjektiv nicht in seiner Absicht liegt. Er tut es, weil er die Unternehmerfunktion bestmöglich ausführt: „Und er wird in diesem, wie in anderen Fällen von einer unsichtbaren Hand geleitet, um einen Zweck zu fördern, den zu erfüllen er in keiner Weise beabsichtigt hat."[50]

Etwas anders, aber mit der gleichen Zielrichtung formulierte es in den 1960er Jahren der spätere Wirtschaftsnobelpreisträger Milton Friedman. In Anbetracht aufkommender Ideen von einer „sozialen Verantwortung der Unternehmen" beharrte er auf der Rolle der Unternehmen als Wohlstandstreiber. In seinem Buch „Kapitalismus und Freiheit" warnte er, in einem freien Wirtschaftssystem gebe es nur „eine einzige Verantwortung" für die Unternehmer: „Sie besagt, dass die verfügbaren Mittel möglichst Gewinn bringend eingesetzt werden und Unternehmungen unter dem Gesichtspunkt der größtmöglichen Profitabilität geführt werden müssen,

50 Adam Smith: „Der Wohlstand der Nationen – Eine Untersuchung seiner Natur und seiner Ursachen", 11. Auflage, Deutscher Taschenbuch Verlag 2005 (Erstveröffentlichung 1776), Viertes Buch, 2. Kap., S. 370.

solange dies unter Berücksichtigung der festgelegten Regeln des Spiels geschieht […]".[51]

Auch Peter Drucker, der Pionier der modernen Managementlehre, hatte die wohlstandssteigernde Funktion der Unternehmen in den 1970er Jahren noch klar im Fokus. Aus dieser zentralen gesellschaftlichen Verantwortung der Unternehmen in der industriellen Gesellschaft leitete er sogar die besondere Aufgabe des Managements ab. „Das Unternehmen ist das wohlstandsschaffende und wohlstanderzeugende Organ unserer Gesellschaft. Das Management muss seine wohlstandsschaffenden Produktionsmittel intakt erhalten durch die Erzielung angemessener Gewinne zum Ausgleich der in der wirtschaftlichen Tätigkeit erhaltenen Risiken. Und außerdem muss es die wohlstandsschaffende und -erzeugende Kapazität dieser Produktionsmittel vergrößern und damit gleichzeitig zur Vergrößerung des Wohlstands der Allgemeinheit beitragen."[52]

Das von staatlicher Seite forcierte Konzept der sozialen Verantwortung soll den Unternehmen eine neue Moralität einhauchen, die gleichzeitig von der Begründung der Unternehmensfunktion, die seit der Aufklärung bestand hatte, Abschied nimmt. Die Legitimation der Unternehmen beruht nach dieser Doktrin nicht mehr auf dem gesellschaftlichen Nutzen, den sie durch die Verbesserung ihres Wertschöpfungsbeitrags erreichen. CSR fungiert als ideale Ergänzung zu einem staatlichen Handeln, das in erster Linie auf Stabilität und Sicherheit und nicht auf Wohlstandssteigerung ausgerichtet ist. Die Unternehmen sind gezwungen, sich an einer innovationsfeindlichen staatlichen Regulierung

51 Milton Friedman: „Kapitalismus und Freiheit", Piper Verlag 2005, S. 164.
52 Peter Drucker: „Die Praxis des Managements", Drömer Knaur 1970, S. 404.

zu orientieren. Viele Unternehmensvorstände haben sich inzwischen selbst der risikoaversen gesellschaftliche Grundorientierung unterworfen und leisten einen eigenen Beitrag als Innovationsbremsen. Staatliches Handeln ist zu einer Schutzmacht der Zombieökonomie geworden.

IV
DIE ÜBERWINDUNG DER ZOMBIEWIRTSCHAFT

Wohlstand für alle

Aller gesellschaftlicher Reichtum basiert auf menschlicher Arbeit.[1] Die Freiheit des Menschen begann, als er durch Arbeit aus der Natur heraustrat und lernte, diese bewusst zu gestalten. Immer weiter reichende Naturbeherrschung hat in den vergangenen 200 Jahren für Milliarden von Menschen einen immensen Zuwachs an Freiheit und Wohlstand gebracht. Gemessen an heutigen Standards waren vor 200 Jahren 100 Prozent der Menschen arm. Das reale Lebensniveau eines heutigen Hartz-IV-Beziehers ist, sozialer Ungleichheit zum Trotz, höher als das eines beliebigen Adeligen im 18. Jahrhundert, der noch nicht einmal über Wasserklosett, fließendes Warmwasser, Zentralheizung oder naturwissenschaftlich gebildete Ärzte verfügte, von Rundfunk und Fernsehen, Computern und modernen Verkehrsmitteln ganz zu schweigen. Statt 80 Stunden pro Woche arbeitet heute gut die Hälfte der Deutschen in der Regel 40 Stunden oder weniger, knapp 50 Prozent der Bevölkerung sind gar nicht erwerbstätig. Dies alles haben wir mit der ultimativen Ressource, der menschlichen Erfindungsgabe, erreicht, die uns ermöglicht, mit immer weniger Aufwand immer mehr aus der Natur herauszuholen. Vor allem *Technologien mit hoher Eingriffstiefe* in die Natur haben oft große Verbesserungen der menschlichen

1 Diese Erkenntnis der klassischen Ökonomie fasste Friedrich Engels treffend zusammen: „Die Arbeit ist die Quelle alles Reichtums, sagen die politischen Ökonomen. Sie ist dies – neben der Natur, die ihr den Stoff liefert, den sie in Reichtum verwandelt.", Friedrich Engels: „Dialektik der Natur, Anteil der Arbeit an der Menschwerdung des Affen" in: Karl Marx / Friedrich Engels, Werke Band 20, Dietz Verlag 1962, S. 444.

Lebensgrundlagen bewirkt. Es wäre unvernünftig, diesen Weg nicht weiterzugehen.

Der heute erreichte Grad der Naturbeherrschung erlaubt es, mit Seuchen oder Naturkatastrophen wesentlich besser umzugehen, als es jede Vorgängergeneration hätte tun können. Das gleiche gilt für Probleme oder Risiken, die aus Eingriffen des Menschen in die Natur resultieren. So wurde durch Forschungen in den 1950er und 1970er Jahren ein gefährlicher Abbau der Ozonschicht erkannt, der auf die industrielle Verwendung von Fluorchlorkohlenwasserstoffen (FCKW) und deren Konzentration in der Atmosphäre zurückgeführt wurde. Durch internationale Abkommen ab den 1980er Jahren, in denen eine stufenweise Reduktion der Verwendung dieser Chemikalien verabredet und neue technologische Möglichkeiten zum Ersatz der FCKW gefunden wurden, gelang es, den Ozonabbau zu stoppen. Inzwischen schließt sich das Ozonloch wieder. Der erreichte hohe Entwicklungsstand vor allem der entwickelten Volkswirtschaften bietet die Basis, um auch den Gefahren eines Klimawandels zu begegnen. Die Gesellschaft kann sich vor den Folgen von Klimaveränderungen schützen. Schon heute bestehen Möglichkeiten, aktiv einzugreifen und das Klima zu gestalten. Wissenschaftlich und technologisch realisierbar ist die Reduktion des Ausstoßes von Klimagasen, ohne dabei auf die wohlstandssteigernden Effekte massenhaft verfügbarer und günstiger Energie verzichten zu müssen.[2]

Marx betonte, dass die kontinuierliche Entwicklung der materiellen Grundlagen die Basis für individuelle und kollektive Freiheit ist, denn sie ermöglicht es, den Zwängen der Natur und dem Zwang zur Arbeit so weit wie möglich zu

2 Thilo Spahl (Hg.): „Schluss mit der Klimakrise", Novo Argumente Verlag, 2020.

entfliehen. Im „Kapital" formulierte er den Zusammenhang zwischen der Fähigkeit der Menschheit, die materielle Produktion zu verbessern, und der Freiheit folgendermaßen: „Der wirkliche Reichtum der Gesellschaft und die Möglichkeit beständiger Erweiterung ihres Reproduktionsprozesses hängt also [...] ab [...] von ihrer Produktivität und von den mehr oder minder reichhaltigen Produktionsbedingungen, worin sie sich vollzieht. Das Reich der Freiheit beginnt in der Tat erst da, wo das Arbeiten, das durch Not und äußere Zweckmäßigkeit bestimmt ist, aufhört; es liegt also der Natur der Sache nach jenseits der Sphäre der eigentlichen materiellen Produktion. Wie der Wilde mit der Natur ringen muß, um seine Bedürfnisse zu befriedigen, um sein Leben zu erhalten und zu reproduzieren, so muß es der Zivilisierte, und er muß es in allen Gesellschaftsformen und unter allen möglichen Produktionsweisen. [...] Die Freiheit in diesem Gebiet kann nur darin bestehn, daß der vergesellschaftete Mensch, die assoziierten Produzenten, diesen ihren Stoffwechsel mit der Natur rationell regeln, unter ihre gemeinschaftliche Kontrolle bringen, statt von ihm als von einer blinden Macht beherrscht zu werden; ihn mit dem geringsten Kraftaufwand und unter den ihrer menschlichen Natur würdigsten und adäquatesten Bedingungen vollziehn. Aber es bleibt dies immer ein Reich der Notwendigkeit. Jenseits desselben beginnt die menschliche Kraftentwicklung, die sich als Selbstzweck gilt, das wahre Reich der Freiheit, das aber nur auf jenem Reich der Notwendigkeit als seiner Basis aufblühn kann. Die Verkürzung des Arbeitstags ist die Grundbedingung."[3]

3 Karl Marx: „Das Kapital", Bd. III, 7. Abschnitt, Karl Marx / Friedrich Engels, Werke Band 25, Dietz Verlag 1962, S. 828.

Umverteilung ist keine Lösung

Die schwächer werdende, fast stagnierende Entwicklung der Arbeitsproduktivität wirkt sich in erster Linie auf die arbeitende Bevölkerung negativ aus. Steigerungen des Reallohniveaus sind kaum mehr möglich. Die wirklich Reichen sind kaum betroffen. In der Regel können sie ihren Lebensunterhalt durch Einkünfte aus Kapitalvermögen bestreiten. Die Reallohnstagnation der Zombiewirtschaft beschleunigt den sozialen Abstieg für viele Gruppen.

Ein Beispiel für das Voranschreiten der sozialen Spaltung ist der Wohnungsmarkt. Wie schon ausgeführt, treiben die Zentralbanken in ihrem Versuch, stabilisierend auf die Wirtschaft einzuwirken, mit immer billigerem Geld die Vermögenspreise in die Höhe. Seit der Finanzkrise hat sich auch in Deutschland ein deutlicher Anstieg der Immobilienpreise ergeben. Wie das Forschungsinstitut Empirica kürzlich ermittelt hat, sind die Kaufpreise für Eigentumswohnungen in Deutschland zwischen 2005 und 2017 im Durchschnitt um 53 Prozent gestiegen. Die Mieten haben in diesem Zeitraum nicht ganz so stark, dennoch durchschnittlich um 29 Prozent zugenommen. Das verfügbare Jahreseinkommen je Haushalt ist jedoch nur um 20 Prozent gestiegen.[4] Demnach sind die Immobilienbesitzer in dieser Zeit reich geworden, und mancher konnte sein Vermögen durch den Verkauf sogar vergolden. Die Renditen für Vermieter, gerechnet auf Grundlage der Wohnungspreise vor dem Preisauftrieb, sind ebenfalls gestiegen. Für die Mieter sieht es im Durchschnitt jedoch

4 „Wohnen kostet mancherorts ein Drittel des Einkommens", F.A.Z. 26.06.2019, S. 23.

schlecht aus. Da die nur leicht steigenden Verdienste die stärker steigenden Mietpreise nicht ausgleichen können, müssen Mieter heute einen größeren Anteil ihres Einkommens auf die Miete verwenden. Problematisch ist obendrein, dass die Durchschnittswerte verschleiern, dass manche sozialen Gruppen deutlich stärker verloren haben. Die ärmsten 20 Prozent der deutschen Haushalte müssen mittlerweile knapp 40 Prozent ihres Einkommens für Wohnen ausgeben, 1993 waren dies nur gut 25 Prozent.[5] Die steigenden Vermögenspreise verstärken damit die Dynamik des sozialen Abstiegs, den weniger privilegierte Arbeitnehmergruppen aufgrund der zu geringen Reallohnsteigerungen erleiden.

Auf diese Entwicklung reagiert die Politik mit Appellen und Umverteilungsmaßnahmen für mehr soziale Gerechtigkeit. Das Vertrauen darin ist bei den Betroffenen jedoch geschwunden. Schaufensterprojekte wie die „Rente ab 63" oder die „Mütterrenten" kommen eher sozial privilegierteren Schichten zugute. Die ursprünglich von der SPD vorangetriebene „Respektrente", die nun in etwas modifizierter Form als Grundrente beschlossen wurde, kann die finanzielle Lage sozial Schwacher kaum verbessern. Ein Kollateralschaden solcher Umverteilungspolitik ist die Vertiefung der gesellschaftlichen Spaltung, weil die sozialen Gruppen, beispielsweise Junge und Alte oder Besserverdienende und Niedrigverdiener, gegeneinander ausgespielt werden.

Soziale Leistungen sind eine wichtige Sache, um die Lebenssituation der Menschen zu verbessern. Sie sind jedoch kein Ersatz für die Entwertung der eigenen Arbeit, wenn diese immer weniger zur Sicherung des eigenen Lebensstandards ausreicht. Für das Problem nicht ausreichend vorhandener

5 Ebd.

oder schlecht bezahlter Jobs werden keine Lösungen gefunden. Die „Respektrente", wie auch das immer häufiger geforderte „bedingungslose Grundeinkommen", adressieren weder dieses Problem noch die Sorge vieler Erwerbstätiger um sozialen Abstieg oder Armut im Alter. Faktisch wird der *Anspruch aufgegeben, die wirtschaftliche und soziale Entwicklung so zu beeinflussen*, dass es allen erwerbsfähigen Bürgern gelingen kann, für ihren eigenen Lebensunterhalt zu sorgen. Stattdessen entledigt sich die Gesellschaft dieser Herausforderung und schiebt die Betroffenen auf ein Abstellgleis. In einer Gesellschaft, deren Wohlstand auf menschlicher Arbeit beruht, können sie keinen produktiven Beitrag mehr leisten.

Es ist der seit Jahrzehnten kontinuierlichen Ausweitung des Welthandels zu verdanken, dass der Abstieg vieler sozialer Gruppen in Deutschland verhindert oder zumindest gebremst wurde. Entscheidenden Anteil daran hatte die Integration Osteuropas und Chinas in die globale Arbeitsteilung. Das bescheidene soziale Niveau dieser Länder und deren niedrige Löhne haben in Verbindung mit einer erstarkenden technologischen Entwicklung für günstige Produktionskosten gesorgt. Durch den Import sind viele Konsumartikel in Deutschland billig geblieben oder haben partiell sogar teurere Produkte verdrängt. Der Anstieg der Lebenshaltungskosten wurde dadurch verringert, und so der soziale Abstieg vieler Erwerbstätiger aufgehalten.

Für Deutschland hat sich, anders als bei vielen anderen entwickelten Volkswirtschaften, ein weiterer Vorteil ergeben. Die deutschen Unternehmen profitierten von der Industrialisierung dieser Zulieferländer und der Kaufkraft der dort entstehenden Mittelschichten. In der Folge blieben in Deutschland die Arbeitsplätze im Bereich der Investitionsgüter und der Autoindustrie weitgehend erhalten. Der

Wegfall von Jobs in anderen Branchen wurde so in mancher Hinsicht ausgeglichen. Dennoch fehlen Jobs in neuen und hochproduktiven Unternehmen, die durch höhere Löhne für einen allgemeinen Fahrstuhleffekt und eine schwungvolle soziale Aufwärtsmobilität sorgen könnten.[6]

Die Erfolge der Exportwirtschaft konnten auch den inländischen Konsum anschieben. Seit der Finanzkrise sind in den Dienstleistungsbereichen Millionen neuer Teilzeitstellen entstanden. Der Anstieg erfolgte allerdings hauptsächlich in solchen Beschäftigungsfeldern, in denen die Löhne am unteren Ende der Lohnskala liegen.[7] Einkommensverluste durch sinkende Reallöhne wurden daher vor allem mit zusätzlicher Arbeit ausgeglichen oder sogar überkompensiert. Heute arbeitet jeder Zehnte der über 65-Jährigen, im Jahr 2000 taten dies nur etwa 3 Prozent.[8] Auch die Erwerbsquote der Männer und Frauen im erwerbsfähigen Alter ist deutlich gestiegen. Im Jahr 2004 waren nur 68 Prozent der 20- bis 65-Jährigen erwerbstätig.[9] Heute sind dies 80 Prozent. Hinzu kommt die Zunahme von Zweit- und Drittjobs.[10] Die Deutschen tun also eine Menge, um ihr Einkommensniveau wenigstens zu halten.

Obwohl die den Wohlstand aushöhlende schwache Produktivitätsentwicklung hausgemacht ist, verweist die Politik gewöhnlich auf externe Ursachen. Dies kommt in Altmaiers

6 Alexander Horn: „Das deutsche Wirtschaftswunder und sein Lohnrätsel", Tichys Einblick online, 25.01.2018.

7 Statistisches Bundesamt: „Statistisches Jahrbuch 2017", Tabelle 3. Arbeitsmarkt 13.2 Erwerbstätige und Erwerbslose 13.2.1 Erwerbstätige im Inland nach Wirtschaftsabschnitten, S. 355–356.

8 Institut Arbeit und Qualifikation der Universität Duisburg-Essen: „Erwerbstätige und Erwerbstätigenquote in der Altersgruppe 65 Jahre u. älter 2000-2018" (Grafik), Sozialpolitik aktuell.

9 Statistisches Bundesamt: „Deutschland hat die zweithöchste Erwerbstätigenquote der EU", Pressemitteilung Nr. 461, 28.11.2018.

10 „3,4 Millionen Menschen haben mehrere Jobs", Spiegel online, 03.02.2019.

Konzept zur Industriepolitik sehr deutlich zum Ausdruck, ist aber ebenso integraler Bestandteil sozialdemokratischen Denkens. Obwohl in Deutschland die Globalisierung eher *dazu beigetragen hat, den sozialen Abstieg breiter Schichten zu bremsen*, macht Bundesfinanzminister Olaf Scholz (SPD) sie gerne für den drohenden sozialen Abstieg und die Stagnation der Einkommen in der Mittelschicht verantwortlich. Die Wohlstandsstagnation begründet er damit, dass „das Wachstum der Einkommen der Mittelschicht unter den Bedingungen der Globalisierung stagniert."[11] Die Mittelschicht habe daher viel zu verlieren. „Die Aufstiegsperspektive, dass es einem selbst oder seinen Kindern einmal besser gehen wird, ist längst nicht mehr selbstverständlich gegeben. Vielmehr macht sich in Teilen der Bevölkerung Angst breit, dass es in Zukunft sogar schlechter gehen könnte. Einfach qualifizierte oder ungelernte Bevölkerungsgruppen hat es noch härter getroffen, weil ihre Perspektiven auf den Arbeitsmärkten der hoch entwickelten und spezialisierten Wirtschaftsnationen immer düsterer werden."[12] Der soziale Abstieg der am schwächsten qualifizierten Bevölkerungsgruppen hängt für Scholz offenbar *mit Defiziten dieser Menschen* zusammen, die mit dem beschworenen technologischen Fortschritt und der Globalisierung überfordert sind.

Der tatsächliche Anteil der Erwerbstätigen, deren soziale Lage sich seit der Finanzkrise absolut verschlechtert hat, ist genau betrachtet noch recht klein. Die wirkliche Bedrohung des Wohlstands der breiten Masse der Bevölkerung – die Lähmung des technologischen und sozialen Fortschritts

11 Olaf Scholz: „Die Partei der schlechten Laune – Zum Umgang mit der rechtspopulistischen Alternative für Deutschland (AfD)", Website des Autors, 08.05.2016.
12 Ebd.

–wird in Deutschland wegen der überlagernden Effekte noch kaum wahrgenommen.

Die Natur der Marktwirtschaft zur Grundlage der Wirtschaftspolitik machen

Die dauerhaften negativen Effekte der Zombieökonomie sind ein Produkt soziokultureller Entwicklungen, die sich seit Jahrzehnten verfestigt haben und daher nicht leicht umkehren lassen. Die Zombieökonomie gedeiht auf einem geistig-kulturellen Nährboden, der von Pessimismus und Zukunftsangst bestimmt ist. Eine große Rolle spielt dabei die Erfahrung der beiden Weltkriege, des Nationalsozialismus und des Holocaust. Die hier aufgebrochene individuelle und kollektive Barbarei hat zu einer skeptischen Bewertung des menschlichen Potenzials und des Humanismus der Aufklärung geführt[13], aus denen auch die Marktwirtschaft ihre moralische und ideelle Rechtfertigung schöpft. Damit steht auch sie im Gegensatz zu den heute vorherrschenden kulturellen Haltungen.

Skepsis gegen technologische oder soziale Veränderungen dominiert das Handeln der Individuen, der Unternehmen und der staatlichen Institutionen. Dies wirkt sich sehr direkt aus. Die zunehmende Risikoaversion be- und verhindert neue Möglichkeiten des gesellschaftlichen Fortschritts. Zudem hat sie auch indirekte Folgewirkungen. Staatliche Institutionen sind bestrebt, destabilisierende Effekte möglichst zügig zu beheben oder gar nicht erst zuzulassen. Dadurch wird der für die Funktionsweise des Kapitalismus

13 Max Horkheimer / Theodor W. Adorno: „Dialektik der Aufklärung", Fischer 1988.

notwendige Prozess der kreativen Zerstörung gehemmt und ausgehebelt. Die wirtschaftspolitische Stabilisierung verhindert die in Krisen verschärfte Konkurrenz der Unternehmen und die erforderliche Kapitalbereinigung. Die für einen folgenden Wirtschaftsaufschwung notwendige Profitabilität der Unternehmen wird nicht erreicht, die Investitionen bleiben schwach, und die Entwicklung der Arbeitsproduktivität bleibt zurück. Es entwickelt sich ein Teufelskreis aus schwachen Investitionen und entsprechend magerem Produktivitätswachstum, das durch staatliche Eingriffe noch weiter geschwächt wird.

Wir müssen akzeptieren, dass wirtschaftliche Krisen in einer Marktwirtschaft nicht vermeidbar sind. Sie sind unabdingbar, wenn das der Marktwirtschaft zugrundeliegende Potenzial zur Steigerung des gesellschaftlichen Wohlstands gehoben werden soll. Nur so ergeben sich neue Verteilungsspielräume. Die wirtschafts- und sozialpolitische Agenda muss sich daher darauf richten, nicht etwa entstehende Krisen zu verhindern, sondern diese so zu begleiten, dass ihre Auswirkungen sozial abgefedert werden. Schon heute sind wir hervorragend in der Lage, mit natürlichen Krisen zurechtzukommen. Ein simples Beispiel ist der jährlich wiederkehrende Winter, der über viele Monate praktisch einen Totalausfall der Agrarproduktion herbeiführt. Wir sorgen vor und stellen sicher, dass wir dennoch die Wintermonate gut bewältigen. Damit das funktioniert, muss im Sommer eine gute Ernte eingebracht werden. Gleiches gilt für eine wirtschaftliche Krise. Sie lässt sich besser überwinden, wenn während des Aufschwungs deutliche Wachstumsraten erreicht werden. So können stetig bessere Voraussetzungen zur Bewältigung wiederkehrender Krisen geschaffen werden.

Die Zombiewirtschaft trocken legen

Der gegenwärtige Teufelskreis, der in immer schwächere Wohlstandszuwächse mündet, muss durchbrochen werden. Das bedarf einer grundlegenden Änderung der staatlichen Orientierung. Eine neue Investitionsdynamik setzt die Restrukturierung der heutigen Wirtschaft voraus. Unproduktive und wenig profitable Unternehmen müssen aus dem Markt verschwinden. Eine reinigende Krise würde dazu führen, dass Preisblasen platzen, Vermögenspreise korrigiert und viele Scheinvermögen auf ihre Substanz zurückgeführt werden. Die Wertkorrektur von Kapitalgütern, wie sie in jeder Wirtschaftskrise mehr oder weniger heftig geschieht, würde den besser aufgestellten Unternehmen die Chance bieten, ganze Betriebe oder Technologien günstig zu übernehmen. Auf Basis deutlich reduzierter Kapitalwerte kann die Profitrate ansteigen. Die Unternehmen erhalten die wirtschaftlichen Voraussetzungen, um risikoreichere Investitionen zu stemmen und profitabel zu wachsen. Die in einer wirtschaftlichen Krise verschärfte Konkurrenz der Unternehmen erzwingt die risikoreiche Umsetzung von Innovationen. Unter Druck müssen innovative Produkte etabliert und überholte Technologien ersetzt werden. Neue Märkte sind zu erschließen. Will man die Konkurrenz abschütteln, muss man revolutionär bessere und billigere Produkte auf den Markt bringen. Wem dies nicht gelingt, der geht selbst unter.

Das Ausmaß der erforderlichen Restrukturierung ist riesig. Würden die durch staatliche Institutionen geschaffenen konservierenden Rahmenbedingungen plötzlich entfallen, müssten viele Unternehmen, deren Insolvenz bislang verschleppt wurde, aus dem Wettbewerb ausscheiden. Eine wirtschaftliche Krise, die einen hohen einstelligen oder gar zweistelligen Prozentsatz der Unternehmen zur Aufgabe zwänge, hat jedoch immense wirtschaftliche und soziale Auswirkungen.

Einer Neuordnung der Wirtschaft muss aber *die schöpferische Zerstörung vorausgehen*. In dieser Phase muss der Staat der Zombiewirtschaft ihre vielfältigen Stützen entziehen. Die Beendigung der Niedrigzinspolitik und der Verkauf der im Rahmen der Anleihekaufprogramme erworbenen Anleihen wäre ein dringender erster Schritt in diese Richtung. Der Entzug günstiger Verschuldungsmöglichkeiten würde viele Unternehmen, die sich jetzt noch durchschleppen können, zur Aufgabe zwingen. Die übersteigerten Vermögenspreise würden zumindest schrumpfen. Wegen der engen Verknüpfung der geldpolitischen Instrumente mit dem Erhalt des Euros könnte dieser erneut zu Disposition stehen. Bereits die Normalisierung der Geldpolitik könnte eine Rückabwicklung des Euros oder eine Verkleinerung des Euroraums erzwingen. Eine wesentliche Stütze der Zombiewirtschaft in Deutschland würde dann verloren gehen, und viele Unternehmen würden unter Druck geraten.

Eine zielgerichtete Kapitalbereinigung muss weitere Stützen der Zombiewirtschaft zur Diskussion stellen. Was für die Geldpolitik gilt, gilt auch für die unter dem Begriff „Fiskalpolitik" zusammengefassten wirtschaftspolitischen Instrumente. Sie dienen gegenwärtig wesentlich zur Vermeidung wirtschaftlicher Abschwünge. Auch hier ist eine Neuorientierung erforderlich. Daher müssen die jährlich fast 200 Milliarden Euro umfassenden und immer weiter steigenden staatlichen Subventionen auf den Prüfstand.[14]

14 Claus-Friedrich Laaser, Astrid Rosenschon: „Kieler Subventionsbericht: Steigende

Dies gilt umso mehr, als schon heute erkennbar ist, dass steigende Staatsausgaben die Lücke schließen sollen, die durch die zunehmende Wirkungslosigkeit der Geldpolitik hinterlassen wird. Das zeigen aktuell die deutlich steigenden Staatsausgaben in den Vereinigten Staaten wie auch in Deutschland und Europa und der damit verbundene Anstieg der Haushaltsdefizite. Zwar wirken die geldpolitischen Stabilisierungsmechanismen nach wie vor, allerdings sind die Möglichkeiten der Zentralbanken weitgehend ausgereizt. Absehbar werden sie bald am Ende mit ihrem Latein sein und einer eintretenden konjunkturellen Abschwächung oder einer handfesten Krise hilflos gegenüberstehen.

Eine wirtschaftspolitische Umkehr müsste auch die umfangreichen Regulierungen zur Disposition stellen, die bestehende Geschäftsmodelle konservieren und den Markteintritt von neuen Wettbewerbern be- oder gar verhindern. Die gängige Rettungspolitik, mit der ins Straucheln geratene oder gar insolvente Unternehmen mit Steuergeldern erhalten und aufgepäppelt werden, führt in die Irre. Insolvenzen bieten die Chance, dass – sofern eine markttaugliche Restrukturierung möglich ist – zumindest Unternehmensteile überleben. Nur die Überwindung der tief in alle Bereiche der Wirtschaft hineinreichenden Abhängigkeitskultur kann zur notwendigen Kehrtwende führen. Dabei geht es nicht um einzelne Aspekte der Zombiewirtschaft. Es reicht nicht aus, die Geldpolitik in Frage zu stellen, denn sie ist nur ein Teil des Problems. Die notwendige Bereinigung würde ausbleiben, wenn andere Stützpfeiler errichtet würden, um die Nebeneffekte einer Normalisierung der Geldpolitik auszugleichen.

Subventionen des Bundes bis zum Jahr 2018", in: Kieler Beiträge zur Wirtschaftspolitik Nr. 22, Institut für Weltwirtschaft Kiel (IfW), September 2019, S. 3.

In einer tiefen Krise, die die Überwindung der Zombiewirtschaft mit sich bringen kann, kommt dem Sozialstaat eine entscheidende Bedeutung zu. Er muss vermeiden, dass die wirtschaftliche Restrukturierung und das aus dem Verkehr Ziehen unproduktiven privaten Kapitals auf dem Rücken und zu Lasten der Erwerbstätigen ausgetragen wird. Erwerbstätige, die in dieser Krise ihre Jobs verlieren und sich beruflich oder regional neu orientieren müssen, benötigen – wie auch ihre Familien – soziale Leistungen und Qualifikationsangebote, die ihnen den Übergang ermöglichen. Die gesellschaftlichen Möglichkeiten, diesen Kraftakt zu stemmen, sind in Deutschland und anderen entwickelten Volkswirtschaften besser denn je. Das Wohlstandsniveau war niemals in der Geschichte höher als heute. Wir sind *fünfmal reicher als in den 1920er Jahren* und zwölfmal reicher als in den 1850er Jahren. Die Gesellschaft verfügt über immense Ressourcen, um soziale Schieflagen zu vermeiden.

Erforderlich ist zudem eine generelle Neujustierung des Sozialstaats und der Sozialpolitik. Es geht um die Schaffung materieller Rahmenbedingungen, die es den Menschen ermöglichen, mit Phasen dynamischer und disruptiver Veränderung und vor allem auch mit wirtschaftlichen Krisen zurechtzukommen.

Im Zentrum sozialstaatlichen Aktivität steht heute die Wohlfahrt der Bürger, die sich hauptsächlich über Teilhabe und Konsum definiert. Typisch hierfür sind die sozialen Reformen der letzten Jahre, die den Anspruch haben, „soziale Gerechtigkeit" durch eine bessere sozialstaatliche Verteilung herzustellen. Die Verteilung des gesellschaftlichen Wohlstands ist kein neues, sondern ein permanentes und berechtigtes Anliegen staatlichen Handelns. Problematisch ist jedoch, dass der heutige Wohlfahrtsstaat fast ausschließlich diese eher passive Seite menschlicher Aktivität, den Konsum, adressiert und kaum mehr die *aktive und kreative Seite des Bürgers, seine wohlstandsschaffenden Kapazitäten* beachtet.

In aktuellen sozialpolitischen Diskussionen zeigt sich, dass diese zwei Seiten menschlicher Aktivität – Konsum und Produktion – gewissermaßen entkoppelt sind. In der Rentendiskussion kann daher suggeriert werden, dass es trotz steigender Rentnerzahlen für keine Bevölkerungsgruppe materielle Verluste geben werde, obwohl die Erzeugung des gesellschaftlichen Wohlstands stagniert.

Die ab 2021 geplante Grundrente unterstellt, dass der Rentenanspruch einer steigenden Anzahl von Menschen trotz ihres jahrzehntelangen Arbeitslebens so niedrig ist, dass sie auf Grundsicherung im Alter angewiesen sind. Anstatt jedoch das zugrundeliegende Problem niedriger Löhne anzusprechen und zu attackieren, geht es ausschließlich darum, die materielle Not mit zusätzlichen Sozialleistungen zu lindern. Der Sozialstaat muss die Perspektive wechseln, so dass die Frage im Zentrum steht: Was muss der Staat tun, damit alle Bürger durch ihre Erwerbstätigkeit die materiellen Voraussetzungen für ein selbstbestimmtes Leben schaffen können?

Der heutige Wohlfahrtsstaat wertet nicht nur die produktive Seite menschlicher Aktivität ab. Auch die geistigen und moralischen Kapazitäten der Bürger stehen immer mehr in Frage. Der Sozialstaat spricht den Bürger nicht in seiner Eigenschaft als Erzeuger oder „mündiger Bürger" an, sondern als Verbraucher und schlimmer noch in despektierlicher Weise: als ziemlich unmündigen Verbraucher. Konsum wird in allen möglichen Facetten problematisiert und politisiert, wobei unterstellt wird, dass viele Bürger nicht verantwortungsvoll konsumieren, sondern sich und andere gefährden.

Der Schutz der Bürger vor vermeintlich falschem Konsum ist zu einer regelrechten Obsession staatlicher Regulierung geworden.[15]

Entgegen der heutigen Ausrichtung müssen die Bedingungen geschaffen werden, in denen die Bürger ihr Potenzial und ihre Fähigkeiten als autonome und verantwortliche Individuen entwickeln können. Einen wichtigen Beitrag hierzu muss das Bildungssystem liefern. Umfassende Bildung ist heute für die Mehrheit der Bevölkerung ein rares Gut geworden. Ein Wandel zum Besseren kann nur gelingen, wenn das Bildungssystem sich wieder an den Traditionen von Humanismus und Aufklärung orientiert.

Gesellschaftliche Interessen zum Maßstab machen

Durch das heute dominierende Stabilitätsdogma zahlen die Erwerbstätigen schon jetzt in doppelter Weise die Zeche. Sie werden einerseits mit mehr oder weniger gleichbleibenden Reallöhnen abgespeist. Andererseits sind sie durch die Anleihekaufprogramme der EZB für die Sozialisierung künftiger Verluste haftbar geworden. Denn die Unternehmens- und Staatsanleihen wurden in das „Eigentum" der Steuerzahler überführt. Die drohenden Zahlungsausfälle treffen nun den „Gläubiger" Staat, für den seine steuerpflichtigen Bürger einstehen müssen. Unternehmens- und Vermögensbesitzer hingegen profitieren enorm von dem über die Finanzmärkte angetriebenen Wachstum. Sie erfreuen sich der kontinuierlichen Höherbewertung ihres Vermögens (abseits von

15 Christoph Lövenich / Johannes Richardt, „Genießen Verboten", Novo Argumente Verlag, 2018.

Sparanlagen) durch die immer neue Schaffung von Liquidität durch die Zentralbanken. Sie können zudem gegenwärtig im wirtschaftlichen Umfeld von einem Gewinnrekord zum nächsten eilen, nicht zuletzt, weil sie wenig investieren. Die Unternehmen entwickeln sich dadurch zu Melkkühen der Eigentümer, für die breite Masse der Gesellschaft bleiben Wohlstandssteigerungen aus.

Hinter den Entscheidungen der EZB stehen einflussreiche Kreise, die ihr Vermögen schützen wollen und die negativen sozialen und wirtschaftlichen Folgen billigend in Kauf nehmen. Daher werden sie in der Regel von den meinungsführenden Kreisen begrüßt, die zudem die destabilisierenden Folgen eines Kurswechsels mehr fürchten als die negativen Effekte des Stabilisierungskurses. Fehlende kritische Reflexion in Medien und Politik unterstützt die Selbstlegitimation der Eurobanker, ihr Handeln sei alternativlos. Das wirtschaftliche Siechtum, an dem die gesamte Gesellschaft leidet, ist „in Wahrheit durch eine an Partikularinteressen orientierte Zentralbankpolitik entstanden, die die Rückkehr auf ihr Gleichgewichtsniveau verhindert", konstatiert Hans-Werner Sinn.[16] In einem Beitrag für die Frankfurter Allgemeine Sonntagszeitung wies er auf diesen gesellschaftlichen Zusammenhang hin: „Den Zombie-Banken samt ihren maroden Kunden werden die Milliarden in den Rachen geworfen, um die Bilanzen zu retten […] Die Portfolio-Manager aus aller Welt applaudieren der EZB, weil sie ihre gewagten Portfolios und mit ihnen die eigenen Einkommen gerettet hat. Nur die normalen Bürger, die Steuerzahler und die auf Zinsen hoffenden Sparer haben bei allem ein mulmiges Gefühl. Ob ihre

16 Hans-Werner Sinn: „Was uns Marx heute noch zu sagen hat", Deutschlandfunk online, 19.03.2017.

Kinder in einer dahinsiechenden Welt groß werden müssen? Ob sie es sein werden, die die Zeche für den Verzicht auf eine Wertkorrektur der Kapitalgüter und den Erhalt der Blasen werden tragen müssen, und ob sie sich jemals wieder dem Zugriff der Gläubiger aus aller Welt entziehen können, denen sie sich als Bürgen präsentieren müssen?"[17]

Die Überwindung der Zombiewirtschaft verlangt eine aktive Rolle des Staates, denn das Ausmaß der notwendigen Restrukturierung kann *nur gegen vielerlei Partikularinteressen* durchgesetzt werden. Da diese sich auf die in der gesamten Gesellschaft tief verankerten Ängste stützen, ist ein vehementer politischer Akt erforderlich. Erst wenn es gelingt, *den Stabilisierungskonsens* zu brechen, entsteht der notwendige Druck, um die Macht der Partikularinteressen zu besiegen.

Die Folge einer vom Staat durchgesetzten Bereinigung wäre die *Wertkorrektur privater Kapitalvermögen*. Solcher Entwertung stemmt sich der heutige Sozialstaat, der nicht zuletzt die Vermögenden schützt, jedoch massiv entgegen. Ein sichtbarer Ausdruck ist die Aushebelung des ordnungspolitischen Haftungsprinzips. Privates Vermögen, das zur Herstellung von Waren und Dienstleistungen als Kapital eingesetzt wird, profitiert durch die daraus entspringenden Gewinne und Wertsteigerungen. Das ist grundsätzlich akzeptierte und gelebte Praxis. Die Kehrseite des Haftungsprinzips ist jedoch, dass nicht nur Gewinne, sondern auch mögliche Verluste privat sind. Nun ist es allerdings üblich geworden, meist sozialpolitisch mit dem Verweis auf Arbeitsplatzverluste begründet, die Haftung auszuhebeln, wenn bestandsgefährdende Verluste drohen. Wie selbstverständlich werden dann Steuergelder zur Rettung der Kapitalvermögen

17 Hans-Werner Sinn: „Karl Marx", in: FAS, 29.04.2018, S. 28.

eingesetzt, und das Entschlackungspotenzial der Krise wird präventiv mit viel Steuergeld verhindert. Ein gutes Beispiel bietet der Banken- und Finanzsektor, wo aufwendige Regulierungen und teure Bankenrettungen die nächste Finanzkrise verhindern sollen.

Privates Kapital erfüllt in einer Marktwirtschaft einen sozialen Zweck, indem es zur gesellschaftlichen Wertschöpfung eingesetzt wird. Geschieht das nicht, wäre das Kapital auch für die Eigentümer selbst wertlos. Es würde keinen Gewinn abwerfen. Kapital jedoch, das nicht in der Lage ist, zum gesellschaftlichen Wohlstand beizutragen, hat *nur einen begrenzten sozialen Nutzen*. Wettbewerb und wirtschaftliche Krisen stellen sicher, dass diese soziale Funktion erfüllt wird, wenn unproduktive Unternehmen aus dem Wirtschaftsprozess ausscheiden. Daher muss das Haftungsprinzip vor allem während wirtschaftlicher Krisen konsequent zur Anwendung gebracht werden.

Apollo Programme starten

Die Rolle des Staates bei der Initiierung und Durchsetzung von Innovationen wird oft systematisch unterschätzt. Wie die Wirtschaftswissenschaftlerin Mariana Mazzucato erklärt, gehen vor allem in den USA viele technologische Fortschritte auf den Staat zurück. Dennoch dominiert die Einstellung, der Staat solle sich zugunsten der Privatwirtschaft zurückziehen. Im Buch „The Entrepreneurial State“ zeigt sie, welche entscheidende Rolle der US-Staat nach dem Zweiten Weltkrieg spielte, um die Entwicklung unter anderem in der Biotechnologie, der Medizin wie auch in der Computer- und Kommunikationstechnologie voranzutreiben. Die Entstehung des

Internets ist ein Paradebeispiel, denn es resultierte zunächst aus militärischen Anstrengungen. Später engagierte sich der Staat mit massiven finanziellen Hilfen bei der Entwicklung der Computertechnologien an den Universitäten. Daraus wiederum entwickelten sich Spin-offs, die dann die Halbleitertechnologien voranbrachten.[18]

Die Beschleunigung des technologischen Fortschritts erfordert eine massive Umsteuerung in Richtung Grundlagenforschung und eine möglichst breite Förderung und Entwicklung von Basistechnologien. Solche Aufgaben können Unternehmen, die in einer Marktwirtschaft auf eine profitable Verzinsung des eingesetzten Kapitals angewiesen sind, in der Regel nicht leisten, denn die industrielle Verwertbarkeit gewonnener Erkenntnisse ist nicht sicher prognostizierbar. Der auf Jahre und Jahrzehnte zu leistende Aufwand kann selbst für hochprofitable Weltkonzerne zu groß und zu riskant werden. Ähnlich problematisch kann für Unternehmen die Investition in anwendungsorientierte Forschung sein, etwa bei Gesundheitstherapien und Medikamenten. Sie lassen sich meist nur über lange Zeiträume und mit oft unsicheren Ergebnissen entwickeln oder können wegen limitierter Anwendungsmöglichkeiten nie profitabel sein. Eine aktivere Rolle des Staates würde jedoch nicht zwangsläufig bedeuten, mehr zu tun als heute. Es geht in erster Linie darum, die Rolle des Staates so anzupassen, dass die Unternehmen in ihrer Funktion als Innovatoren stimuliert statt ausgebremst werden.

Zur Entfaltung des kreativen Teils der kreativen Zerstörung braucht es „Apollo-Programme", die vorrangig darauf abzielen, Wissensgrundlagen zu schaffen, aber auch

18 Mariana Mazzucato: „The Entrepreneurial State", Penguin 2018.

dazu dienen, technologische Entwicklungen voranzutreiben. Staatliche Forschung muss zu einem viel größeren Anteil als heute auf reine Forschung ausgerichtet sein. Ein positives Beispiel dafür ist der Large Hadron Collider des CERN, der als großer Teilchenbeschleuniger zur physikalischen Grundlagenforschung dient. Solche Forschung trägt dazu bei, ein immer tieferes Verständnis der Natur zu gewinnen, auch wenn die gewonnenen Erkenntnisse vielleicht auf sehr lange Zeit keinerlei technologischen oder ökonomischen Nutzen bringen.

Heutige „Apollo-Programme" sollten ähnlich visionäre und ambitionierte Ziele wie ihre Vorgänger verfolgen. Anfang der 1960er Jahre rief Präsident Kennedy das Ziel aus, bis zum Ende des Jahrzehnts einen Menschen auf den Mond zu fliegen und ihn wieder sicher zurück auf die Erde zu bringen. Vorbildlich war für das erste Apollo-Programm, dass die einzusetzenden Technologien erst im Zuge des Projekts entwickelt und getestet wurden. Die klar definierte Zielstellung und die dahinterliegende Vision, den Weltraum zu erobern, gaben eine grandiose Orientierung, schufen einen beispielhaften Teamspirit und brachten neue Technologien hervor. Neue Anläufe, die sich an diesem erfolgreichen Muster orientieren, sollten vor allem in Bereichen angesiedelt werden, die für die menschliche Entwicklung von großer Bedeutung sind. Zentrale Bedeutung sollte Grundlagenforschung und Basistechnologien zukommen. Solche Zukunftsprogramme sollten auf lange Zeiträume ausgerichtet und finanziell herausragend ausgestattet sein. Daraus entstehende Innovationen könnten sowohl von der privaten Wirtschaft wie von staatlichen Unternehmen weiterentwickelt werden. Vielleicht wäre es ein Ergebnis eines solchen „Apollo-Programms", billige und jederzeit verfügbare klimaneutrale Energie zu liefern.

Staatlicher Ordnungsrahmen für die Wirtschaft

Seit der Weltwirtschaftskrise 1929 ist es in der westlichen Welt praktisch unumstritten, dass dem Staat für das Funktionieren und die Entwicklung der Marktwirtschaft eine entscheidende Rolle zukommt. Auch die Vertreter wirtschaftsliberaler Vorstellungen erkennen an, dass ein starker Staat erforderlich ist, um zumindest den Ordnungsrahmen einer Marktwirtschaft zu definieren und aufrechtzuerhalten. Der Wirtschaftshistoriker Werner Abelshauser spricht von einem „Primat des Staates“, das die wirtschaftspolitischen Vorstellungen nach dem Zweiten Weltkrieg auch in Deutschland geprägt habe. Aufgrund der „Katastrophenerfahrung der Weltwirtschaftskrise“, so Abelshauser, hätten sich „alle ordnungspolitischen Konzeptionen in Deutschland“ auf diese Vormachtstellung des Staates verengt. Den sozialistischen und den konservativ-etatistischen Strömungen sei es ohnehin leichtgefallen, sich den Erkenntnissen der keynesianischen Revolution, also der Globalsteuerung des Wirtschaftskreislaufs durch den Staat, zu öffnen. Für die Doktrin des Wirtschaftsliberalismus bedeutete die Erfahrung der Weltwirtschaftskrise jedoch eine Zäsur. Auch die verbliebenen Anhänger wirtschaftsliberaler Vorstellungen forderten nun einen „liberalen Interventionismus“[19] des Staates.[20]

Schon Anfang der 1930er Jahre formulierten viele der geistigen Väter des Ordoliberalismus – gewissermaßen der deutschen Version des Neoliberalismus – ihre Grundüberzeugungen,

19 Walter Eucken: „Staatliche Strukturwandlungen und die Krisis des Kapitalismus“ in: Weltwirtschaftliches Archiv, Bd. 36, 1932, S. 307.

20 Werner Abelshauser: „Deutsche Wirtschaftsgeschichte – Von 1945 bis zur Gegenwart“, 2. Aufl., C.H. Beck, 2011, S. 93.

denen sie auch nach dem Zweiten Weltkrieg beim Aufbau der Sozialen Marktwirtschaft im Wesentlichen treu blieben. Der spätere bundesdeutsche Wirtschaftsminister und Kanzler Ludwig Erhard betonte bereits 1932 die Notwendigkeit staatlicher Interventionen. Die Weltwirtschaftskrise hatte in seinen Augen das „freie Spiel der Kräfte" diskreditiert, weil es „nicht einmal hinreichte, um die Wirtschaft vor dem Verfall zu retten".[21] Alexander Rüstow, ein wichtiger neoliberaler Mitstreiter, unterstützte solche Überlegungen: „Der neue Liberalismus jedenfalls, der heute vertretbar ist, fordert einen starken Staat, einen Staat oberhalb der Wirtschaft, oberhalb der Interessenten, da, wo er hingehört."[22] Dieser Staat solle jedoch nicht gegen den Markt gerichtet sein. Erforderlich sei vielmehr „ein Eingreifen genau in der entgegengesetzten Richtung, als in der bisher eingegriffen worden ist, nämlich nicht entgegen den Marktgesetzen, sondern in Richtung der Marktgesetze, nicht zur Aufrechterhaltung des alten, sondern zur Herbeiführung des neuen Zustandes, nicht zur Verzögerung, sondern zur Beschleunigung des natürlichen Ablaufs. Also sozusagen ein liberaler Interventionismus."[23]

Auch Philip Plickert, Wirtschaftsredakteur bei der F.A.Z., erkennt in seiner Studie zur Entstehung und Entwicklung des Neoliberalismus unter den damals verbliebenen Liberalen

21 „Einfluss der Preisbildung und Preisbindung auf die Qualität und Quantität des Angebots und der Nachfrage", in: Marktwirtschaft und Wirtschaftswissenschaft (Festschrift für Wilhelm Fershofen), hgg. v. Georg Bergler und Ludwig Erhard, 1939, S. 53, 76. Zit. in Werner Abelshauser: „Deutsche Wirtschaftsgeschichte – Von 1945 bis zur Gegenwart", 2. Aufl., C.H. Beck, 2011, S. 96.

22 „Aussprache" in: Franz Bose (Hg.): „Deutschland und die Weltkrise." in: Verhandlungen des Vereins für Socialpolitik in Dresden 1932 (Schriften des Vereins für Socialpolitik, 187), 1932, S. 69. Zit. in Werner Abelshauser: „Deutsche Wirtschaftsgeschichte – Von 1945 bis zur Gegenwart", C.H. Beck, 2004, Zweite Auflage 2011, S. 93.

23 Ebd.

die frühe und eindeutige Hinwendung zum Staat. Er kommt zu dem Schluss, dass der Neoliberalismus nur Relevanz erhalten konnte, weil er die Erfahrungen der Weltwirtschaftskrise mit an Bord nahm: „Indem die verbliebenen Anhänger der Marktwirtschaft zu einer Neujustierung ihres ‚Schutzgürtels' schritten, versuchten sie den ‚harten Kern' ihrer Lehre zu retten. Über die nagenden Zweifel, die das verbliebene Häuflein von Liberalen in den dreißiger Jahren quälten, gaben die Diskussionen beim Colloque Walter Lippmann im Herbst 1938 Auskunft. Sie hatten erkannt, wie schwer die Selbstregulierung der Märkte beschädigt war. Wettbewerb, der zu einem reibungslosen Ausgleich von Angebot und Nachfrage führt, sei durch übermäßige, teils staatlich geförderte Konzentration ausgeschaltet. Kartelle und Monopole manipulierten die Preise, dies verzerre die Signale am Markt und führe zu Fehlallokationen von Ressourcen. Die Mehrheit der Teilnehmer des Pariser Kolloquiums drängte darauf, Abschied vom klassisch-liberalen Harmonieglauben und der daraus abgeleiteten wirtschaftspolitischen Empfehlung des Laissez-faire zu nehmen. Aus der Krise wurde somit der Neoliberalismus geboren, der eine staatliche Aktivität im Bereich der Wirtschaft grundsätzlich anerkannte."[24]

Zwar blieb diese Sichtweise unter den damaligen Liberalen nicht unumstritten, was sich an der Argumentation des Wirtschaftswissenschaftlers Ludwig von Mises, einem Vertreter der Österreichischen Schule der Ökonomik, zeigte. Er lehnte den Interventionismus ab, weil sich seiner Auffassung zufolge daraus eine Interventionsspirale ergebe. Isolierte staatliche Interventionen würden demnach das Marktgeschehen behindern und Preise verzerren. Dies würde immer

24 Philip Plickert: „Wandlungen des Neoliberalismus", Lucius & Lucius 2008, S. 112.

weitere korrigierende Interventionen mit sich bringen, die sich schließlich zu einem allumfassenden Netz von Regulierung auswüchsen.[25] Die einflussreichste Persönlichkeit bei der Konstituierung und Entwicklung des Neoliberalismus war jedoch der ebenfalls „den Österreichern“ zugehörige Ökonom und spätere Nobelpreisträger Friedrich August von Hayek. Er gründete 1947 die Mont Pèlerin Society, eine internationale Vereinigung zur wissenschaftlichen Diskussion, die in Abgrenzung zum klassischen Liberalismus letztlich den Neoliberalismus entwickelte.[26] Plickert zufolge lautete Hayeks Befund, der fatale taktische Fehler der Liberalen des 19. Jahrhunderts sei gewesen, die Politik ignoriert und stattdessen den totalen Rückzug des Staates gefordert zu haben. So blieben ihre Feststellungen zu den tatsächlichen Aufgaben des Gemeinwesens dürftig. Plickert schreibt, dass Hayek den Ordoliberalen folgte, als er Anfang der 1950er Jahre formulierte, er hoffe auf eine liberale „Politik, die bewusst den Wettbewerb, den Markt und die Preise als […] ordnendes Prinzip anerkennt und die das gesetzliche Rahmenwerk, das vom Staat erzwungen wird, dazu benutzt, den Wettbewerb so effektiv und wohltätig wie möglich zu machen.“[27] Damit der Markt funktioniere, bedürfe es des Staates. „Es ist die erste allgemeine These, die wir zu prüfen haben, dass der Wettbewerb durch bestimmte staatliche Maßnahmen wirksamer und erfolgreicher gemacht werden kann, als er ohne sie wäre“.[28]

25 Ebd., S. 105 f.
26 Angus Burgin: „The Great Persuasion – Reinventing Free Markets since the Depression“, Harvard University Press 2012.
27 Friedrich A. von Hayek: „‚Freie Wirtschaft‘ und Wettbewerbsordnung“ in: Ders.: Individualismus und wirtschaftliche Ordnung, Rentsch 1952, S. 141–155, hier S. 145.
28 Ebd.

Dem Neoliberalismus liegt ein Wirtschaftssystem zugrunde, in dem „der Staat die allgemeinen Spielregeln festlegt und durchsetzt – und sich weitestgehend auch darauf beschränkt“[29], schreibt die Wirtschaftspublizistin und ehemalige Vorstandsvorsitzende der Friedrich A. von Hayek-Gesellschaft, Karen Horn, und präzisiert: „In der neoliberalen Konzeption ist der Staat also Gewährleister und oberster Hüter einer Ordnung, die er selbst mit Hilfe des Rechts klug setzt. Idealerweise sollte die Wirtschaftsordnung so gestaltet sein, dass es wenig Anlass gibt, sich überhaupt an prozesspolitischen Eingriffen zu versuchen. Dadurch, dass sie Fehlentwicklungen von vornherein unterbindet, indem sie zum Beispiel das Prinzip der Haftung rechtlich fest verankert, ist gute Ordnungspolitik im Übrigen immer zugleich Krisenprävention. Sie besteht vor allem in der Sicherung dessen, was Eucken als ‚konstituierende Prinzipien' der Wettbewerbsordnung bezeichnet hat: Es ist die zentrale Aufgabe der Ordnungspolitik, dafür zu sorgen, dass es überhaupt wettbewerbliche Märkte gibt“.[30]

Diese Denkweise ist auch den klassischen Ökonomen nicht fremd gewesen. Bereits im 18. Jahrhundert billigte Adam Smith dem Staat eine zentrale Rolle zu. Für ihn bestand die Aufgabe des Staats „darin, solche öffentlichen Anlagen und Einrichtungen aufzubauen und zu unterhalten, die, obwohl sie für ein großes Gemeinwesen höchst nützlich sind, ihrer ganzen Natur nach niemals einen Ertrag abwerfen, der hoch genug für eine oder mehrere Privatpersonen sein könnte, um die anfallenden Kosten zu decken, weshalb

29 Karen Ilse Horn: „Die soziale Marktwirtschaft“, F.A.Z.-Institut für Management-, Markt-, und Medieninformation 2010, S. 44.
30 Ebd., S. 48.

man von ihnen nicht erwarten kann, dass sie diese Aufgabe übernehmen."[31]

Demokratische Prinzipien achten

Zwar ist der Staat mit all seinen Einrichtungen noch immer eine mächtige Institution. Sein Einfluss wie auch der ihn umgebende Konsens, den Abelshauser als „Primat des Staates" bezeichnet, ist ungebrochen und historisch eher gewachsen. Dennoch ist der von den Ordoliberalen formulierte und zumindest in Ansätzen in der Bundesrepublik durchgesetzte Ordnungsrahmen inzwischen sehr perforiert.

Besonders deutlich manifestierte sich dieser Trend während und nach der Finanzkrise 2008. Die Regierungen sowie staatliche Institutionen wie die EZB, das Bundesverfassungsgericht wie auch der Europäische Gerichtshof folgten einer pragmatischen Vorgehensweise, die den ordnungspolitischen Rahmen sowohl auf der Ebene der Eurozone wie auch der nationalen Ebene erschütterte. In der Not wurden ordnungspolitische Grundsätze, die die Währungsunion, die Geldpolitik und das Haftungsprinzip betrafen, über den Haufen geworfen. Auch nachdem die Eurokrise 2012 überwunden war, hat sich an dieser Herangehensweise nichts geändert. Wie weit die Bereitschaft ging, den Ordnungsrahmen außer Kraft zu setzen, bekannte die damalige französische Finanzministerin und heutige EZB-Präsidentin, Christine Lagarde. Bezüglich der auch von ihr mitverantworteten

31 Adam Smith: „Der Wohlstand der Nationen – Eine Untersuchung seiner Natur und seiner Ursachen", 11. Aufl., Deutscher Taschenbuch Verlag 2005 (Erstveröffentlichung 1776), viertes Buch, 2. Kap., S. 612.

Rettungsprogramme in der Eurozone gab sie freimütig zu: „Wir haben alle Regeln gebrochen, weil wir enger zusammenrücken wollten und die Eurozone wirklich retten wollten.“[32]

Wichtige Grundsätze wie das Haftungsprinzip wurden im Zuge der Finanzkrise praktisch außer Kraft gesetzt. Strauchelnde Unternehmen, darunter vornehmlich große Banken, die als systemrelevant, also als „too big to fail“ galten, mussten vom Steuerzahler gerettet werden. Die zuvor eingefahrenen Gewinne waren privatisiert, die dann anstehenden Verluste wurden sozialisiert. Auch die gesetzlichen Grundlagen der Eurozone wurden ausgehöhlt. Obwohl die Rettung von Staaten durch die anderen Mitglieder vertraglich explizit ausgeschlossen war, wurde dies umgesetzt. Gleiches gilt für das Verbot der Staatsfinanzierung. Denn mit ihrem 2,6 Billionen Euro schweren Anleihekaufprogramm umgeht die EZB das Kriterium einer direkten Staatsfinanzierung nur formal. Sie nimmt die Staatsanleihen den jeweiligen Staaten nicht direkt ab, sondern erwirbt diese wie ein beliebiger Investor erst einige Zeit nach der Emission über den Kapitalmarkt.

Dank der teilweise über gerichtliche Klagen vorgetragenen fundierten Kritik einiger Experten ist die Täuschung und Entmachtung der Parlamente und Wähler im Zuge der Finanz- und Eurokrise zunehmend in das öffentliche Bewusstsein gedrungen. Während der Griechenlandkrise versuchten die politisch Verantwortlichen, „Staatenrettung“ als eine Frage europäischer Solidarität zu verkaufen und so den realen Sachverhalt zu verschleiern. Aufgrund kritischer Stimmen wurde klar, dass es tatsächlich um die Rettung privater Investoren – vor allem französischer, aber auch anderer

32 Zit. in Hans-Werner Sinn: „Der Euro – Von der Friedensidee zum Zankapfel“, Carl Hanser Verlag 2015, S. 30.

europäischer Banken – ging. Diese hatten über viele Jahre an den Zinsen griechischer Staatsanleihen gut verdient, hätten aber im Falle einer Staatsinsolvenz hohe, vielleicht sogar existenzbedrohende Verluste erlitten. Die privaten Investoren wurden vom europäischen Steuerzahler herausgekauft und kamen mit einem blauen Auge davon. Heute sitzen die Bürger der Euroländer auf mehr oder weniger wertlosen Forderungen, da der völlig überschuldete griechische Staat weder dafür Zinsen zahlen noch diese jemals zurückzahlen kann. Den Wohlstandverlust erleiden nun die Bürger in den Euroländern und vor allem die Menschen in Griechenland, deren Wirtschaft seit zehn Jahren in einer schweren Depression steckt.

Die Art und Weise, wie mit der Finanzkrise sowie deren Folgen bis heute umgegangen wird, hat den Wählern den Verlust ihres demokratischen Einflusses und ihrer politischen Kontrolle vor Augen geführt. Die dazu notwendige Existenz einer Sphäre der öffentlichen Kontroverse wurde in dem sich als „alternativlos" gerierenden Krisenmanagement von vielen Wählern schmerzlich vermisst. Wichtige wirtschaftspolitische Entscheidungen wurden auf die Diskursebene von nationalen Regierungsvertretern und EU-Technokraten verschoben, die vom demokratischen Einfluss der Wähler weitgehend abgeschirmt ist. Die politischen Eliten haben es vorgezogen, das wirtschaftliche Krisenmanagement supranational über Institutionen zu erledigen, auf die die Wähler praktisch keinen demokratischen Zugriff haben. Andernfalls wären sie in eine politische Auseinandersetzung mit den eigenen Wählern gezwungen worden und hätten die volle politische Verantwortung übernehmen müssen.

Besonders offensichtlich ist diese Flucht der Eliten aus der Demokratie im Verhältnis zur EZB.[33] So wurde die faktische Schuldenvergemeinschaftung der Euro-Länder nicht von den demokratisch gewählten Repräsentanten beschlossen. Als sich die an ihr demokratisches Mandat gebundenen europäischen Regierungschefs auf dem Höhepunkt der Eurokrise im Sommer 2012 nicht zu einer formalen Schuldenvergemeinschaftung zur Eurorettung durchringen konnten, wurde diese Aufgabe der vom demokratischen Wählerwillen unabhängigen EZB überlassen. Die reale Schuldenvergemeinschaftung beendete unmittelbar die Eurokrise und führte vor Augen, wie die national verfasste Souveränität der Wähler ausgehebelt wurde.

Auch in der Folgezeit ging die wirtschaftspolitische Verantwortung für die Eurozone praktisch vollkommen in die Verantwortung der EZB über,[34] die über die Geldpolitik das Ruder übernahm, weil sich die Organe der repräsentativen Demokratie immer mehr aus der Verantwortung zogen.[35] So ist die EZB durch „die Untätigkeit der europäischen Regierungschefs" zu einem „Ersatz-Wirtschaftsministerium" mutiert, wie der damalige Bundeswirtschaftsminister Sigmar Gabriel während seiner Amtszeit selbstkritisch feststellte.[36] Wichtige wirtschaftspolitische Weichenstellungen mit enormer sozialer und gesellschaftlicher Tragweite sind somit vollkommen dem Einfluss der Wähler entzogen.

33 James Heartfield: „The European Union and the end of politics", Zero Books, 2013.
34 Mohamed A. El-Erian: „The only game in town", Random House, 2016.
35 Diese kaum problematisierte Entwicklung kritisiert der ehemalige britische Zentralbanker am Beispiel der Zentralbanken. Paul Tucker: „Unelected Power", Princeton University Press 2018.
36 „Gabriel sieht EZB-Politik am Ende", Stuttgarter Nachrichten online, 20.04.2016.

Die fortgesetzten Versuche der etablierten Parteien, sich durch die wirtschaftlichen Probleme durchzuwursteln, und ihre dabei zum Ausdruck gebrachte Geringschätzung der Demokratie haben den schnellen Aufstieg und die Etablierung der im Februar 2013 gegründeten Alternative für Deutschland (AfD) ermöglicht. Bei der Bundestagswahl im September 2013 erreichte sie mit einem noch eher liberalen Profil in erster Linie wegen ihrer ablehnenden Haltung gegenüber dem als „alternativlos" geltenden Euro-Krisenmanagement aus dem Stand 4,7 Prozent der Stimmen.

Die seit der Finanzkrise offensichtliche Loslösung der Entscheidungsprozesse von ihrer demokratischen Verankerung beim Wähler als politischem Souverän erleichtert es Partikularinteressen sich unter Umgehung der Demokratie durchzusetzen. Das hat sich zum Beispiel am außer Kraft setzen des Haftungsprinzips, aber auch an der fortgesetzten Niedrigzinspolitik gezeigt. Der *Massenwohlstand spielt kaum mehr eine Rolle*.

Die Überwindung der Zombiewirtschaft erfordert jedoch eine sehr starke Demokratie. Einerseits müssen Partikularinteressen überwunden werden, die ein hohes Interesse an der Vermeidung einer wirtschaftlichen Restrukturierung haben. Andererseits erfordert ein Programm zur Überwindung der Zombiewirtschaft eine breite gesellschaftliche Zustimmung. Die Demokratie ist in Deutschland jedoch schwach verankert, was sich nicht nur aktuell zeigt, sondern mit Blick auf die Geschichte der Demokratie noch deutlicher wird.

Die Demokratie erden

In einer Demokratie sollte, wie auch das Grundgesetz formuliert, die Staatsgewalt vom Volk ausgehen. Im Vergleich zum historischen Vorbild, der Athener Demokratie, wird jedoch deutlich, dass die heutige Demokratie in dieser Hinsicht sehr limitiert ist. Im Athener Kontext bedeutete Demokratie „Volksherrschaft". Der Begriff leitet sich aus dem griechischen Wortstamm „kratos" ab, der nicht einfach „Kontrolle", sondern „zugreifen" oder „packen" bedeutet, und „demos", dem Volk. Die Athener Volksherrschaft funktionierte anders als unsere heutige repräsentative Demokratie nach den Regeln einer direkten Demokratie. Alle Bürger (Frauen, Sklaven und Fremde allerdings ausgeschlossen) hatten nicht nur ein Mitspracherecht, sondern unmittelbare politische Macht. Durch Volksversammlungen und Volksgerichte hatten sie einen direkten Einfluss auf Politik und Gesellschaft.[37] Zudem wurden nicht immer sanfte Verfahren entwickelt, die darauf abzielten, einen überproportionalen Einfluss meinungsstarker Minderheiten zu verhindern. Nach mehr als 150 Jahren bemerkenswerter Stabilität wurde die Athenische Polis Opfer einer Invasion aus dem Norden. König Philipp von Makedonien, der Vater Alexander des Großen, besiegte in der Schlacht von Chaironeia 338 v.Chr. das Heer der verbündeten Griechen und beendete damit die klassische Zeit der attischen Demokratie.

Danach kann die europäische Geschichtsschreibung für mehr als 2000 Jahre keine erfolgreiche Demokratie verzeichnen. Vereinzelten Versuchen in Städten oder bäuerlichen Regionen gelang es nicht auf Dauer, sich gegen die herrschenden Eliten zu behaupten. Erst die frühe Neuzeit setzte die Demokratie wieder auf die historische Agenda. Die Politisierung der bürgerlichen Schichten und deren Kampf um demokratischen Einfluss und Macht beginnt schon im Ausgang

37 Paul Cartledge, „Democracy: A life", Oxford University Press 2018.

des Mittelalters in Italien, der Schweiz und den Niederlanden. Im Zeitalter der Aufklärung nimmt sie Gestalt an. Schritt um Schritt werden den dominierenden Eliten Zugeständnisse abgetrotzt. Erfolgreiche demokratische Reformen sind nicht selten der pragmatischen Reaktion der herrschenden Kreise zu verdanken, um selbst Macht und Einfluss zu bewahren. In den bürgerlichen Revolutionen am Ausgang des 18. und während des ganzen 19. Jahrhunderts spielen zunehmend auch die breiten Volksmassen eine tragende Rolle, die auf die Durchsetzung eigener Interessen drängen. Ihr Einfluss erreicht unmittelbar nach dem Ersten Weltkrieg ihren Höhepunkt.

In Teilen Deutschlands kam es durch den Druck der bürgerlichen Bewegung bei der Wahl zur Frankfurter Nationalversammlung 1848 erstmals zur Durchsetzung des allgemeinen Männerwahlrechts. Bereits ein Jahr später war die Nationalversammlung von den Kräften der Reaktion aufgelöst. Es dauerte bis 1867, als der spätere Reichskanzler Otto von Bismarck im neu gegründeten Norddeutschen Bund das ausschließliche Wahlrecht für Männer einführte. Ab 1871 galt es im Deutschen Reich. Bis 1918 waren Frauen vom Wahlrecht ausgeschlossen. Weitere Einschränkungen bestanden darin, dass bei einer damals extrem jungen Bevölkerung das Mindestwahlalter auf 25 Jahre festgesetzt wurde und in Preußen bis zum Ende des Ersten Weltkriegs das Dreiklassenwahlrecht galt. Wohlhabende Wähler höherer Steuerklassen hatten darin ein deutlich größeres Stimmgewicht.

Durch den Ersten Weltkrieg verlor die alte Ordnung in ganz Europa ihre Legitimität. Die drei Großen Imperien, das zaristische Russland, das Osmanische Reich und die Donaumonarchie, brachen zusammen und hinterließen ein Chaos sich befehdender Ethnien, Religionen und Klassen. Von der

Russischen Revolution 1917 ging eine Welle des politischen Extremismus aus. Kommunistische, linkssozialistische und anarchistische, aber auch radikalnationalistische Strömungen gewannen gewaltigen Einfluss in den breiten Volksmassen. Kommunistische Umsturzversuche reichten von der Münchner Räterepublik über den Spartakusaufstand in Berlin bis zur Ungarischen Räterepublik. Alle drei wurden blutig niedergeschlagen. Die Eliten sahen sich mit dem Problem konfrontiert, dass die Ordnung über die radikalisierten Massen nicht alleine mit Repression aufrechterhalten werden konnte. Der revolutionäre Druck wurde mit Reformpolitik eingedämmt. In ganz Europa wurde das Wahlrecht ausgeweitet, der Adel wurde entmachtet und teilweise enteignet. Es entstanden überall nationale Parlamente. Während so nach demokratischen Wegen gesucht wurde, um die Massen zu beruhigen, arbeitete man andererseits darauf hin, ihren Einfluss auf die gesellschaftlichen Grundentscheidungen zu begrenzen. So wurde in Deutschland einerseits das allgemeine und gleiche Wahlrecht für Männer und Frauen eingeführt, jedoch gleichzeitig eine institutionelle Ordnung geschaffen, die darauf ausgerichtet war, den Einfluss des Wahlvolks auf den Staat zu zähmen und zu limitieren. Der britische Publizist Daniel Ben-Ami spricht in diesem Kontext von der Konstituierung einer „eingeschränkten Demokratie", die sich in ganz Europa herausgebildet habe und die bis heute einer wirklichen Volkssouveränität oder gar einer Volksherrschaft entgegenstehe.[38]

In der Verfassung der Weimarer Republik von 1919 zeigen sich diese widersprüchlichen Tendenzen, die auch

38 Daniel Ben-Ami: „Die Fesseln der europäischen Demokratie", Novo online, 07.02.2020.

das Grundgesetz der Bundesrepublik Deutschland prägen. Die Weimarer Verfassung stellte, wie auch das Grundgesetz von 1949, klar: „Staatsgewalt geht vom Volke aus". Obwohl die Weimarer Verfassung mit freien Wahlen, Meinungs- und Pressefreiheit erstmals erhebliche Freiheiten zusicherte, schuf sie gleichzeitig den rechtlichen Rahmen, um diese Rechte wieder außer Kraft setzen zu können, wovon reichlich Gebrauch gemacht wurde. Aufgrund der Erfahrungen der Weimarer Republik entwickelte sich das für das Grundgesetz konstituierende Prinzip einer „wehrhaften" bzw. „streitbaren" Demokratie, die sich notfalls mit der Einschränkung der für eine Demokratie existenziellen Grundrechte wie Meinungs- und Pressefreiheit gegen Feinde der Demokratie zur Wehr setzen müsse.

Während der Weimarer Republik und verstärkt in der Zeit nach 1945 wurde zudem ein Institutionengefüge aufgebaut, das darauf abzielte den demokratischen Einfluss der Bürger zu limitieren. In der Zeit zwischen dem Ersten und Zeiten Weltkrieg kam es zwischen dem späteren NSDAP-Mitglied und Staatsrechtler Carl Schmitt und dem Rechtswissenschaftler Hans Kelsen, der eine treibende Rolle beim Aufbau des österreichischen Verfassungsgerichtshofs spielte, zu einer Auseinandersetzung darüber, welche Institution als „Hüter der Reichsverfassung" fungieren soll. Die Frage war nicht, ob überhaupt, sondern welche Institution oberhalb des vom Volk gewählten Reichstags über die Demokratie zu wachen habe. Während Schmitt argumentierte, dem Reichspräsidenten solle diese Wächterfunktion zukommen, forderte der Rechtswissenschaftler Hans Kelsen diese Rolle für den 1921 gegründeten Staatsgerichtshof, den Vorläufer des Bundesverfassungsgerichts. In der Weimarer Republik gelang es jedoch weder Reichspräsidenten noch dem Staatsgerichtshof, die mächtige und gewissermaßen wie ein guter Monarch über die Demokratie wachende Funktion einzunehmen, die heute das Bundesverfassungsgericht ausfüllt.

Staatliches Handeln politisieren

Während nichtgewählte Organe des Staates seit Jahrzehnten einen kontinuierlichen Bedeutungs- und Machtzuwachs verzeichnen, ist das Gefüge der repräsentativen Demokratie immer weniger repräsentativ für den Wählerwillen geworden. Zwischen den Wählern und ihren gewählten Volksvertretern in den Parlamenten hat sich eine Distanzierung entwickelt, die sich bis Anfang der 2010er Jahre an der kontinuierlich sinkenden Wahlbeteiligung und dem immer schwächeren politischen Engagement gezeigt hat. Die zunehmende Passivität der Wähler setzte die Organe der repräsentativen Demokratie immer weniger unter politischem Druck. Dabei hat sich eine regelrechte Abkoppelung der Exekutive entwickelt. Die EU-Kommission, wie auch der EU-Ministerrat, in den die Regierungsmitglieder als Entscheidungsträger eingebunden sind, wie auch die Bundesregierung selbst verzeichnen einen erheblichen Machtzuwachs gegenüber Parlamenten und Wählern. Es sind abgeschottete Entscheidungszirkel entstanden, die ihre *politische Legitimität* kaum noch aus dem demokratischen Willensbildungsprozess und als Interessenvertretung der Wähler ziehen, sondern *aus anderen Quellen*. Eine wichtige Rolle spielen supranationale Institutionen, da die national verfassten Demokratien von meinungsführenden Kreisen als nicht mehr geeignet angesehen werden, globale Probleme zweckdienlich zu adressieren. Als Legitimationsquelle für politische Entscheidungen spielen zudem Expertengremien und Ethikkommissionen eine bedeutende Rolle.

Um Experten und Ethiker in politische Entscheidungsprozesse einbinden zu können, ist es notwendig, die zu entscheidenden Fragen als Sachfragen erscheinen zu lassen. Gelingt dies, so sind weniger die politischen Repräsentanten des Volkes gefragt, deren Rolle es ist, die Interessen ihrer jeweiligen Wähler zu vertreten. Stattdessen wird nun die besondere Expertise relevant, um die Sachfrage zu klären. Politik reduziert sich dann auf Umsetzungsmanagement. Wirtschaftspolitik wird heute weitgehend als Sachpolitik verstanden. Paradoxerweise wird diese Entpolitisierung wirtschaftspolitischer Fragen oft sogar explizit damit verteidigt, dass ansonsten Partikularinteressen dominieren könnten.

Der einflussreiche Wirtschaftsnobelpreisträger von 2018, William Nordhaus, warnte bereits in den 1970er Jahren vor „demokratischer Kurzsichtigkeit" und verfocht die These, man müsse Haushaltspolitik „Personen übertragen, die nicht von den Sirenenklängen der Parteipolitik verlockt werden".[39] Er favorisierte daher politisch unabhängige Fiskalkomitees und politisch unabhängige Notenbanken.[40] Diese Argumentation spielte bei der Institutionalisierung der unabhängigen EZB, aber auch bei der Einführung der 2009 in Deutschland beschlossenen Schuldenbremse eine wichtige Rolle.[41]

Die von Nordhaus behauptete „Kurzsichtigkeit" ist jedoch kein zwangsläufiges Produkt demokratischer Ent-

39 Zit. nach: Philip Plickert: „Warum Regierungen zu viel Geld ausgeben" in: F.A.Z., 25.10.2018, S. 16.

40 Philip Plickert: „Warum Regierungen zu viel Geld ausgeben" in: F.A.Z., 25.10.2018, S. 16.

41 Typisch hierfür sind Regelsetzungen mit Verfassungsrang, also auf Länderverfassungen oder im Grundgesetz, wie etwa die Schuldenbremse. Diese schränken die politischen Handlungsmöglichkeiten entsprechend ein.

scheidungsprozesse. Die zu beobachtende Wankelmütigkeit und Unbeständigkeit der Volksvertreter in unserer repräsentativen Demokratie ist vielmehr ein Zeichen *für die Aushöhlung demokratischer Prozesse*. Die Politik hat sich in nahezu allen Bereichen von den konkreten, größtenteils materiellen Interessen der Bevölkerungsmehrheit entkoppelt und dadurch die Verankerung in der Wählerschaft weitgehend verloren.[42] Wie beschrieben zieht sie Legitimität und Autorität vor allem aus anderen Quellen – beispielsweise Klima-, Mobilitäts- oder Ernährungsexpertisen oder den Kampagnenvorgaben mächtiger NGOs. Da sie sozusagen nicht „geerdet" ist, schlingert die Politik zwischen verschiedenen Lobbygruppen, zahllosen Statistiken und moralischer Empörung orientierungslos hin und her. Sie folgt sich ständig ändernden Meinungsbildern und Stimmungen, um politische Legitimität zu erreichen. Die Folge ist tatsächlich die von Nordhaus beobachtete Instabilität politischer Entscheidungsprozesse. Die Politik muss denjenigen folgen, die ihr Legitimität verschaffen und daher sehr sensibel auf deren Agenda und Kampagnen reagieren. Das führt zu erratischen regulatorischen Eingriffen, Mikromanagement und bürokratischer Überwucherung bis hin zur Durchlöcherung des wirtschaftlichen Ordnungsrahmens.

Die Kontrolle an demokratische Institutionen zurückgeben

Die Auslagerung politischer und damit demokratisch verankerter Verantwortung und Kontrolle geht jedoch wesentlich weiter. Staatliche Aufgaben werden zunehmend privatisiert

42 Kai Rogusch et al.: „Experimente statt Experten", Novo Argumente Verlag 2019, S. 13 ff.

und dann zum Teil von neu etablierten Selbstregulierungskörperschaften übernommen. Beispielsweise wird durch das 2017 in Kraft getretene und inzwischen verschärfte „Netzwerkdurchsetzungsgesetz" die hoheitliche Aufgabe staatlicher Institutionen, die Grenzen der Meinungsfreiheit zu definieren, auf ein „Selbstjustizsystem der sozialen Netzwerke" verlagert.[43]

In wirtschaftspolitischer Hinsicht besonders relevant ist die staatliche Forcierung des in den 1990er Jahren in Mode gekommen Konzepts sozialer Verantwortung (Corporate Social Responsibility – CSR). Relevanz erhielt CSR vor allem durch die zur gleichen Zeit aufkommenden Globalisierungstheorien und deren kritische Begleitung durch Kampagnen mächtiger NGOs. Deren vor allem moralische Autorität machte es auch für die Politik attraktiv, diese Ideen zu übernehmen. „Soziale Verantwortung" wird als ökonomische Richtschnur propagiert, weil immer mächtigere globalisierte Konzerne die nationalstaatlichen gesetzlichen Standards aushöhlten. Die Firmen werden daher dazu gedrängt, sich und ihre Geschäftspartner an selbst definierte Mindeststandards zu binden.

Mit dem Ziel, politische Legitimität zu gewinnen, orientiert sich Bundesentwicklungsminister Gerd Müller (CSU) an Moralkampagnen mächtiger NGOs und prangert schon seit vielen Jahren die Praktiken der deutschen Unternehmen in anderen Ländern an. Sie sollten Verantwortung für ihre dortigen Lieferketten übernehmen und für bessere Standards bei ihren Lieferanten sorgen. Bei einer Rede auf einer Veranstaltung der Berliner Industrie- und Handelskammer war er

43 Kai Rogusch: „Gibt es ein Recht auf Hassrede?", Novo-Veranstaltung vom 05.05.2018, Novo online.

in seine neue Rolle als idealer sozial- und umweltbewusster Konsument geschlüpft. Sein vorangegangener Besuch in Nigeria habe ihn dazu bewogen, Shell-Tankstellen zu boykottieren. Dieses Verhalten legte er auch den Anwesenden etwa 200 Wirtschaftsvertretern nahe: „Wenn Sie in das Nigerdelta gehen und dort den Standard der Ölförderung sehen", so der Minister, „würde keiner von Ihnen an der Tankstelle, die dort fördert, tanken."[44] Auch an den Praktiken der Textilindustrie ließ er schon damals kein gutes Haar. Das neue Vier-Sterne-Weltmeistertrikot der Fußball-Nationalmannschaft koste hierzulande 84 Euro, Näherinnen in Bangladesch bekämen aber nur fünf Cent pro Stunde. Da komme ein Lohn heraus, „der nicht zum Leben reicht, geschweige denn für die Familie." Auch dies ein verdeckter Boykottaufruf – in diesem Fall gegen Adidas gerichtet, denn der Sportartikelhersteller vermarktete damals die WM-Trikots.[45] Müllers Boykottaufrufe fanden sofort wohlwollenden Applaus. Bundestagsvizepräsidentin Claudia Roth (Grüne) pflichtete dem Minister bei und setzte gegenüber der F.A.Z. noch eins drauf. Dass der Minister die „Unternehmen in die Pflicht nimmt", sei völlig richtig. Nun solle Müller „klar sagen, welche Unternehmen es zu boykottieren gilt".[46]

Solche Forderungen nach CSR sind insofern bedenklich, als sie die Unternehmen zwingen wollen, eigenständig oder in Zusammenarbeit mit Organisationen wie etwa NGOs, die das „öffentliche Interesse" zu repräsentieren glauben, soziale und wirtschaftliche Standards sowie Umweltziele zu definieren. Das führt paradoxerweise dazu, dass nun multinationale

44 „Entwicklungsminister will Shell und Adidas boykottieren" in: F.A.Z., 10.09.2014, S.15.
45 Ebd.
46 Michael Ashelm: „15 Cent für vier Sterne", F.A.Z. online, 11.09.2014.

Konzerne die Regeln diktieren, unter denen sie – vor allem in weniger entwickelten Ländern – wirtschaftlich aktiv werden. Der Ökonom und Wirtschaftsnobelpreisträger Milton Friedman kritisierte diese Auffassungen bereits in den 1960er Jahren. Er sprach sich für eine Beschränkung der Unternehmen auf ihre ökonomische Rolle aus und damit für eine klare formale Trennung von Politik und Wirtschaft. Unternehmen sollten die in der Demokratie gesetzten Regeln beachten und so dem politischen Willen untergeordnet sein. Wenn er gleichwohl dafür eintrat, den Unternehmen größtmögliche Freiheit zu gewähren, so war dennoch klar, dass die Politik die Regeln definieren müsse, in denen sich die Unternehmen bewegen dürfen.

Wenn man Unternehmen ein über das gesetzliche Maß hinausgehendes Engagement abverlangt, sind sie gezwungen, sich die Rolle des politischen Souveräns anzumaßen. Aus diesem Grund ist der Versuch fragwürdig, Kritik an solchen Entwicklungen zu delegitimieren. So hat die in Deutschland treibende Regierungsinstitution in Sachen CSR, der Rat für nachhaltige Entwicklung, diese Ordnungsvorstellungen mit explizitem Verweis auf Milton Friedman als „neoliberal" und somit als historisches Relikt beiseitegeschoben. In seinen Empfehlungen zu CSR stellte der Rat, Friedman zitierend, fest: „‚The business of business is business'. Dieses Credo hat sich überlebt. Soziale und ökologische Belange spielen für den Erfolg des Unternehmens eine zunehmend wichtige Rolle."[47]

47 Rat für nachhaltige Entwicklung: „Unternehmerische Verantwortung in einer globalisierten Welt – Ein deutsches Profil der Corporate Social Responsibility, Empfehlungen des Rates für Nachhaltige Entwicklung", 2006, S. 11.

Als Wirtschaftssubjekte müssen Unternehmen größtmögliche Autonomie erhalten, um im Rahmen ihres autonomen Handelns die ihnen zur Verfügung stehenden Ressourcen bestmöglich einzusetzen. Sie müssen in der Lage sein, profitabel zu wirtschaften und risikoreiche Investitionen zu stemmen. Ob sie zum Zweck der Gewinnerzielung ökologische und soziale Belange in den Vordergrund rücken, sollte ihnen überlassen bleiben. Entscheidend ist, dass die Unternehmen nicht autonom allgemeinverbindliche Standards definieren, die dann beispielsweise dazu dienen können, Wettbewerber aus dem Markt zu drängen. Diese Aufgabe, den ordnungspolitischen Rahmen zu setzen, der die soziale Marktwirtschaft einhegt, und gegebenenfalls regulierend einzugreifen, ist eine demokratische Aufgabe. Es sind diese überkommenen ordnungspolitischen Grundsätze, die dem Staat die Möglichkeit bieten, die Kontrolle zu bewahren, die Unternehmen aber vor Eingriffen zu beschützen, die ihre Autonomie beschränken. Dieser nach den Vorstelllungen des Ordoliberalismus zu gewährleistende Ordnungsrahmen ist heute jedoch heillos durchlöchert.[48] Konstituierende Prinzipien, etwa das Haftungsprinzip, sind an entscheidenden Stellen ausgehebelt. Das Grundprinzip eines funktionsfähigen Preismechanismus ist durch die Niedrigzinspolitik der EZB in Frage gestellt.[49] Andererseits nehmen prozesspolitische Eingriffe in den Markt immer mehr zu, und auch das Prinzip der Konstanz der Wirtschaftspolitik wird in bedeutendem Umfang ignoriert. Der Staat greift tief in die Autonomie sowohl der Unternehmen wie auch der Konsumenten ein, denen er

48 Karen Ilse Horn: „Die soziale Marktwirtschaft", F.A.Z.-Institut für Management-, Markt-, und Medieninformation 2010, S. 62 ff.

49 „Joachim Starbatty spricht über Hayek und Keynes beim Hayek-Club Frankfurt", Friedrich A. von Hayek-Gesellschaft, YouTube, 23.10.2019.

nicht zutraut, vernünftige Entscheidungen zu treffen. Autonomes Handeln von Konsumenten und Unternehmen gilt als größtes anzunehmendes Risiko und wird entsprechend eingedämmt und reguliert. Eine zentrale Aufgabe zur Überwindung der Zombiewirtschaft liegt daher darin, die *Argumente zur Herstellung eines Ordnungsrahmens zu gewinnen*, der die *Autonomie wieder stärkt sowie Innovationen und wirtschaftlichen Wandel fördert* – statt defekte Geschäftsmodelle zu bewahren und zu schützen.

Staatliche Institutionen demokratisch verankern

Mit dem Rückzug der Politik aus gesellschaftlich relevanten Entscheidungsprozessen wird der Einfluss der Wähler als souveräne Bürger zunehmend beschnitten, und der in einer repräsentativen Demokratie seiner Natur nach ohnehin limitierte Einfluss des Volkes wird durch die fortschreitende Isolierung staatlicher Institutionen vom Einfluss der Wähler weiter reduziert. Staatliche Institutionen öffnen sich so der Einflussnahme mächtiger Interessengruppen. Gegen deren Ansprüche wäre solange nichts einzuwenden, wie sie sich an die Regeln eines demokratischen Willensbildungsprozesses hielten und öffentlich agierten. Dann wäre die Verfolgung eigener Interessen ein berechtigtes Anliegen und ein die Demokratie stärkendes Moment. Die EU und zahlreiche nationale Expertenkommissionen haben sich jedoch zu idealen Tummelplätzen für Lobbyisten der unterschiedlichsten gesellschaftlichen Interessengruppen von Unternehmensvertretern bis zu NGOs entwickelt. Auch die inzwischen übliche Einbindung von Anspruchsgruppen in die Gesetzgebungsverfahren führt dazu, dass politische Entscheidungsprozesse intransparent werden und die Einflussnahme unter Umgehung des demokratischen Prozesses geschieht.

Vom demokratischen Prozess abgekoppelte Institutionen mutieren zu Elitezirkeln, in denen gut organisierte und einflussreiche Interessengruppen hinter den Kulissen ihren Einfluss geltend machen und nur wenige Entscheider eine enorme Machtfülle auf sich vereinigen. Typisch hierfür ist die privilegierte Position des EZB-Präsidenten, der mit seiner berühmten „Whatever it takes"-Rede nicht nur den Euro rettete, sondern diese Rede, wie auch viele andere öffentliche Interventionen, nicht einmal mit dem EZB-Rat als dem obersten Entscheidungsgremium abgestimmt hatte.[50] Zur Überwindung der Zombiewirtschaft ist es erforderlich, die mit Sachlogik und Moral getarnten Partikularinteressen zurückzudrängen. Diese nehmen wenig Rücksicht auf die Entwicklung der Arbeitsproduktivität und die davon abhängige Entwicklung des gesellschaftlichen Wohlstands. Ihre Interessen liegen eher in Erhalt oder Ausweitung des persönlichen Vermögens, weshalb sie die von den Zentralbanken und Staaten vorangetriebene wirtschaftliche Stabilisierung befürworten.

Aus US-amerikanischer Perspektive identifiziert der Publizist Joel Kotkin sogar eine neue Plutokratie (Geldherrschaft). Sie sei nicht mehr wie ihre amerikanischen Vorgänger von einer prosperierenden Mittelschicht abhängig, die jene sowohl als Angestellte als auch als Verbraucher benötigten. Während die Eigentümer der großen Produktions- oder Versorgungsunternehmen und der Ölindustrie von steigender Massenkaufkraft abhängig gewesen seien, verdienten die

50 Werner Mussler / Michael Stabenow: „Einige sind gleicher – Die Befugnisse der europäischen Entscheidungsträger" in: F.A.Z. 06.07.2019, S. 8.

heutigen Plutokraten ihr Geld eher mit immateriellen Gütern wie Medien, Werbung und Unterhaltung. Für ihren eigenen Erfolg seien sie weniger abhängig von billiger Energie und von breitem Wohlstand. Für sie bestehe keine Notwendigkeit für Masseneinkommen, die den Kauf eines Hauses oder eines Autos ermöglichen. Es genügen Einkommen, mit denen Smartphones oder Videospiele gekauft werden können. Aus dieser materiellen Veränderung erklärt Kotkin die veränderte politische Orientierung dieser in den Vereinigten Staaten dominierenden Schicht: „Der vielleicht größte Unterschied zwischen den herrschenden Klassen des 19. Jahrhunderts und des 21. Jahrhunderts zeigt sich in der Einstellung zu wirtschaftlichem Fortschritt. Die alte Plutokratie – nicht zuletzt Energie, Industrie, Landwirtschaft und Baubranche – unterstützte und ermutigte den wirtschaftlichen Fortschritt der unteren Schichten, die auch ihre Kunden waren. [...] Bei all seinen ökologischen und sozialen Defiziten hat das alte Wirtschaftssystem Wachstum und Aufwärtsmobilität in den Vordergrund gestellt. Im Gegensatz dazu konzentriert sich die neue Wirtschaftsordnung mehr auf den Begriff der ‚Nachhaltigkeit', der die feudale Weltanschauung widerspiegelt."[51]

Um diese Partikularinteressen zu überwinden, muss die wirtschaftliche Entwicklung zum Gegenstand einer offenen demokratischen Debatte – in diesem Sinne politisiert – werden, denn sie ist die Grundlage für sozialen Fortschritt. Das heißt es geht darum, sie in das Zentrum des öffentlichen Interesses zu rücken. Die Separierung von Politik und Wirtschaft rührt aus der Funktionsweise der Marktwirtschaft und ihrer inhärenten Trennung privatwirtschaftlich agierender

51 Joel Kotkin, „The New Class Conflict", Telos Press Publishing 2014, Kindle Edition, Pos. 373.

Unternehmen und gesellschaftlicher Wohlstandsproduktion. Obwohl also alle von der Wohlstandsproduktion profitieren und daran mitwirken, ist es Sache der privaten Unternehmen, diese bestmöglich zu organisieren, indem sie im Rahmen der Wirtschaftsordnung souveräne Entscheidungen treffen. Dies erfordert erstens eine Re-Politisierung von Themen, die heute als reine Sachfragen klassifiziert werden, obwohl sie aus Interessenskonflikten rühren, sowie zweitens die Demokratisierung der vom Einfluss der Wähler abgeschotteten Institutionen.

Die Souveränität des Bürgers einfordern

Die wohl größte Sorge der liberalen Öffentlichkeit besteht in der Angst vor der Tyrannei der Mehrheit, vor der selbst die Vertreter des klassischen Liberalismus wie Alexis de Tocqueville und John Stuart Mill warnten[52], und die sich heute auch in der Angst vor dem Populismus äußert. Rückschrittliche Auffassungen der Mehrheit bis hin zu offenem Hass und Gewalt, so die verbreitete Befürchtung, könnten sich gegen Minderheiten wenden. Auf diese in der Öffentlichkeit weit verbreiteten Ängste versuchten sich viele Parteien während der Wahl zum EU-Parlament im Mai 2019 zu beziehen. Es kam zu einer regelrechten Wählerbeschwörung, in der die Wahl zu einer Schicksalswahl für Europa stilisiert wurde, denn Nationalisten und Populisten in allen Ländern wollten

52 Mill und de Tocqueville kamen dabei zu gegensätzlichen Einschätzungen. Während Mill diese Gefahr auf die Eigenheiten des Volkes zurückführte, also der Demokratie generell skeptisch gegenüberstand, resultierte sie gemäß de Tocqueville vielmehr aus einer zu wenig entwickelten Form der Demokratie. Siehe dazu Alexis de Tocqueville: „Über die Demokratie in Amerika", Reclam 1985.

„Europa zerstören".[53] Daher gelte es Farbe zu bekennen für die gemeinsame Zukunft. Bundespräsident Frank-Walter Steinmeier, der kurz vor der Wahl noch einmal diejenigen mit „progressiver" Gesinnung motivieren wollte, zur Wahl zu gehen, sagte „Europa hochhalten" sei zwar manchmal anstrengend, „aber verdammt wichtig".[54] In einem Appell, den er mit 20 weiteren Präsidenten anderer EU-Staaten zuvor veröffentlicht hatte, wurde ein „geeintes Europa" beschworen, für das alle mit ihrer Stimme „Verantwortung übernehmen" müssten.[55]

Die antipopulistische Mobilisierung der etablierten Parteien lief darauf hinaus, die Wähler aus den zukünftigen Entscheidungen der EU-Institutionen möglichst herauszuhalten. Mit der Dominanz des Populismus als Wahlkampfthema konnte der dringend notwendigen Diskussion über die zukünftige Gestaltung Europas ausgewichen werden. Indem es die Parteien vermieden, die drängenden Probleme der EU überhaupt anzusprechen, geschweige denn Ideen oder Konzepte zur Verbesserung vorzuschlagen, brachten sie ihre Geringschätzung gegenüber der Demokratie und den Wählern deutlich zum Ausdruck. Nicht einmal die drängenden Probleme der Deindustrialisierung Europas, der Schieflage des Finanzsystems und der Abhängigkeit der europäischen Wirtschaft von der Niedrigzinspolitik der EZB, der Überschuldung der öffentlichen Haushalte, der Überlastung der Sozialsysteme oder die ungelösten Fragen der Migration wurden thematisiert.

53 Sabine Beppler-Spahl et al.: „Die Wählerbeschwörung", Novo online, 10.05.2019.

54 Frank-Walter Steinmeier: „Wahlaufruf des Bundespräsidenten in den Sozialen Medien", Der Bundespräsident online, 24.05.2019.

55 „Europa ist die glücklichste Idee, die wir je hatten", Gemeinsamer Appell der Präsidenten von 21 Mitgliedstaaten der Europäischen Union, F.A.Z. online, 08.05.2019.

Da keine wirklichen Optionen zur Wahl gestellt wurden, sind die Handlungsspielräume des EU-Parlaments, der EU-Kommission und des EU-Rats kaum mehr an irgendwelche Wählervorgaben gebunden. Wie bisher kann die Europapolitik, die immer mehr Entscheidungen aus der nationalen Ebene an sich zieht, in einem institutionellen Geflecht vorangetrieben werden, das vom Einfluss der Wähler praktisch abgeschirmt ist. Das Stimmvolk wurde bei dieser Wahl genötigt, eine Blanko-Vollmacht abzugeben, wie der Publizist Roland Tichy treffend zusammenfasst: „Die selbstherrlich auftretenden guten Europäer zerstören Europa, weil sie die Debatte über den richtigen Weg nach Europa nicht mehr diskutieren wollen. Sie verlangen von den Wählern ein Blanko-Mandat, eine Blanko-Vollmacht: Gib mir Deine Stimme und ich mache Europa. Die Frage ist nur, welches Europa? Da herrscht dröhnendes Schweigen."[56]

Demokratie als Entdeckungsverfahren nutzen

Demokratie ist, insbesondere aus Sicht des Establishments, mit Risiken verbunden. Die Mehrheit kann unvorhersehbare und unwillkommene Entscheidungen treffen. Gerne wird das Bild vom Zauberlehrling beschworen. In Goethes Ballade führt der Versuch des Lehrlings, gegen die Herrschaft des Meisters aufzubegehren und selbstständig zu handeln, geradewegs ins Chaos. Dem Lehrling fehlen Erfahrung und Übersicht, um die Folgen seiner Anmaßung, es dem Meister gleichzutun, zu beherrschen. Nur der Meister kann mit

56 Roland Tichy: „EU-Wahl: Zwischen Schicksalswahl und Seifen-Oper", Tichys Einblick online, 25.05.2019.

seiner angestammten Autorität und Kunst die Situation retten. Wenn dem demokratischen Prinzip erst einmal Geltung verschafft ist, wird es weder unseren Wünschen noch unseren Befehlen gehorchen. Jede öffentliche Auseinandersetzung, etwa über Einwanderung oder die Nutzung von Gentechnik, kann sich in die eine oder die andere Richtung entwickeln. Viele, denen demokratische Entscheidungen der jüngsten Zeit nicht in den Kram passen, verweisen auf die Wahl Donald Trumps zum US-Präsidenten oder die Brexit-Entscheidung der britischen Wähler. Diese Entscheidungen gelten ihnen als Beleg für die Gefahren, die aus mangelnder Kompetenz und der Verführbarkeit einfacher Menschen herrühren. Doch in beiden Fällen hatten die Wähler gute Gründe für ihre Entscheidungen.[57] Die Mahner vergessen zudem, dass sich nicht nur die Mehrheit, sondern erst recht eine Minderheit irren kann. Wichtige Entscheidungen ein paar Auserwählten zu überlassen, widerspricht Freiheit und Demokratie sowie der Idee des Humanismus.[58]

Geschichtliche Perioden, in denen es gelang, demokratischen Ideen Geltung zu verschaffen, fallen mit Blütezeiten des menschlichen Schaffens und der kulturellen Entwicklung zusammen. Wissenschaft und Kunst konnten sich unter dem Einfluss demokratischer Ideen besonders entwickeln. Das gilt neben dem antiken Athen auch für die Stadtrepubliken der italienischen Renaissance und das Zeitalter der Aufklärung – Epochen in denen die individuelle Autonomie gestärkt wurde und der Kampf für Freiheit und Demokratie die menschliche Kreativität entfacht hat.

57 Sabine Beppler-Spahl: „Brexit – Demokratischer Aufbruch in Großbritannien", Parodos Verlag 2019.

58 Kai Rogusch et al.: „Experimente statt Experten", Novo Argumente Verlag, 2019.

Eine dynamische Version der Demokratie, die dem Athener Vorbild nahekommt, stärkt die kreativen Energien der Menschen. Die Menschen werden „ermutigt, am öffentlichen Leben teilzuhaben und Verantwortung für ihre Entscheidungen zu übernehmen, denn dann zählt, was sie tun und sagen […]. Es ist ein fundamentales Element unserer Humanität, souveräner Bürger zu sein, der über das eigene Leben und die Gesellschaft bestimmt", formuliert der britische Publizist Mick Hume.[59]

Die Übernahme von Verantwortung ist die Grundlage für individuelles wie auch kollektives Lernen und somit die Basis für die menschliche Entwicklung. Den Menschen ist die Fähigkeit vorbehalten, nicht wie die Natur ausschließlich durch Versuch und Irrtum zu besseren Ergebnissen zu kommen, sondern Probleme planmäßig zu überwinden. Indem wir *Verantwortung für Entscheidungen übernehmen*, deren Konsequenzen wir individuell oder als Gesellschaft selbst tragen müssen, werden wir versuchen, die Umsetzung und ihre vermutlichen Resultate zu ergründen und gut abzuwägen. Jede individuelle oder kollektive Entscheidung, etwas zu verändern, stellt ein gewisses Wagnis dar, denn sie führt zu einem Experiment, dessen Ausgang in der Regel nicht vollständig vorhergesagt werden kann. Ohne Test bleibt alles Spekulation. Wir werden uns mit erwarteten, oft aber auch unerwarteten Auswirkungen auseinandersetzen müssen. Die Tatsache ist schwer verdaulich, dass wir hauptsächlich durch Fehler dazulernen. Wir lernen, wenn die Wirkungen unseres Handelns nicht den Erwartungen entsprechen. Gerade wenn Dinge nicht exakt so verlaufen wie geplant, zeigt

59 Mick Hume: „Revolting – How the Establishment are Undermining Democracy and What They're Afraid of", HarperCollins Publishers 2017, S. 92.

sich, an welcher Stelle unser Wissen noch unvollständig ist. *Der Fehlschlag bietet die Chance zu weiterer Erkenntnis.* Die größtmögliche Einbindung möglichst vieler Menschen in die gesellschaftlich wichtigen Entscheidungen bietet so der breiten Masse der Gesellschaft die Gelegenheit, Teil dieses gesellschaftlichen Lernprozesses zu sein. Das geistige und kulturelle Niveau der gesamten Gesellschaft steigt umso stärker, je mehr Menschen Teil dieses Prozesses sind.

Fazit

Die Überwindung der Zombiewirtschaft erfordert eine erfolgreiche Restrukturierung der produktiven Basis. Die Voraussetzung hierfür ist jedoch eine politische Restrukturierung. Im Zentrum muss die Idee stehen, dass die Menschen als Individuen, aber auch kollektiv zur Lenkung ihrer eigenen Geschicke befähigt sind. Ausdruck dieses Humanismus ist auch das Bestreben nach Ausdehnung der Freiheit. Die Basis dafür ist der sich aus einer zunehmenden Nutzung der Natur ergebende materielle Fortschritt. Wir brauchen eine veränderte politische Kultur, in der gesellschaftliches Experimentieren und die daraus folgenden Veränderungen und Risiken nicht in erster Linie als Gefahr, sondern als Chance gesehen werden, zu besseren Lösungen zu kommen. Dies bedeutet nicht Verminderung, sondern radikale Erweiterung demokratischer Entscheidungskompetenz und Kontrolle.[60] Die Revitalisierung der Entwicklung des materiellen Wohlstands erfordert in erster Linie die Überwindung jener subjektiven und dann auch objektiven Barrieren, die die

60 Kai Rogusch et al: „Experimente statt Experten: Plädoyer für eine Wiederbelebung der Demokratie", Novo Argumente Verlag 2019.

Unternehmen davon abhalten, ihre Rolle als wohlstandssteigerndes Kraftzentrum wahrzunehmen.

Die notwendige schöpferische Zerstörung und die damit verbundene Kapitalbereinigung erfordert einen demokratisch legitimierten und kollektiv vom Volk kontrollierten Staat, der diesen Prozess im Interesse der Gesellschaft vorantreibt. Die Überwindung der Zombiewirtschaft erfordert einen geeigneten wirtschaftspolitischen Rahmen, in dem die Marktwirtschaft ihr wohlstandssteigerndes Potenzial entfalten kann und die demokratische Kontrolle der staatlichen Instrumente zur Bewahrung dieser wohlstandsteigernden Funktion etabliert wird. Der Markt und dessen Ergebnisse werden dann für die Menschen nicht mehr, wie es Marx einst formulierte, als Macht erscheinen, die „fremd von ihm existiert" und diesen als „eine selbständige Macht [...] feindlich und fremd gegenübertritt", sondern über staatlich verankerte demokratische Prozesse geführt.[61]

61 Karl Marx: „Ökonomisch-philosophische Manuskripte aus dem Jahre 1844", in: Marx-Engels-Werke 40, S. 512.

V

ZWEI ERGÄNZENDE ERKLÄRUNGSANSÄTZE DER ZOMBIFIZIERUNG

MICHAEL VON PROLLIUS

Zombieökonomie: Die Perspektive der Österreicher

Aus Sicht der Österreichischen Schule der Volkswirtschaftslehre liegen vor allem staatliche Einmischung und das Geldsystem der Zombifizierung der Wirtschaft zugrunde

Die Gründerväter der sozialen Marktwirtschaft drehen sich im Grabe um. Die Ordnung der deutschen und der europäischen Wirtschaft ist weder sozial noch marktwirtschaftlich und stellt erst recht keine Integration Europas als „Verwirklichung der Freiheit in allen Lebensbereichen" dar, wie sie Ludwig Erhard anstrebte. Indes sind es nicht Erhard, Eucken, Röpke, Rüstow und viele weitere Mitstreiter, die als Untote herumgeistern, obwohl man ihren Ideen die Seele geraubt hat. Vielmehr hat der Rückfall in eine organisierte, bürokratisierte Wirtschaft Institutionen und Unternehmen wieder zum Leben erweckt, die längst überwunden und untergegangen sein müssten.

Nachfolgend wird am deutsch-europäischen Beispiel aufgezeigt, wie sich eine Marktwirtschaft nach den Erkenntnissen der Österreichischen Schule der Ökonomik entfaltet und weshalb Teile Deutschlands und Europas zu einer Zombieökonomie mutiert sind. Für eine fundierte Betrachtung und eine systematische Auswahl von Fakten ist es unerlässlich, eine Theorie zu verwenden. Erst eine Theorie ermöglicht eine geordnete Wahrnehmung, deren Ergebnisse sich überprüfen lassen. Die Österreichische Schule bietet eine Theorie, die bereits erfolgreich die Weltwirtschaftskrise ab 1929 mit der anschließenden Großen Depression erklärt hat. Österreicher sind Spezialisten für Geld-, Kapital- und Konjunkturtheorie. Ähnlich wie die Ordoliberalen betrachten sie nie die Wirtschaft allein, sondern stets im besten Sinne einer politischen Ökonomie Wirtschaft, Politik und Gesellschaft gemeinsam. Das Gefüge der Institutionen – also Rechts- und Verfahrensregeln sowie Gesetze und Verordnungen, Organisationen wie Zentralbanken, Regierungen und deren Bürokratie, aber auch Interessenvertreter – wird dabei stets mitanalysiert. Im Mittelpunkt österreichischer Theorie und Analyse steht indes der handelnde Mensch, realitätsnah, nicht künstlich abstrahiert in einem lebensfernen Modell. Zusammengenommen lässt sich so die Realität analysieren, statt ein Wunschbild zu projizieren, wie es bei einseitiger Kapitalismusschelte und Staatsverherrlichung oder in abstrakten Modellwelten schlecht mathematisierter Ökonomik der Fall ist.

Der vorliegende Text thematisiert daher zunächst knapp die Entstehung der Österreichischen Schule, um dann direkt die zentrale Herausforderung aller Ökonomie zu analysieren: das Koordinationsproblem. Alles wirtschaftliche Handeln lässt sich daran messen, wie knappe, konkurrierend einsetzbare Ressourcen verwendet werden. Auch hier verfügen Österreicher über eine gleichermaßen klare wie konsequente institutionelle Analytik: das „3p-3i-Modell". Wer das im Text erläuterte Modell begriffen hat, verfügt über ein nützliches Werkzeug zum Verständnis von Ordnungsfragen insgesamt. Um die Zombieökonomie zu verstehen, ist es unerlässlich, die Bedeutung von Preisen zu erläutern: Preise sind zuallererst Informationsanzeiger. Ebenso bedeutend sind Unternehmer. Als Entdecker und Koordinatoren sind sie der Motor der Marktwirtschaft. Wer sie auf gierige Ausbeuter reduziert, moralisiert, ohne zu analysieren. Gestützt auf ein tiefergehendes Verständnis von Preisen und Unternehmern lässt sich das Handeln von Menschen auf Märkten verstehen.

Erst mit diesen Grundlagenkenntnissen ist ein Betrachter von Wirtschaftskrisen in der Lage, die Verzerrungen der heutigen Wirtschaft zu erkennen. Die Österreichische Zins-, Geld- und Konjunkturtheorie ermöglicht nun, die Krisenmechanismen zu erfassen. Dabei gilt es, verfehlte, weil Krisen schürende Regulierung zu berücksichtigen. Dementsprechend bietet der Text anschließend eine spezifisch Österreichische Krisenerklärung und eine Zombie-Zyklen-Theorie, die sieben Krisen schürende Schritte aufzeigt. Im abschließenden Abschnitt Fazit und Ausblick werden wesentliche Ergebnisse eingeordnet und Maßnahmen zur Austreibung der Zombies skizziert.

Wie so oft im Leben gilt auch hier, dass es keine Abkürzungen gibt. Wer mehr als pauschale, plakative Schuldzuweisungen kennenlernen möchte, der kann sich auf die Suche nach der Wahrheit begeben. Dieser Weg ist zwar zuweilen steinig, aber man kann auf ihm nicht stolpern. Und nicht erst am Ende winkt Erkenntnis, sondern bereits bei jedem Schritt.

Österreichischer David gegen preußischen Goliath

Die Österreichische, auch Wiener Schule, entstand in den 1880er-Jahren als ihr Gründer, Carl Menger (1840–1921), den bedeutenden Methodenstreit gegen die herrschende Historische Schule entfachte, die sich durch Staatstreue und Theorieaversion auszeichnete. David trat gegen Goliath an und Menger gelang es, die Preis- und Werttheorie zu revolutionieren und sie gegen die dominierende essentialistische Kameralwissenschaft in Stellung zu bringen. In seinem 1871 erschienenen Standardwerk „Grundsätze der Volkswirthschaftslehre" schrieb Menger: „Die theoretische Volkswirthschaftslehre beschäftigt sich nicht mit praktischen Vorschlägen für das wirthschaftliche Handeln, sondern mit den Bedingungen, unter welchen die Menschen die auf die Befriedigung ihrer Bedürfnisse gerichtete vorsorgliche Thätigkeit entfalten." Der spätere Privatlehrer des habsburgischen Kronprinzen Rudolf zeigte auf, dass Preise und Werte niemals absolut, sondern das Resultat individueller Präferenzen sind, es sei denn, sie werden durch staatliche Eingriffe manipuliert.

Mit seinen Worten aus „Zur Kritik der Politischen Oekonomie": „Die realen Preise, die realen Grundrenten, Capitalzinsen, die realen Einkommenserscheinungen sind nicht das Ergebniss strenger Wirthschaftlichkeit, sondern ein solches wirthschaftlicher und unwirthschaftlicher Factoren (von Irrtum, Willensgebrechen, altruistischen Tendenzen u. s. f.)". Seit Carl Menger hat sich die Österreichische Schule über verschiedene Generationen hinweg über Österreich und das Exil während des Dritten Reiches nach Großbritannien und insbesondere die USA ausgebreitet. Von dort ist sie nach Europa zurückgekehrt und aktuell nicht zuletzt außeruniversitär in Deutschland, Österreich, Spanien, Frankreich und Liechtenstein verwurzelt.

Heute sind einmal mehr fundamentale Irrtümer über und politische Manipulationen von Wirtschaft und Gesellschaft verbreitet. Geschichte reimt sich. Nur war die Welt von gestern in manchem institutionell besser, in manchem auch schlechter; und es gibt heute keinen Carl Menger, wenn auch sein Genius auf viele liberale Köpfe verstreut ist. In mancher Hinsicht können EU-Bürokraten und öffentliche Bedienstete in Deutschland als moderne Kammerbeamte gelten, weil ihre Expertise vorgeblich für die richtige Steuerung der Wirtschaft (und der Gesellschaft) sorgt. So steht im Mittelpunkt der Kameralistik das Beeinflussen der Wirtschaft durch staatliche Aktivitäten, um den Wohlstand einer Nation zu mehren. Menger würde diese simple Makro-Perspektive kritisieren, sowohl die der EU und der Bundesregierung als auch die der EZB, weil hier Wirtschaft ohne das Individuum betrieben wird und weil hinter der Fassade des Gemeinwohls Sonderinteressen verfolgt werden, um vorgeblich nicht weniger als das Klima, die Stabilität und den Frieden zu retten.

Das Koordinations-problem

Eine herausragende Bedeutung für die Erklärung, wie eine Marktwirtschaft funktioniert und wieso Bürokratie und Zentralismus mit Marktwirtschaft und freier Gesellschaft in Konflikt geraten, bietet Ludwig von Mises (1881–1973). Bereits 1920 wies der Kopf der dritten Generation der Österreichischen Schule die Unmöglichkeit rationaler Wirtschaftsrechnung im Sozialismus nach, weshalb eine wirtschaftspolitische Implosion sozialistischer Wirtschaften wie die der Sowjetunion für ihn nur eine Frage der Zeit war. 1944 zeigte er das (Un-)Wesen der Bürokratie auf, die im Gegensatz zum Entdeckungsverfahren freier Gesellschaften und Märkte steht. Mises arbeitete wie kein anderer das Kalkulations- und Koordinationsproblem heraus. Sozialisten und Bürokraten haben ihn bis heute nicht verstanden. Die im Verbund mit der EU Sondervorteile erzielenden Lobbyisten scheren sich nicht darum. Erneut lassen sich Verbindungen zur EU-Kameralistik, zu den unaufhebbaren Problemen von Zentralisierung und zu den fatalen Folgen einer Bürokratisierung von Wirtschaft und Gesellschaft ziehen. Das Kalkulations- und Koordinationsproblem ist zugleich ein Schlüssel für das Verständnis der sich ausbreitenden Zombifizierung.

Aus drei mal p folgt drei mal i

Österreicher betrachten die Wirtschaft nicht primär unter dem Gesichtspunkt knapper Ressourcen, sondern aus der Perspektive, wie diese knappen Ressourcen koordiniert werden können. Die Menschen verfolgen seit jeher zwei Wege: zentral durch Anordnung von oben und dezentral durch die Menschen auf Märkten. Beschritten wurden zumeist dritte Wege, die allerdings rasch zu den Präferenzen der Obrigkeit und den sie leitenden Interessengruppen führen. In beiden Fällen lenkt die Frage: „Wie werden Ressourcen koordiniert?" die Aufmerksamkeit auf die Institutionen. Peter Boettke, Doyen der Österreichischen Schule in den USA, hat für das Koordinationsproblem eine Formel geprägt, die es sich zu merken lohnt: „The three p give you the three i." Das bedeutet, 1. Privateigentum, 2. Preise, 3. Profite (und Verluste) bilden die Voraussetzung für 1. Information, 2. Innovation und 3. Anreize (engl. incentives). Die Koordination knapper Ressourcen funktioniert nicht ohne die drei p. Störungen der drei p führen zu Beeinträchtigungen der drei i.

Zusammengefasst: Die bestmögliche Koordination knapper Ressourcen setzt Privateigentum voraus, denn nur das gewährt das Verfügungsrecht und hat einen Wert, der sich tauschen lässt. Preise sagen uns, was wir zu tun haben, und oft ist das etwas anderes, als wir gedacht oder uns gewünscht haben, konstatierte Friedrich August von Hayek (1899–1992) in seinem Vortrag „The Flow of Goods and Services“. Der Wiener entzauberte damit 1981 einen der größten Irrtümer der westlichen Gesellschaften, nämlich die falsche Annahme, die Nachfrage nach Gütern entspreche automatisch der Nachfrage nach Arbeit. Dieses falsche keynesianische Modell rechtfertigt noch heute die Behauptung, der Staat könne durch Nachfragestimulierung die Konjunktur ankurbeln oder Arbeitsplätze schaffen.

Informationsanzeiger

Zurück zu den Preisen. Preise sind Knappheitsanzeiger und lenken die Hersteller von Gütern und Dienstleistungen genauso wie die Konsumenten. Preise zeigen die relative Wertschätzung von Gütern an, verkörpern aber keinen absoluten Wert. Der Zins darf im weiteren Sinne zu den Preisen gezählt werden, sorgt er doch dafür, dass das Timing von Sparen und Investieren, von Produktion und Konsumentenwünschen übereinstimmt. Wachsendes Sparen schlägt sich in sinkenden Zinsen nieder und in generell niedrigeren Kapitalkosten. Der Zins entscheidet über den Produktionsaufbau einer Volkswirtschaft. Demzufolge ist es von immenser Bedeutung, die Zinsen die Wahrheit über die Zeit erzählen zu lassen. Profite und Verluste sind ebenfalls wichtige Informationsgeber; zugleich stellen sie die Einheit von Handeln und Haften sicher.

Jedwede Manipulation von Privateigentum, Preisen und Profiten/Verlusten hat Folgen und verändert die Koordination von Ressourcen gegen die Präferenzen der Marktteilnehmer. Das ist entweder direkt der Fall, wenn Privateigentum von der Obrigkeit dem Einen weggenommen und dem Anderen gegeben wird, weil Höchst- und Mindestpreise die Signalfunktion verschlechtern, oder indirekt, weil Handeln ohne Haftung andere Anreize setzt, wie das Gebaren von Staatsführungen und Finanzinstituten nahezu täglich zeigt. Die Veränderung der Anreize ist ebenso problematisch wie der Verlust von Informationen und Innovationen. Wer durch Preise nicht mitgeteilt bekommt, was ein lohnenswertes und prioritäres Unterfangen ist, oder wer durch Preisbeschränkungen andere Anreize gesetzt bekommt, der könnte zwar immer noch eine Innovation hervorbringen, wird aber eher zur Spekulation verleitet, weil er so leichter Gewinne erzielen oder billig Kredite bekommen kann.

Vor diesem Hintergrund mutet es paradox an, wenn eine Staatsführung, d.h. Politiker und Bürokraten, die nicht haften, die nichts aus eigener Tasche bezahlen müssen, die keine (hinreichenden) Kenntnisse über eine notwendige Ressourcenverteilung haben, zumal sie nicht einmal Unternehmer sind, für spezifische Innovationen eintreten. Staatsführungen behindern Innovationen regelmäßig, weil sie das Privateigentum nicht schützen, sondern als Verfügungsmasse ansehen, weil sie an den Preisen herumfummeln oder bankrotte Konzerne und Banken retten. Der schöpferische Innovationsprozess ist eine zutiefst unternehmerische Leistung, die nicht dekretierbar ist.

Die Formel „3 p sorgen für 3 i" erfasst zunächst das zwangsläufige Scheitern des Sozialismus. Zugleich ist damit mehr als nur ein Fingerzeig auf die Probleme der im Westen dominierenden sklerotischen Wohlfahrtsstaaten verbunden. Viele Herausforderungen unserer Zeit lassen sich auf den Punkt oder auf die sechs Buchstaben bringen, ob es sich um mangelndes Wachstum einer vermeintlichen säkularen Stagnation handelt oder um die Finanzkrise, in der Gewinne privatisiert, Verluste sozialisiert und vom Staat falsche Anreize (moral hazard) gesetzt wurden. Wer mangelnde Produktivität beklagt, findet die Ursache in der krankhaften Verhärtung der Institutionen von Wirtschaft und Gesellschaft.

Unternehmer sind Entdecker

Während der Mainstream aus Neoklassik und Neokeynesianismus von gegebenem Wissen ausgeht und mitunter die Expertise von Technokraten hervorhebt, halten Österreicher spätestens seit Hayeks Aufsatz „The use of knowledge in society" aus dem Jahr 1945 Wissen für unsicher und wandelbar, für weit verstreut und in unternehmerischen Aktivitäten gebunden. Das gilt auch für Kapital, das regelmäßig branchengebunden ist.

Gerade das Verständnis des Unternehmers und seiner Tätigkeit unterscheidet Österreicher vom Rest der Zunft. Für Neoklassiker und Keynesianer war und ist der Unternehmer eine Black Box, ein anonymer, Nutzen maximierender Akteur, der über alle relevanten Informationen verfügt, ggf. korrigiert um ein paar verhaltensökonomische Maximen. Für Österreicher besetzt er hingegen eine zentrale und unersetzbare Rolle im Entdeckungsverfahren der Märkte.

In der Perspektive von Ludwig von Mises ist der Unternehmer oder Entrepreneur ein Promoter, ein Förderer und Entdecker. Der Entrepreneur entdeckt eine Diskrepanz zwischen den aktuellen und den künftigen Preisen, die ein Produkt ausmachen, und versucht die Differenz für seinen

Profit zu nutzen. Das gelingt ihm aber nur, wenn er die zukünftigen Bedingungen richtig einschätzt.

Israel Kirzner (*1930), ein New Yorker Schüler von Ludwig von Mises, unterscheidet zwei unternehmerische Funktionen des Unternehmers: Findigkeit (alertness) und Arbitrage, also das Ausnutzen von Preisgefällen. Für Kirzner besteht eine wesentliche Fähigkeit des Unternehmers in der Findigkeit und Wachsamkeit, Gelegenheiten wahrzunehmen. Der Unternehmer ist insofern ein Entdecker, ein Entdecker von Ungleichgewichten, die er in Richtung eines Gleichgewichts treibt. Damit unterscheidet er sich von einem anderen Österreicher, der allerdings nicht zur Österreichischen Schule zählt.

Josef A. Schumpeter (1883–1950) sieht den Unternehmer als schöpferischen Zerstörer. Der Schumpeter-Unternehmer zerstört also ein Gleichgewicht, das für Mises und Kirzner nicht existieren kann, weil es dann keine Gelegenheiten zu entdecken gäbe. Schumpeter betont die Durchsetzung einer neuen Kombination, die Bestehendes ablöst, und stellt die Innovationsfähigkeit als Merkmal des Unternehmers heraus. Bekannt sind seine fünf Kombinationsfälle: ein neues Gut oder dessen neue Qualität, eine neue Produktionsmethode, ein neuer Absatzmarkt, neue Bezugsquellen für Produktionsfaktoren und schließlich die Neuorganisation der Marktposition, die auch durch das Aufbrechen eines Monopols erlangt werden kann. Durch diese Kombinationen wird der Status quo Neues schaffend zerstört. Es handelt sich um einen disruptiven Akt eines Gleichgewichtszustands.

Um die ideengeschichtliche Untersuchung des Unternehmers nicht zu weit zu treiben, sei nur noch auf zwei weitere wichtige österreichische Aspekte hingewiesen. Von Hayek erkannte seine Bedeutung als Wissensstifter, als jemand, der Wissen entdeckt und nutzt. Murray N. Rothbard (1926–1995) betonte seine Funktion als Risikoträger.

Handelnde Menschen auf dynamischen Märkten

Die Mises-Hayek-Revolution im Jahrzehnt um den Zweiten Weltkrieg strahlt auch heute noch aus. In den Jahren 1937 bis 1948 grenzten sich die Österreicher bewusst nicht nur vom Keynesianismus, sondern vor allem von der Neoklassik ab: Dem Homo oeconomicus steht der österreichische Homo agens gegenüber, der bewusst handelnde Mensch. Dessen subjektive Bewertungen und sein Streben nach Bedürfnisbefriedigung in allen Lebensbereichen stehen im Zentrum der österreichischen Lehre. Alles Handeln und jede Perspektive ist subjektiv. Es gibt weder einen objektiven Wert oder Preis eines Autos noch einen standardisierbaren Mindestlohn oder Miethöchstpreis, aber leider viele derartige staatliche Anmaßungen mit nur zu gern übersehenen negativen Konsequenzen. Den Markt begriffen die Österreicher nicht als Ort mit einem vermeintlichen Gleichgewichtsideal, sondern als dynamischen Prozess, der auf ein Gleichgewicht zustreben kann und als Entdeckungs- und Entmachtungsverfahren dient. Im Gleichgewicht herrscht hingegen Stillstand ohne Wettbewerb. Der Unterschied ist nicht banal, sondern fundamental.

Marktwirtschaftlich errungene Monopole und marktbeherrschende Unternehmen verlieren etwa an machtpolitischer Bedeutung – ohne staatlichen Schutz werden sie regelmäßig herausgefordert. Die Fortune-500-Liste dokumentiert beispielsweise den Aufstieg und Fall großer Unternehmen in den USA über Jahrzehnte hinweg. Und Wettbewerb kommt regelmäßig von völlig unerwarteter Seite. Derzeit schickt sich etwa Amazon an, den Lebensmittelmarkt umzukrempeln, während Airbnb in der Hotellerie und vor allem Uber per Protektionismus mit höchstrichterlichem Schutz in Deutschland für die staatlich privilegierte Branche des Taxi-Gewerbes ausgebremst werden.

Die Österreicher haben eine eigene Konjunkturtheorie entwickelt. Demnach ist nicht nur die Weltwirtschaftskrise ab 1929, sondern auch die Weltfinanzkrise ab 2007 primär monetär und zudem interventionistisch bedingt.

All you Zombies = verfehlte Zins-, Geld- und Konjunkturpolitik + Krisen schürende Regulierung

Zombies sind Untote oder Wiedergänger, also eigentlich verstorbene Menschen, die wieder zu einer Art Leben erweckt wurden und nun der Seele beraubt als willenlose Gestalten herumgeistern und Schaden stiften. Der Glaube und das Wort stammen aus der Voodoo-Religion, die in Entwicklungsländern, insbesondere in Westafrika und Haiti, verbreitet ist. Zombie-Unternehmen sind Unternehmen, die auf Wettbewerbsmärkten untergegangen wären, aber vor allem durch Kredite ohne Berücksichtigung ihrer wirtschaftlichen Lage, daneben auch durch Konjunkturprogramme, künstlich am Leben erhalten werden. Sie besitzen eine geringe Produktivität und bieten Produkte an, die unter ungetrübten marktwirtschaftlichen Bedingungen nicht nachgefragt werden würden.

Der Begriff „Zombie-Banken" stammt wahrscheinlich von dem amerikanischen Ökonomen Edward Kane. Er wies erstmals 1989 auf eine Zombifizierung des Spar- und Darlehenskassensystems als Teil eines staatlichen

Schneeballsystems der Einlagensicherung hin. Zombie-Unternehmen können trotz negativem Vermögen weiter wirtschaften; sie können faktisch insolvent sein und Gewinne erwirtschaften; sie binden Ressourcen, verzerren Märkte und können solventen, nicht-subventionierten Wettbewerbern schaden, weil sie explizit oder implizit durch den Staat eine Überlebensgarantie erhalten oder sich durch das Anleihekaufprogramm der EZB rekapitalisiert haben und nun faule Kredite an unwirtschaftliche Unternehmen sogar ausweiten. Und weil Bankrotte auch von Staatsführungen und der EZB nicht gewünscht sind, werden weiter, mitunter bedingungslos und ohne Berücksichtigung des Ausfallrisikos, Kredite gewährt – ganz wie in den sozialistischen Staaten Mittel- und Osteuropas zur Zeit des Eisernen Vorhangs.

Das japanische Beispiel hat längst in Europa Schule gemacht. So betrugen die als notleidend ausgewiesenen Kredite gemessen an der gesamten Kreditsumme 2013 in Griechenland 47 Prozent, in Zypern 34 Prozent, in Portugal 18 Prozent und in Italien 12 Prozent (Austrian Institute 2018). Berücksichtigt werden sollten zudem die TARGET-2-Salden, die eine Art zinslose, dauerhafte und mengenmäßig unbegrenzte Kreditlinie für die Euro-Krisenländer darstellen. Die TARGET-2-Forderungen der Deutschen Bundesbank belaufen sich derzeit auf fast eine Billion Euro.

Neben den Banken und Unternehmen nutzen auch die Staatsführungen gerne die billige, Milliarden Zinsausgaben vermeidende Finanzierungsmöglichkeit; im Fall von Bund, Ländern und Kommunen in Deutschland handelt es sich laut Deutsche Bank Research seit 2008 um fast 3000 Milliarden Euro. Nicht Effizienz und solide Haushalte, sondern billiges Geld im Überfluss und Spekulationsgewinne sind Anreize für die Staats- und Unternehmensfinanzierung.

Schlussendlich wird die EZB zu einem Gefangenen der Zombies, die sie geschaffen hat. Zombie-Unternehmen, Zombie-Banken und Zombie-Staaten bilden eine Symbiose. Und die Preise werden über die Subventions- und Niedrigzinspolitik ebenfalls künstlich niedrig gehalten. Ein Perpetuum mobile im Kernschmelzflug. Ein Zinsanstieg, wie etwa in den USA, würde in Europa die faulen Kredite aufdecken und Bankrotte oder Restrukturierungen erzwingen. Ob der Zinsdruck aus den USA und Großbritannien eine Zinswende in Europa anstoßen wird?

Österreichische Krisenerklärung

Die Österreichische Konjunkturtheorie besagt folgendes: Durch die Zentralbanken festgelegte zu niedrige Zinssätze, etwa um eine Rezession zu bekämpfen oder die Konjunktur anzukurbeln, aber auch um die Staatsfinanzierung zu erleichtern, wie 2001 und in den Folgejahren sowie seit 2008, führen über eine Kreditexpansion und einen Scheinboom zu einer Fehlallokation von Kapital. Die falschen Zinssignale der Zentralbanken rufen eine übermäßige Kreditvergabe der Geschäftsbanken hervor. Hayek sprach von einer perversen Elastizität des Kreditangebots, weil bei falschen gleichbleibenden oder fälschlicherweise sinkenden statt steigenden Zinsen die Banken mehr statt weniger Kredite vergeben. Davon profitiert der Finanzsektor, aber auch Güter produzierende Unternehmen, die eigentlich nicht mehr wettbewerbsfähig sind, erhalten noch Kredite und überleben. Regelmäßig wird der Bau- und Immobiliensektor künstlich stimuliert. So fließt das überschüssige Geld in Vermögensgüter, darunter spekulative Finanzprodukte, Immobilien, Rohstoffe, aber auch in Rekordsummen erzielende Kunstwerke und Spitzensportler. Folglich wird der Produktionsprozess durch Über- und Fehlinvestitionen im Verhältnis zu den tatsächlichen Nachfragewünschen dejustiert. Das Problem ist nicht das absolute Preisniveau, sondern das Verhältnis der Preise zueinander. Die relativen Preise und eine verzerrte vertikale Produktionsstruktur stehen im Mittelpunkt einer notwendigen Bereinigungskrise, die die herrschenden Eliten unbedingt zu vermeiden suchen. Vermögenspreisinflation und strukturelle Fehlallokation von Kapital sind Merkmale einer monetären Blasenökonomie. Bereits mittelfristig werden die Kräfte geschwächt, die für Produktivitätssteigerungen sorgen. Produktivität und Wachstum erlahmen.

Mises hat in seiner Schrift „Geldwertstabilisierung und Konjunkturpolitik" die maßgeblichen Ursachen für monetär bedingte Konjunkturschwankungen benannt: Zirkulationskredite (d.h. ungedeckte Bankkredite), Geldschöpfungsmöglichkeit (fiat money) und die Verfälschung des Gleichgewichtszinses zwischen Sparen und Investieren – kurzum, das staatlich organisierte Geldsystem. Hayek hat diese angewandte Theorie fortentwickelt und mit seinem Namen verbunden. Inzwischen ist sie sogar als millionenfach angeklicktes Video in Form eines Raps vorhanden: „Fear the Boom and Bust". Zum Duo Mises und Hayek gehört zumindest noch Eugen von Böhm-Bawerk (1851–1914) als Begründer der österreichischen Kapitaltheorie. Böhm-Bawerk war nicht nur Gelehrter und Lehrer Schumpeters, sondern auch Finanzminister.

Allerdings ist die Österreichische Konjunkturtheorie bei einem gewissen Anspruch, zeitlos zu sein, durchaus zeitgebunden und nicht fehlerfrei. Fehlinvestitionen im Sinne Hayeks, also eine übermäßige Ausweitung der

Produktionsgüter- zu Lasten der Konsumgüterindustrie, lassen sich schwerlich erkennen. Vielmehr wurden Vermögenspreisgüter im Übermaß gekauft. Der Vermögenspreisindex des Flossbach von Storch Research Institute dokumentiert einen jährlichen Anstieg für deutsche Haushalte von 3,3 Prozent seit 2005. Seit 2015 steigen die Sachvermögenspreise erheblich stärker als die Preise für Finanzwerte. Die Immobilienpreise sind seit 2005 über 50 Prozent gestiegen, besonders seit 2011. Überkapazitäten etwa in der Stahlbranche, im Automobilsektor oder in der IT-Branche wurden indes in Deutschland und Europa nicht aufgebaut. Es handelte sich nicht um eine Fehlinvestitionskrise. Das Finanzsystem ist durch die Geldpolitik im Euro-Verbund „berserk gegangen".

Österreichische Zombie-Zyklen-Theorie

Die Österreichische Konjunkturtheorie lässt sich wie folgt modifizieren. Gültig bleibt die monetäre Komponente als Grundübel staatlich pervertierter Konjunkturzyklen, aber nicht durch eine Überproduktion in der Realwirtschaft, sondern im Finanzsektor. Zusammen mit der vielfach Krisen schürenden Regulierung, die die Österreicher als elementare Krisenkomponente stets kritisieren, hat das zur Zombifizierung geführt, also zum Überleben von Finanzinstituten und Unternehmen in der Realwirtschaft, die insolvent waren und minderwertige Produkte anbieten. Im Einzelnen:

1.
Staatliche Blasenökonomien prägen die letzten Jahrzehnte

Die Österreichische Krisenmechanik lässt sich auf alle wesentlichen Finanzkrisen der letzten dreieinhalb Jahrzehnte übertragen, darunter geradezu idealtypisch auf die japanische Blasenökonomie (Aktien und Immobilien) seit ihrem Platzen 1989/90, ferner die Südostasien-Krise Ende der 1990er-Jahre, die New-Economy-Blase zur aktuellen Jahrhundertwende primär in der westlichen Welt und die Immobilienblase in den USA sowie der europäischen Peripherie, wo der Refinanzierungssatz zeitweise unter dem amerikanischen Niveau lag. Das gilt auch für deren Ausbreitung über weite Teile der Welt seit 2005, ihr anschließendes Platzen 2007/08, angefangen im Subprime-Segment, und schließlich die Zombifizierung Europas seit den Rettungspaketen für Griechenland ab 2010.

2.
Strukturelle Defizite bleiben bestehen – Krise wird auf Dauer gestellt

Ähnlich wie in Japan bleibt die Finanz- und Eurokrise in Deutschland und Europa ungelöst. Die „What-ever-it-takes"-Politik von EZB-Chef Mario Draghi seit 2012 stellt eine historisch verfemte Staatsfinanzierung und sogar eine Unternehmensfinanzierung durch die EZB über Anleihenkäufe in großem Stil dar. Bis September 2018 wurde das Anleihekaufprogramm auf über 2,5 Billionen Euro erhöht. Entsprechend hat sich die EZB-Bilanz von rund 13 Prozent des

Euroraum-BIPs binnen drei Jahren bis 2018 auf mehr als 36 Prozent ausgeweitet. Der Hauptrefinanzierungssatz bleibt bei null Prozent bis zu einem dauerhaften Anstieg der Inflation, zunächst bis mindestens Herbst 2019 oder sogar, wie in Japan, seit nunmehr einem Jahrzehnt. Die ultralockere Geldpolitik und die Niedrigst- bzw. Negativzinspolitik schaffen Zombie-Unternehmen und treiben Banken und Versicherungen in strukturelle Risiken, weil deren Geschäftsgrundlagen weggebrochen sind. So ist der Zinsüberschuss der deutschen Banken in den letzten 10 Jahren von 66 Milliarden Euro um 66 Prozent auf nur noch 28 Milliarden Euro gesunken. Seit 2014 haben die Banken zudem Strafzinsen von insgesamt rund 20 Milliarden Euro an die EZB für Überschussreserven bei der EZB bezahlen müssen. Zugleich wird ein Konzentrationsprozess im Bankensektor befeuert, der besonders kleinere Institute und Sparkassen trifft.

Je länger die Bereinigung hinausgezögert wird, umso größer wird die Summe, die auf dem Spiel steht. Markus Krall nennt die Alimentierung der südlichen Staaten, allen voran Italien, bei gleichzeitiger Ruinierung der Banken den Draghi-Crash.

3.
Zombifizierung breitet sich aus

Die Zombifizierung der japanischen Wirtschaft weist der europäischen den Weg. Im Land der aufgehenden Sonne üben Politiker seit dem Platzen der Blase Druck auf Banken aus, die faule Kredite verlängern und nicht offenlegen sollen. Ihre Wiederwahl wäre sonst gefährdet. Inzwischen treten in Japan kaum noch Unternehmen in den Markt ein und aus ihm hinaus (lediglich fünf Prozent und damit allenfalls halb so viel wie üblicherweise in entwickelten Volkswirtschaften). Außerdem zahlen zwei Drittel keine Steuern mangels Gewinn. Trotz staatlicher Rekapitalisierung wurden wenig später fast 170 japanische Banken verstaatlicht[1].

Der Leipziger Ökonom Gunther Schnabl hat als führender Kopf auf dem Gebiet der angewandten Österreichischen Konjunkturtheorie in „Europäische Geldpolitik und Zombifizierung" aufgezeigt, dass sich in Italien und Spanien der Anteil von Zombie-Unternehmen bereits zwischen 2007 und 2013 mehr als verdoppelt hat und auch in Deutschland 2013 mit über 12 Prozent Zombie-Unternehmen bereits japanische Verhältnisse herrschten; in Italien waren es sogar 19,2 Prozent.

Der Bericht „Meist geht es um ganze Zombie-Lieferketten" in der Süddeutschen Zeitung im Sommer 2017 beschreibt die Problematik treffend: Den Namen von Unternehmenszombies zu nennen sei heikel. Gleichwohl würden Insider die Zulieferindustrien in allen Branchen nennen. Und die Lieferketten seien bekanntlich besonders verletzlich: „BMW konnte vorübergehend 8000 Autos nicht bauen, weil der Autozulieferer Bosch keine Aluminium-Gussteile für Lenkgetriebe liefern konnte, weil er selber aus Italien nicht mit Lenkgehäusen beliefert worden war. Bosch übernahm den italienischen Lieferanten kurzerhand." Das ließe sich auf die Textilbranche mit ihren geringen Margen und dem starken Wettbewerb übertragen.

Zombiebanken entstehen durch die Nullzinspolitik, die eigentlich ihrer Rettung dienen soll. Den Banken ist nämlich das Ertragsmodell weggebrochen, das bis zu 80 Prozent auf

1 Gunther Schnabl: „Die japanischen Lehren für die europäische Krise", Global Financial Markets Working Paper No. 36, 20.08.2012.

Zinsmargen beruht. Ähnlich ergeht es den Pensionskassen. Die Bundesanstalt für Finanzdienstleistungsaufsicht (BaFin) hat im Mai 2018 ein Drittel der 137 deutschen Pensionskassen unter eine intensivierte Aufsicht gestellt, weil ihnen ein Kapitalmangel zur langfristigen Erfüllung ihrer Rentenverpflichtungen drohen könnte. Die Summe der faulen Kredite in Europa liegt in der Größenordnung von einer Billion Euro gemäß Schätzungen von IWF und KPMG. Hinzu kommt noch mehr als eine Billion Euro Kredite, die an Zombie-Unternehmen vergeben wurden und nur bei niedrigen Zinsen noch bedient werden. Betroffen sind rund 12 Prozent aller Unternehmen in Europa; das sind rund 300.000. Italienische Banken müssen nicht einmal Eigenkapital für italienische Staatsanleihen vorhalten, obwohl der italienische Staat mit 130 Prozent des Bruttoinlandsprodukts verschuldet ist und bei einem Zinsanstieg zahlungsunfähig werden würde.

4.
Zunehmend sklerotische Wirtschaft

Zwangsläufig wirkt sich die wachsende Zahl von Zombie-Unternehmen negativ auf Produktivität und Wachstum in Europa aus. Zwar ist das Wirtschafts- und Produktivitätswachstum bereits seit Jahrzehnten rückläufig. Aufgrund des nachholenden Wirtschaftswunders mit Ausnahmewachstumsraten von acht Prozent pro Jahr in den 1950er-Jahren ist das zunächst verständlich. Die Arbeitsproduktivität je Beschäftigtenstunde hat sich dem Sachverständigenrat zufolge jedoch von über 5 Prozent Anfang der 1970er Jahre auf nur noch 1,9 Prozent zwischen 1995 und 2005 drastisch verringert. Seit 2015 liegt sie bei lediglich ein Prozent jährlich.

Ähnlich niedrig ist die Nettoinvestitionsquote, die seit dem Ausbruch der Finanzkrise bei unter zwei Prozent liegt und erst seit 2016 leicht darüber gestiegen ist. Der Anteil der Ausrüstungsinvestitionen ist seit 2008 gesunken, stagniert seit 2012 und erreicht nicht mehr den Anteil vorheriger Jahrzehnte an den Bruttoanlageinvestitionen. Dazu passt, dass die Bauinvestitionen nach 2010 die Anlageinvestitionen zunehmend abhängen.

Fast alle Nachbarstaaten Deutschlands investieren seit Jahren mehr, angeführt von Tschechien. Die staatliche Investitionsquote ist in Deutschland seit der Finanzkrise fast um eine Viertel zurückgegangen und liegt unter dem EU-Durchschnitt. Die Nettoinvestitionsquote ist seit 2004 sogar negativ. Dementsprechend sichtbar marode ist die Infrastruktur. Zugleich werden fast 30 Prozent des BIP für Sozialleistungen aufgewendet. Schließlich fließt deutsches Kapital zunehmend ins Ausland, sei es beim Kauf ausländischer Unternehmen, z.B. Monsanto durch Bayer, oder bei der Anlage in amerikanische Aktienfonds oder aufstrebende Volkswirtschaften. Erinnert sei auch an das TARGET2-Zahlungssystem.

5.
Furcht vor einer Bereinigung breitet sich aus

Anders als bei natürlichen Konjunkturzyklen fällt die Bereinigung des künstlichen Booms krisenhafter aus. Sobald die Zentralbanken zum Schutz der Währung die Zinsen erhöhen, sobald das Missverhältnis durch Marktteilnehmer erkannt wird oder ein Schneeballsystem durch Ausfall von Krediten in sich zusammenbricht, weil der Geldstrom versiegt, kommt es zu einer scharfen Bereinigungskrise in Form einer Depression.

Genau das scheuen Politiker und Bürokraten, aber auch die betroffenen Unternehmensführungen. Sie versuchen eine Bereinigung, die Rezession mit Unternehmensinsolvenzen und Arbeitslosigkeit zu vermeiden, und schüren so Depression und Stagnation. In einer Blasenökonomie mit Zombieunternehmen wächst die Wirtschaft daher wenig, aber etwas, gehen die Insolvenzen zurück und ist die Arbeitslosigkeit niedrig. Der konservierende Staat vermeidet Krisen und entwickelt so Schritt für Schritt eine sklerotische Wirtschaft. Nur am Rande erwähnt seien gefällige Unterstützungsmaßnahmen für Konzerne wie die Abwrackprämie und die großzügige Kurzarbeiterregelung 2009.

Für die Öffentlichkeit wird der Mechanismus verschleiert. So kann der Glaube vorherrschen, der künstlich angefachte Boom sei die natürliche Prosperitätsphase der Wirtschaft, während die natürliche Bereinigungskrise eine bekämpfenswerte Schwäche des krisenimmanenten Kapitalismus sei. Tatsächlich ist der monetär angefachte Boom die Krise und die Krise der Normalisierungsprozess hin zu tragfähigen Verhältnissen.

6.
Verantwortliche für die Krise profitieren

Der Bankensektor zählt zu den am stärksten regulierten Branchen in nahezu allen entwickelten Volkswirtschaften. Zu den kontinentalen Behörden mit insgesamt mehreren tausend Mitarbeitern zählen in Europa u.a. die EZB, die Bundesbank und die Finanzmarktaufsichtbehörde BaFin. Letztere ist übrigens ein schönes Beispiel für Bürokratieabbau: Die drei Bundesaufsichtsämter für das Kreditwesen (BAKred), den Wertpapierhandel (BaWe) und das Versicherungswesen (BAV) wurden zu nur noch einer Behörde mit kräftig gesteigerter Mitarbeiterzahl und erweiterten Aufgaben zusammengelegt. Lebten 2009 noch mehr als 1600 Mitarbeiter von den Gebühren und Umlagen der von ihnen beaufsichtigten über 3000 Kredit- wie Finanzdienstleistungsinstitute, Versicherungen, Pensionsfonds und Kapitalanlagegesellschaften, sind es heute rund 2700.

Die EZB hat ein luxuriöses neues Gebäude in Frankfurt gebaut, das 1,3 Milliarden Euro verschlungen hat. Die Zahl der Beschäftigten wurde seit 2012 verdoppelt auf über 3.300. Deren Kosten haben sich durchschnittlich auf fast 160.000 Euro in 2017 seit 1999 fast verdoppelt. Die Krisen schürende Politik des billigen Geldes trägt offensichtlich Früchte. Und die andere Seite: Die Steuerlast der deutschen Bürger ist seit 1999 im Durchschnitt um drei Prozent pro Jahr gestiegen. Einer Studie der KPMG zufolge betragen die regulierungsbedingten Mehrkosten für deutsche Banken rund neun Milliarden Euro pro Jahr.

7.
Lobbyismus sprießt

In Berlin und Brüssel wirken tausende Lobbyisten an der Gesetzgebung mit. Allein die Finanzindustrie beschäftigt Angaben von LobbyControl zufolge 1700 Lobbyisten in Brüssel oder 4 für jeden zuständigen EU-Beamten. Insgesamt sollen es ca. 25.000 Lobbyisten mit einem Budget von sage und schreibe 1,5 Milliarden Euro pro Jahr sein. Während die klassischen Verbände an Einfluss verlieren, nutzen insbesondere Großunternehmen eigene Lobbybüros in Berlin zur Einflussnahme. Die Parteien und der Staatsapparat binden

Lobbyisten immer stärker in Gestaltungsprozesse ein, selbst bei der Formulierung von Gesetzen oder der Regierungserklärung zum Abgasskandal von Volkswagen. Finanzstarke Unternehmen sind dabei im Vorteil. Mangelnde Transparenz und international vergleichsweise lasche Regeln kennzeichnen Deutschland. Die Automobilindustrie gilt als besonders gut vernetzt. Besonders aktiv sind die Lobbyisten in den stark regulierten Branchen, allen voran die Finanzindustrie, aber auch der Gesundheits- und der Energiesektor. Das Ausschalten von Wettbewerbern ist Teil des Lobbyismus.

Fazit und Ausblick

Bereits 1932 hatte Walter Eucken den „Wirtschaftsstaat" mit seinen punktuellen Eingriffen kritisiert, die Interessengruppen aktivieren, um den Staat zu okkupieren. Demgegenüber fördere der liberale Staat mit seiner Trennung von Staat und Wirtschaft die Freiheit des Einzelnen, damit das freie Unternehmertum und die Dynamik der wirtschaftlichen Entwicklung.

Der Staatsrechtler Karl-Heinz Laquer hat das auf den griffigen Titel gebracht: „Der Staat gegen die Gesellschaft". Die Erosion der Marktwirtschaft und das Vordringen des Organisationsstaates sind zwei Seiten derselben Medaille. Die Sklerose wirkt sich gesellschaftlich in Form einer gern gehegten Kultur der Wachstumsskepsis aus, durch übersteigerte – staatliche – Vorsorge und vor allem eine hoch gezüchtete Aversion gegen Wandel und persönliche Risiken.

Nicht nur Wirtschaft und Gesellschaft leiden. Im Grunde beobachten wir eine besondere Form des Staatsversagens. „Sophisticated State Failure" nennt das der Politikwissenschaftler Jan Techau, also hochentwickeltes Staatsversagen oder das Versagen hochentwickelter Staaten: Anders als beim gewöhnlichen Staatsversagen stumpfer autoritärer Regime äußert es sich in Reformversagen. Die notwendigen Reformen werden unterlassen. In einer Günstlingswirtschaft, die nicht als plumpe Korruption daherkommt, sondern als erfolgreicher Lobbyismus mit verdeckten Vorteilen und Zuwendungen, mit gesetzlichen Privilegien und einem Schleifen und Brechen des Rechts aus vorgeblicher Not(-wendigkeit) entsteht eine bürokratische Sklerose, die von einem Paragraphenrausch genährt wird und von einer Parteipolitik, die nicht nur konsequent Partei für die eigene Partei und deren Klientel ergreift, sondern durch ideologische Seilschaften Recht und Ordnung korrumpiert.

Eine Rückkehr zur Marktwirtschaft ist die Aufgabe unserer Zeit, weil der Wohlstand der Nationen auf produktiven Unternehmen beruht, und eine langsame, aber konsequente Zinserhöhung durch die EZB von ca. 0,5 Prozent pro Jahr. Das werden und sollen die Zombie-Unternehmen und Zombie-Banken nicht überleben. Der Ausweg kann allerdings nicht nur eine wirtschaftliche Restrukturierung der Institutionen sein, damit die 3 p wieder die 3 i hervorbringen. Es ist vielmehr eine Staatsreform notwendig. Der Staat muss sich wieder, wie schon 1932 gefordert und wie zunächst ab 1948/49 praktiziert, auf seine Kernaufgaben besinnen. Nur so kann die Abhängigkeitskultur der Unternehmen aufgebrochen werden, die Abhängigkeit von Niedrigzinsen, Subventionen und gesetzlichen Privilegien.

Österreicher und ihnen nahestehende Geldtheoretiker und -historiker plädieren zudem für eine Abkehr vom herrschenden Zentralbanksystem mit einem ungedeckten Papiergeldmonopol. Zentralbanken sind defizitäre Institutionen – als Inflation schürende Behörden und privilegierte

Monopolisten, deren Technokraten unter strukturellem Wissensmangel leiden und sich leicht vereinnahmen lassen. Bis über die Mitte des 19. Jahrhunderts hinaus war Bankenfreiheit (Free Banking) eine weithin diskutierte und erfolgreich praktizierte Form der Geldproduktion. Es mag etwas dramatisch klingen, gleichwohl ist das Urteil bedenkenswert: Das Schicksal der freien Welt hängt nicht zuletzt von einer Reform des Geldsystems ab. Schließlich haben Regierungen in der Geschichte kontinuierlich das gesetzliche Zahlungsmittel missbraucht und der Marktwirtschaft schwere Schäden zugefügt.

PHIL MULLAN

Zombieökonomie und Rentabilitätskrise

Die Zombiewirtschaft hat mit niedriger Rentabilität zu tun. Schon Karl Marx erkannte die fallende Profitrate als ökonomisches Problem

Bei einer Zombiewirtschaft handelt es sich um eine verstopfte Wirtschaft. In den Industrienationen hat es einen Rückgang dessen gegeben, was Ökonomen als „wirtschaftliche Dynamik" bezeichnen. Unternehmen mit geringerer Produktivität und schwachen Wachstumschancen scheiden seltener aus dem Markt aus. Viele dieser Unternehmen können vielleicht kaum ihre Kosten decken, aber sie werden trotzdem am Leben gehalten, was vor allem an den beispiellos niedrigen Zinsen liegt.[1] Als Folge dessen gibt es einen größeren Anteil an verschuldeten Zombieunternehmen, die die Wirtschaft geradezu verstopfen.

Diese Verstopfung blockiert dann die gesamte Wirtschaft. Sie hält sowohl Start-ups als auch stärkere bereits existierende Unternehmen davon ab, in die neuesten und modernsten Technologien zu investieren. Der daraus resultierende Rückgang der Unternehmensinvestitionen insgesamt ist die Hauptursache für die geringen Produktivitätszuwächse der letzten Jahrzehnte. Produktivität misst die produzierte Menge an Gütern und Dienstleistungen, die pro

1 Ryan Banerjee / Boris Hofmann: „The rise of zombie firms: causes and consequences" in: Bank for International Settlements Quarterly Review, September 2018.

Arbeitsstunde erbracht werden. Ihr geringeres Wachstum ist der Grund dafür, warum viele Menschen in der westlichen Welt nur einen geringen Anstieg oder sogar eine Stagnation ihrer Einkommen erfahren.

Die Zunahme an Zombieunternehmen fungiert dann wie eine Bremse, die zu den niedrigeren Produktivitätsniveaus mit beiträgt, was wiederum die durchschnittliche Produktivitätsrate der Länder absenkt. Größeren Einfluss auf das Wachstum der Produktivität aber hat die Art und Weise, in der diese Verstopfung die Diffusion bahnbrechender Technologien in der übrigen Wirtschaft behindert und sogar blockiert.

Entgegen der im Trend liegenden Vorstellung, wonach wir eine „Erschöpfung des technologischen Potenzials" erleben, ist es nicht so, dass uns die Geschäftsideen ausgegangen wären. Die größere Herausforderung in der westlichen Welt liegt im Aufkommen ökonomischer, sozialer und kultureller Barrieren. Diese hemmen die Verbreitung von Innovationen, wo sie auch auftreten mögen, in andere Unternehmen und Wirtschaftsbereiche.

Stagnation trotz Innovation

Dies erklärt auch das Paradox, dass in einer Zeit eines sich vermeintlich beschleunigenden technologischen Wandels die Produktivität und die Löhne auf der Strecke bleiben. Es mag merkwürdig erscheinen, aber Stagnation und Innovation können durchaus gleichzeitig nebeneinander bestehen. Jeden Tag lesen wir Nachrichten über aufregende neue Technologien, die die Fertigungsprozesse, die Landwirtschaft, das Gesundheitswesen, die Logistik und vieles mehr revolutionieren könnten. Das Problem liegt darin, dass solche verbesserten Arbeitsmethoden nicht umfassend genug angewandt werden. Schlussendlich ist das die Folge des unzureichenden Investitionsniveaus, das unsere Zombieökonomien ausmacht. Die Zombiewirtschaft verwandelt sich somit in ein schwarzes Loch, das jegliche Aktivität einsaugt und erstickt und kreative Impulse zunichtemacht.

Neben dem daraus resultierenden Umstand, dass viele Menschen zu prekären Bedingungen in Zombieunternehmen beschäftigt sind, sind noch mehr in mittelmäßigen Beschäftigungsverhältnissen angestellt, die wenig technologische Modernisierung erfahren. Im Großbritannien zum Beispiel hat es – mindestens seit dem Beginn dieses Jahrhunderts – in der Hälfte der Unternehmen keinen Zuwachs an Produktivität gegeben. In der anderen Hälfte lag der jährliche Zuwachs im Durchschnitt nur bei rund einem Prozent.[2]

Weniger verstanden ist, dass diese Verstopfung in den obersten Wirtschaftsbereichen selbst die hochproduktive Elite unter den Unternehmen mit nach unten zieht. In vielen hochentwickelten Ländern gibt es einige Beispiele für hochautomatisierte Unternehmen, sei es nun in der Automobil-, Luft- und Raumfahrtindustrie oder in den Biowissenschaften, die weiterhin investieren und ihre Produktivität steigern. Das aber geschieht bei ihnen sehr viel langsamer als bei ihren Vorgängern. Tatsächlich ist der größte Rückgang der Produktivitätssteigerung der letzten Jahrzehnte bei den führenden Innovatoren zu verzeichnen.[3]

2 Andrew Haldane: „The UK's Productivity Problem: Hub No Spokes", Academy of Social Sciences Annual Lecture, London, Bank of England, 28.06.2018.

3 Patrick Schneider: „Decomposing differences in productivity distributions", Bank of England Staff Working Paper Nr. 740, Juli 2018.

Zombifizierung impliziert, dass eine Wirtschaft zunehmend festgefahren ist und sich nicht mehr einfach spontan erneuern kann. Entgegen der Behauptungen der Befürworter des freien Marktes wird der Markt nicht automatisch für mehr Innovation und gute Arbeitsplätze sorgen, wenn er einfach von den Eingriffen des Staates befreit wird. Angeschlagene Volkswirtschaften werden vielmehr zunehmend zu sich selbst erhaltenden Systemen. Eine wirtschaftliche Depression lässt sich nicht dadurch überwinden, dass man dem Markt freie Hand gewährt. In einer stagnierenden Wirtschaft, die von einer Kultur der Angst und Unsicherheit geprägt ist, riskieren nur wenige Unternehmer teure Investitionen in neue Anlagen, neue Arbeitsprozesse oder die Entwicklung neuer Produkte.

In einer Zombiewirtschaft verstärken die unbeabsichtigten Effekte der Handlungsempfehlungen für freie Märkte die Zombiewirtschaft noch zusätzlich. Senkungen bei der Unternehmenssteuer oder der Abbau von bürokratischen Regulierungen kann es angeschlagenen Unternehmen sogar noch einfacher machen, sich über Wasser zu halten. Das Überleben schwacher und mittelmäßiger Unternehmen würde die Verstopfung noch verschärfen.

Ein notwendiger disruptiver Eingriff in die Wirtschaft kann nur proaktiv erfolgen und nicht durch die spontanen Kräfte des Marktes. An sich ist der „Markt" als treibende Kraft ohne die Menschen und die Beziehung zwischen ihnen bedeutungslos. Die Schaffung einer produktiveren und gesünderen Wirtschaft ist ein aktiver und gemeinschaftlich von Menschen geführter Prozess. Das ist immer der Fall, aber von noch größerer Relevanz, wenn wir in einer Zombiewirtschaft festhängen.

Zombifizierung als Folge der Depression

In der Mitte des letzten Jahrhunderts gelangte der renommierte Wirtschaftswissenschaftler Joseph Schumpeter zu der Auffassung, dass es im Kapitalismus Fortschritt nur durch Diskontinuität geben könnte. Er bediente sich begrifflich bei Karl Marx, um zu der hilfreichen Beschreibung zu gelangen, dass der expandierende Kapitalismus durch „kreative Zerstörung" voranschreitet. Das Absterben dieses Prozesses ist seit den 1970er-Jahren ein entscheidendes Merkmal unserer langen wirtschaftlichen Depression. Dies zeigt sich darin, dass weniger Unternehmen aus dem Markt ausscheiden und der daraus resultierenden Zombifizierung.

In den „Grundrissen" – den Notizbüchern, die als Grundlage für „Das Kapital" dienten – schrieb Marx über die „gewaltsame Vernichtung von Kapital, nicht durch ihm äußere Verhältnisse, sondern als Bedingung der Selbsterhaltung." Er führte an, dass durch „die Vernichtung eines großen Teils des Kapitals, das letztere gewaltig reduziert wird bis zu dem Punkt, von welchem aus es weiter kann."[4] So beschrieb er, wie die Entwertung von bestehendem Vermögen den Weg für die Schaffung neuen Vermögens eröffnet.

Ausgehend von diesen Erkenntnissen entwickelte Schumpeter seine eigene These von der kreativen Zerstörung als „Wesensmerkmal des Kapitalismus". Der Kapitalismus muss sich ständig verändern und erneuern, um sozialen Fortschritt zu gewährleisten. Unternehmen und Organisationen, die neue und verbesserte Prozesse, Produkte und

4 Karl Marx: „Grundrisse der Kritik der politischen Ökonomie" in: „Marx-Engels-Werke" Bd. 42, Dietz, S. 641ff.

Dienstleistungen einführen, wachsen – und verdrängen diejenigen, die dies nicht tun. Das Absterben dieses normalen kapitalistischen kreativen Zerstörungsmechanismus hat die Zombiewirtschaft hervorgebracht, die diesen Zerstörungsmechanismus dann noch mehr abschwächt. Das Dilemma dabei ist, dass wir geradezu eine Flut kreativer Zerstörung brauchen, um der wirtschaftlichen Depression zu entkommen; aber die Zombifizierung zeigt, dass der Markt dies allein nicht bewerkstelligen kann.

Vom Boom zur Flaute

Die Notwendigkeit, die Wirtschaft umzustrukturieren und sich von den heutigen Zombiemechanismen zu befreien, liegt in der periodisch auftretenden Rentabilitätskrise des Kapitalismus. Wirtschaftliche Depressionen können nicht auf externe Faktoren wie das Platzen einer Finanzblase (wie der Börsenkrach von 1929) oder auf politisch motivierte Ölpreissteigerungen (wie durch die OPEC 1973) zurückgeführt werden. Stattdessen ist es so, dass sich das Wirtschaftswachstum in reifen Volkswirtschaften selbst erschöpft. Dieses stößt auf eine selbst herbeigeführte Blockade, während die Rentabilität sinkt und die Unternehmensinvestitionen zurückgehen.

Paradoxerweise war es das Ausmaß der Investitionen in den Zeiten des Aufschwungs nach dem Zweiten Weltkrieg, das die Voraussetzungen für die Rückkehr zur Depression schuf. In dieser guten Zeit entstand ein unerbittlicher Druck, der dann eine Rückkehr der Wirtschaftskrise und eine Zeit des Stillstands bewirkte. In den entwickelten Industrienationen wies der Rückgang bei der Wirtschaftsdynamik seit den 1960er-Jahren auf eine Erschöpfung des Aufschwungs hin.

Produktivitätssteigernde Investitionen gingen zurück, das Produktivitätswachstum verlangsamte sich und der wirtschaftliche Niedergang begann, Fuß zu fassen.

Während es üblich ist, eine geringere Rentabilität mit wirtschaftlichem Verfall und geringen Investitionen in Verbindung zu bringen, bleibt die Richtung der Kausalität hierbei umstritten. Die Standardauffassung besagt, dass niedrige Gewinne ein Symptom und somit eine Folge der wirtschaftlichen Abschwächung sind. Schwache Umsätze führen zu niedrigeren Gewinnen und zu reduzierter Profitabilität. Obwohl der Rückgang bei der Profitabilität der Unternehmen in den 1970er-Jahren weithin bekannt war, wurde er üblicherweise auf die Rezession in der Mitte dieses Jahrzehnts zurückgeführt: Eine schwache Wirtschaftslage führte demnach zu einer geringen Rentabilität.

Die relevantere Richtung bei der Kausalität ist allerdings die umgekehrte: Eine geringe Rentabilität führt zu schwachen Investitionen und zu einer verlangsamten Konjunktur. Rückkopplungsschleifen erklären die vorherrschende Ansicht, aber unter dieser Oberfläche wirkt der Rückgang der Profitrate als Ursache für die nachlassende Investitionstätigkeit.

Profit nimmt in der Marktwirtschaft eine zentrale Rolle ein, sowohl als Motiv für die wirtschaftliche Expansion als auch durch die Bereitstellung von finanziellen Mitteln. Jedes Unternehmen wird vom Profitstreben angetrieben. Der Maßstab für Investitionen ist die Erzielung einer angemessenen Rendite, die die Kapitalkosten ausreichend übersteigt, unabhängig davon, ob nun interne oder externe Finanzmittel verwendet werden. Die Profite der Unternehmen resultieren aus den Gewinnen, die zuvor die Grundlage für Investitionen und Wachstum gebildet haben. Eine unzureichende

Rentabilität im Verhältnis zum eingesetzten Gesamtkapital untergräbt daher den Anreiz und die Mittel für Unternehmensinvestitionen und drosselt die Konjunktur.

Empirische Studien stehen im Einklang mit der Einschätzung, dass die geringere Rentabilität die Ursache für den wirtschaftlichen Abschwung ist und Kapitalanlagen dabei eine vermittelnde Rolle spielen. So kam beispielsweise eine Studie von drei bedeutenden Wirtschaftswissenschaftlern zum Schluss, dass Investitionsentscheidungen allgemein von dem bestimmt werden, was sie als die „Grundsätze" der Profitrate bezeichneten. Die Rentabilität im laufenden Jahr und in den Jahren davor war demnach die wichtigste Variable, die die jährliche Rate an Unternehmensinvestitionen bestimmt.[5]

Esteban Maito, Ökonom an der Universität von Buenos Aires, hat sich auf offizielle Statistiken aus einer Vielzahl von Industrieländern gestützt, um Schätzungen für die langfristige Entwicklung der Profitrate zu ermitteln. Diese Statistiken gehen bis auf die zweite Hälfte des 19. Jahrhunderts zurück und die Profitrate weist dabei in den entwickelten Volkswirtschaften einen deutlichen Rückgang auf.

Während der Abwärtstrend in der Abbildung eindeutig ist, zeigt sich außerdem, dass dieser langfristige Abwärtstrend zwischenzeitlich unterbrochen wurde. Man sieht hier einige Phasen der Stabilisierung und eine einzige deutliche Erholung nach der Wirtschaftskrise in den 1930er-Jahren und bis in den Zweiten Weltkrieg hinein.

5 Olivier Blanchard et al.: „The Stock Market, Profit and Investment", National Bureau of Economic Research Working Paper Nr. 3370, Mai 1990.

Abbildung 1: Gewichtete durchschnittliche Profitrate, berechnet für sechs der führenden Industrienationen – die Vereinigten Staaten, Großbritannien, Deutschland, Japan, die Niederlande und Schweden, gewichtet nach der Größe ihrer Volkswirtschaften.[6]

Der jetzige Rentabilitätszyklus begann mit einem steilen Anstieg. Nach dem Hoch in den 1940er Jahren setzte, während des Booms der Nachkriegszeit, ein kontinuierlicher Rückgang ein. Mit dem Ende der 1960er Jahre erreichte die Rentabilität einen neuen Tiefpunkt.

Einiger Aufs und Abs zum Trotz ist dieser Kurs seitdem ohne weitere Entwicklung geblieben. Insbesondere hat es keine Umkehrung des wirtschaftlichen Niedergangs seit dem Ende des Booms in der Nachkriegszeit gegeben, der mit dem sprunghaften Anstieg der späten 1930er- und 40er-Jahre vergleichbar wäre. Eine der Lehren, die wir heute daraus ziehen können, liegt darin, dass dies nur aufgrund der enormen

6 Esteban Ezequiel Maito: „The historical transience of capital: the downward trend in the rate of profit since XIX century', Munich Personal RePEc Archive Paper Nr. 55894, 2014, S. 18f.

Zerstörungen durch den Krieg geschah und nicht durch eine spontane Erneuerung des Marktes.

Warum Profitraten sinken … und sich wieder stabilisieren

Die hier dargestellten Merkmale der Rentabilität – der langfristige Rückgang im Laufe des Jahrhunderts, die zwischenzeitlichen Unterbrechungen und die gelegentlichen Einbrüche – stimmen mit der Analyse von Karl Marx überein. Schon vor Marx hatte die klassische politische Ökonomie die Existenz eines Abwärtstrends bei der Profitrate erkannt. Adam Smith und David Ricardo hatten wie andere auch versucht zu erklären, warum das passiert.

Allerdings waren ihre Erklärungen entweder zu allgemein (wie bei Adam Smith) oder zu spezifisch (wie bei David Ricardo), um wirklich überzeugen zu können. Smith sah die sinkende Rentabilität als die Folge eines sich intensivierenden Wettbewerbs an, während Ricardo die zurückgehende Fruchtbarkeit von Ackerland dafür verantwortlich machte, die seiner Meinung nach die Preise für Lebensmittel ansteigen ließ, die höhere Löhne nach sich zogen und so zu Lasten der Profite gingen.

Marx hob diese Erklärung auf eine ganz andere Ebene, indem er feststellte, dass eine sinkende Rentabilität dem kapitalistischen Prozess der Produktionsausweitung innewohnt. Es ging dabei nicht um Wettbewerb oder um Faktoren jenseits der industriellen Produktion. Diese Tendenzen der Rentabilität existierten für Marx schon auf der Ebene des Kapitals im Allgemeinen, bevor es die Auswirkungen des kommerziellen Wettbewerbes auf einzelne Unternehmenseinheiten gab. Er legte den tendenziellen Fall der Profitrate als systemisches Gesetz aus und als spezifisch für den Kapitalismus. Er beschrieb diese Tendenz als das „in jeder Beziehung [...] wichtigste Gesetz der modernen politischen Ökonomie, das wesentlichste, um die schwierigsten Verhältnisse zu verstehen. Es ist vom historischen Standpunkt aus das wichtigste Gesetz."[7]

Marx entdeckte, dass die sinkende Rentabilität auf die zusätzlichen Investitionen zurückzuführen ist, die zur Steigerung der Produktivität notwendig sind. Die Arbeitsproduktivität steigt nur dann dauerhaft, wenn mehr und besseres Produktivkapital für jeden Arbeiter eingesetzt wird. Technisch gesehen läuft das oft auf die Mechanisierung von Arbeit hinaus, auch wenn es generell so ausgedrückt wird, dass pro Arbeitnehmer ein größerer Kapitaleinsatz erforderlich wird. Produktivitätssteigernde Investitionen erhöhen tendenziell den Wert des investierten Kapitals im Verhältnis zur Höhe der Lohnkosten. Die Folge davon ist, dass die anfallenden Kosten für Investitionen in Maschinen und Anlagen, die zu den Ausgaben für Rohstoffe und Halbfabrikate noch hinzukommen, unweigerlich im Verhältnis zu den Arbeitskosten steigen.

Der Betriebsgewinn stellt den Nettowert dieser Arbeit dar, nachdem alle Betriebskosten, einschließlich Löhne, Kapitalabschreibungen und sonstiger betrieblicher Aufwendungen abgezogen sind. Der Gewinn, der sich durch den im Produktionsprozess durch die Arbeit neu geschaffenen Wert ergibt, hat die Tendenz zu sinken und tut dies im Verhältnis zu den steigenden Anteilen an Kapital, das in Anlagevermögen und Materialien investiert wird. Das bedeutet, dass die Profitrate, gemessen über das gesamte – sowohl für die

7 Marx, s. Anm. 4, S. 641.

Beschäftigung von Mitarbeitern als auch für Anlagevermögen und andere Betriebsmittel -- eingesetzte Kapital tendenziell ebenfalls abnehmen wird. Dieser tendenzielle Fall der allgemeinen Profitrate ist eine direkte Konsequenz aus der Entwicklung der gesellschaftlichen Produktivität der Arbeit, da die Produktivitätssteigerungen von steigenden Investitionsvolumen abhängig sind.

Der tendenzielle Rückgang der Rentabilität ist eine unvermeidliche Begleiterscheinung der Produktivitätssteigerung, die mit Phasen von Investitionen und wirtschaftlichem Wachstum verknüpft ist. Die Profitrate erfährt nicht etwa einen Abwärtstrend, weil die Produktivität abnimmt, sondern weil sie infolge der Kapitalinvestition in den Zeiten wirtschaftlicher Expansion zunimmt. Eine sinkende Rentabilitätsrate schränkt dann zukünftige Investitionen ein und reduziert das Produktivitätswachstum.

Diese durchgängig im normalen Gefüge des Kapitalismus bestehende Tendenz ist es, die letztendlich zu Wirtschaftskrisen führt. Es handelt sich hierbei nicht um eine Fehlentwicklung der modernen Ökonomie, sondern um eine ihr innewohnende Problematik. Wie die Abbildung zeigt, tendiert die Profitrate dazu, während und nicht am Ende einer Phase des Aufschwungs zu fallen. Die Profitrate sinkt als Folge der wirtschaftlichen Expansion und nicht durch den Abschwung. Schlussendlich führt sie dennoch einen Abschwung herbei.

Marx versäumte nicht, darauf hinzuweisen, dass die Profitabilität aus allen möglichen anderen Gründen sinken kann. In der Regel ist es möglich, außerhalb des direkten Produktionsprozesses spezifische Faktoren zu identifizieren, die sich negativ auf den Umsatz, die Einnahmen und auf die Gewinne auswirken. Aber im Vergleich zum säkularen

Fall der Profitrate sind das nur untergeordnete Einflüsse. Sie tragen zum Gesamtbild bei, aber es führt in die Irre, sie als bestimmende Faktoren aufzubauschen. In jüngster Zeit hat sich die ökonomische Analyse zu sehr auf solche Einzelereignisse konzentriert.

Zum Beispiel haben seit den 1970er-Jahren die steigenden Ölpreise immer wieder die Diskussionen über die Konjunkturabschwächung der westlichen Welt bestimmt. Ebenso wurden insbesondere nach der Asienkrise von 1997/98 die wirtschaftlichen Folgen von Finanzkrisen herausgestellt. Aber dies sind alles Nebenkriegsschauplätze im Vergleich zu dem sich langfristig durchsetzenden Trend der fallenden Profitrate.

Da die sinkende Profitabilität ein nahezu andauerndes Merkmal des expandierenden Kapitalismus ist, kann sie nicht allein eine Wirtschaftskrise verursachen. Dieses Verständnis veranlasste Marx dazu, jede automatisierte oder deterministische Interpretation der Auswirkungen dieses „wichtigsten" Gesetzes ausdrücklich abzulehnen. Das Vorhandensein einer sinkenden Profitrate ist für sich allein zu keiner Zeit ein Indikator dafür, wie gesund eine Wirtschaft ist. Wie die Abbildung zeigt, war die Profitrate im überwic genden Teil der Geschichte des modernen Kapitalismus im Sinken begriffen. Doch nur selten und erst nach längerer Zeit manifestiert sie sich in einem Zusammenbruch der Produktion, den wir als wirtschaftliche Depression bezeichnen.

Der Übergang vom Boom zur Krise vollzieht sich nicht, weil die Profitrate ein bestimmtes Niveau erreicht. Stattdessen ist die sinkende Rentabilität für den Ausbruch einer Wirtschaftskrise von Bedeutung, da sie einen Rückgang der Gesamtprofitabilität im Verhältnis zur Höhe des erforderlichen Kapitalbedarfs für die nächste Investitionsphase darstellt. Die

Masse des Profits, die normalerweise immer weiter zunimmt, spielt deswegen eine größere Rolle zum Verständnis, wie Krisenbedingungen entstehen, als die Profitrate. Das Krisenmoment ergibt sich aus der Spannung zwischen der erzeugten Profitmenge, des Umfangs des dazu bereits investierten Kapitals und der noch größeren Menge an Kapital, das für die nächste transformative Investitionsphase benötigt wird. Die Steigerung der gesellschaftlichen Produktivität über alle Wirtschaftsbereiche hinweg erfordert immer größere Kapitalinvestitionen.

Ab einem gewissen Punkt reicht die Masse der erwirtschafteten und für die nächste Investitionsrunde verfügbaren Profite nicht mehr aus, um diese noch größeren Investitionen in der nächsten Technologiestufe zu tätigen. Der Gewinn kann absolut gesehen weiter anwachsen, aber er reicht relativ gesehen nicht mehr für das aus, was in der nächsten Phase der Akkumulation benötigt wird. Der erzeugte Gewinn wird groß sein, aber nicht groß genug. Das Kapital erreicht dann einen als „Überakkumulation" oder „Überproduktion" bezeichneten Zustand.

Der polnische Marxist Paul Mattick hat einmal schön zusammengefasst, dass die Grenzen, die der Profitrate gesetzt sind, aus einem Verhältnis herrühren:

„Unter dem Gesichtspunkt des Ertrages stellt dann die Überproduktionskrise eine Situation dar, in der das vorhandene Kapital sozusagen gleichzeitig zu klein und zu groß ist: zu groß im Verhältnis zum erzielten Mehrwert, und nicht groß genug, um den Mangel an Mehrwert auszugleichen. Kapitalakkumulation ist so zugleich Ursache der Krise und Mittel, um sie zu überwinden."[8]

8 Paul Mattick: „Marx und Keynes – Die Grenzen des „gemischten Wirtschaftssystems",

Die Masse des Profits, der durch die vorhandenen Kapitalinvestitionen erzeugt wird, genügt nicht, um die größeren Investitionen zu finanzieren, die benötigt werden, um die Wirtschaft auf das nächsthöhere Niveau zu bringen.

Einzelnen Unternehmen können Kredite dabei helfen, finanzielle Engpässe zu überstehen. So lässt sich jedoch die Akkumulation nicht auf unbegrenzte Zeit aufrechterhalten. Zins- und Schuldrückzahlungen müssen nämlich aus künftigen Gewinnen gezahlt werden. Dadurch werden aber die Mittel für künftige Investitionen geringer. Somit ist ein Kredit zwar ein gutes Mittel zur kurzfristigen Symptomlinderung, trägt aber nicht dazu bei, die tieferen Ursachen anzugehen – nämlich die Profitrate zu steigern und so die Profitabilitätsschranken zu überwinden.

Ab einem bestimmten Punkt, der sich nicht vorhersagen lässt, schränkt eine niedrigere Profitabilität den gesellschaftlichen Fortschritt ein. Das Zusammentreffen besonderer Faktoren führt dazu, dass das Krisenpotenzial zur Realität wird. In den frühen 1970ern war beispielsweise die Unterminierung des US-Dollars als Weltgeld die entscheidende Zutat. Zunehmende wirtschaftliche Schwierigkeiten in den USA, die durch die Kosten des Vietnamkriegs noch verschlimmert wurden, führten zu einem Abwertungsdruck auf den US-Dollar.

Gegenwirkungen

Die unfreiwillige Abwertung des Dollars beschleunigte den Niedergang des internationalen Bretton-Woods-Währungssystems zwischen 1971 und 1973. Dieses Abkommen

Europäische Verlagsanstalt 1971, S. 77.

untermauerte den weltweiten Wirtschaftsboom, sodass nun der Weg für die Rückkehr von Krisen geebnet war. Die meisten Kommentatoren versteiften sich damals vor allem auf einen zerstörerischen Effekt dieser Entwicklung: nämlich die zu Kompensationszwecken erfolgte massive Ölpreiserhöhung (in Dollar) durch die OPEC-Staaten. Entscheidender war jedoch, wie die Rückwirkungen dessen, was in den USA begonnen hatte, die Produktion weltweit zum Stillstand brachten. Die entwickelten Volkswirtschaften waren zwischen 1973 und 1975 alle gleichzeitig von Rezessionen betroffen. Mit diesen Rezessionen begann der Übergang in eine Zeit des Niedergangs. Die Fähigkeit der entwickelten Volkswirtschaften, neue Industriezweige zu entwickeln und anständige Jobs zu schaffen, zeigte sich stark beeinträchtigt.

Der Übergang von der Krise zur ausgewachsenen Depression zeigte, dass es in der Frühphase der Krise nicht gelang, die Bedingungen für profitable Investitionen und Akkumulation wiederherzustellen. Niedrige Profitabilität blieb als die zugrundeliegende wirtschaftliche Barriere für Investitionen und Innovationen bestehen.

Die sinkende Profitabilität ist bis heute nicht beseitigt. Genauso wichtig für das Verständnis der wirtschaftlichen Entwicklung der letzten fünfzig Jahre ist ein anderer Aspekt: Der wirtschaftliche Abwärtsdruck konnte soweit abgemildert werden, um eine Dauerrezession und anhaltend rückläufiges Wachstum abzuwehren. Marx sah diese Elastizität des Kapitalismus voraus, die sich insbesondere in Zeiten wirtschaftlicher Krise zeigt, indem er diejenigen Kräfte identifizierte, die die fallende Profitrate ausgleichen können. Manche dieser Kräfte wirken beständig. Andere zeigen sich eher in Zeiten der Krise, besonders in Versuchen, die Löhne niedrig zu halten.

Marx hat unterstrichen, dass diese entgegenwirkenden Ursachen die Art und Weise modifizieren, in der sich der tendenzielle Fall der Profitrate ausdrückt. Die Gegenwirkungen können „diesen Fall hemmen, verlangsamen und teilweise paralysieren". Sie heben das Gesetz nicht auf, schwächen aber seine Wirkung. Andernfalls, so Marx, „wäre nicht das Fallen der allgemeinen Profitrate unbegreiflich, sondern umgekehrt die relative Langsamkeit dieses Falls"[9]. Aus diesem Grund hat Marx auch nie den Zusammenbruch des Kapitalismus vorausgesagt, denn die ausgleichenden Größen wiegen die Kräfte des Niedergangs auf. In Krisenzeiten rücken sie in den Vordergrund und halten die in den Zusammenbruch führenden Tendenzen in Schach.

Viel zu wenige Marx-Leser und -Interpreten haben diese gegenwirkenden Ursachen ausreichend beachtet. Dass Wirtschaftskrisen unterbrochen und uneinheitlich daherkommen, stellt deshalb sogar viele Marx-Sympathisanten vor ein Rätsel. Vielen von Marx' Kritikern ist dieses Detail sogar entgangen. Werden diese ausgleichenden Tendenzen jedoch nicht wahrgenommen, lässt sich seine Theorie leicht verspotten. Sie scheint sich dann zu der unflexiblen Wahrsagerei herabzulassen, vor der Marx selbst entschieden gewarnt hat.

Marx gilt dennoch gemeinhin als derjenige, der den Untergang des Kapitalismus vorausgesagt hat. Aus dieser Sichtweise konnte die Widerstandsfähigkeit des Kapitalismus seit Marx als Beweis für seine Fehler gesehen werden. Das Überleben des Kapitalismus schien als Rechtfertigung, sein Werk als das eines fehlgeleiteten, fantasierenden Revoluzzers abzulehnen. Weil selbst seine Anhänger seine

9 Karl Marx: „Das Kapital. Kritik der politischen Ökonomie", Band 3: Der Gesamtprozess der kapitalistischen Produktion, 3. Aufl., Dietz 1953, S. 267.

Argumentation einseitig als These vom kapitalistischen Kollaps fehlinterpretiert haben, hat sich diese konventionelle Marx-Kritik im Laufe der Zeit immer mehr etabliert.

Tatsächlich verläuft produktiver Verfall immer ungleichmäßig. Maßnahmen, die ihn ausgleichen, können die Profitabilität nicht derart wiederherstellen, dass andauerndes Produktivitätswachstum erreicht wird. Sie sind aber entscheidend für die Schwankungen während einer Depression. Die ungleichmäßige Entwicklung des Kapitalismus zeigen die gelegentlichen Perioden schnelleren Wachstums. Das bemerkenswerteste Beispiel der jüngeren Vergangenheit war der von der US-Westküste ausgehende Internetboom der späteren 1990er.

Will man die Entfaltung der langen Depression verstehen, sollte man deshalb eher bei den entgegenwirkenden Mechanismen ansetzen als bei der sinkenden Profitabilität. Dabei geht es ebenso um die positiven Wirkungen der Mechanismen wie um deren Grenzen. Diese ausgleichenden Kräfte haben anfangs direkt darauf hingewirkt, entweder Kapitalwerte zu vermindern, Arbeitskosten zu reduzieren oder andernfalls den operativen Gewinn zu erhöhen. Da diese direkten Einflüsse auf die Profitraten mit der Zeit weniger effektiv wurden, entwickelten sich Substitute, die die Verringerung des operativen Gewinns kompensieren und die Wirtschaftsaktivität am Laufen halten. Am bemerkenswertesten war der Wandel zu einer finanzialisierten Wirtschaft, die auf der Ausweitung von Schulden basiert. Das funktioniert vor allem dadurch, dass die Ausgaben von Privathaushalten, Firmen und Regierungen aufrechterhalten werden.

Als die spontanen ausgleichenden Faktoren an Einfluss verloren, sind staatliche Institutionen zunehmend helfend eingesprungen. Das geschieht normalerweise eher unbeabsichtigt als geplant. Die fortgesetzten Bemühungen der Zentralbanken seit den Börseneinbrüchen von 1987, die wirtschaftlichen Bedingungen zu stabilisieren, haben es unbeabsichtigt auch Unternehmen mit geringer Ertragskraft und Produktivität einfacher gemacht sich durchzuwursteln. Die anhaltende geldpolitische Lockerung hat es Politikern und Geschäftsleuten leicht gemacht, schwierigen und potenziell disruptiv wirkenden Entscheidungen auszuweichen obwohl diese Disruption für erneuerten Fortschritt notwendig ist. Diese politischen Maßnahmen haben in der Praxis die zunehmende Verschuldung unterstützt, die die Zombiewirtschaft am Leben erhält.

Die Phase der quantitativen Lockerung und der ultraniedrigen Zinsen seit der Finanzkrise kennzeichnete eine Fortsetzung dieses Trends, in nur noch extremerer Ausgestaltung. Daher kommt das gewachsene Bewusstsein für die Zombifizierung seit 2009 in den Wirtschaftswissenschaften an – auch wenn dieser Prozess bereits seit mehr als drei Jahrzehnten im Gange ist. Inzwischen waren niedrige Investitionen, die der sinkenden Rentabilität folgen, fest verwurzelt. Als die Depression sich tiefer verankerte, entstand die Zombiewirtschaft. Klar erkannt wurde sie jedoch zuerst in Japan um die Jahrtausendwende und im Rest der westlichen Welt erst nach der Finanzkrise.

Die besondere Stärke staatlicher Unterstützungsmaßnahmen steht in Einklang mit der Stabilisierung der Profitraten seit den 1970er-Jahren, die wir bereits festgehalten haben. Das liegt teilweise im Wesen der langen Depression begründet. Unter der Voraussetzung, dass produktive Expansion eine sinkende Profitabilität antreibt, ist das Abflachen der Profitrate in einer kraftlosen Wirtschaft wahrscheinlich. In einer Zombiewirtschaft, mit schwachen

Unternehmensumsätzen und anhaltend niedrigen Investitionen, war diese stabilisierende Wirkung auf die Profitabilität sehr ausgeprägt. Die über mehrere Jahrzehnte schwache Profitabilität ist eine Begleiterscheinung des Stillstands einer Zombiewirtschaft.

Neben den relativ stabilen Profitraten war die eingedämmte Erscheinungsform der Krise ein weiteres Merkmal, das deren Zerstörungskraft, zumindest zwischen der Mitte der 1980er und der Krise von 2008, dämpfte. Viele gingen in der Beschreibung dieser Zeit als „Große Moderation" mit, auch wenn das eine ungewöhnliche Beschreibung für eine Phase wirtschaftlicher Depression ist.

Verkümmerte wirtschaftliche Dynamik

Eine lange Phase stabileren, gemäßigten Wachstums hört sich nach einer guten Sache an: Wer möchte schon in einer Wirtschaft leben, die einer unsicheren Achterbahn gleicht? Aus diesem Grund kann das Dämpfen der kreativen zerstörerischen Tendenzen des Kapitalismus zumindest auf kurze Sicht wie eine gute Sache erscheinen. Die Jobs in den älteren, weniger profitablen Industrien verschwinden damit langsamer. Da der Verlust der Arbeit üblicherweise mit persönlicher Unsicherheit und manchmal großer Härte einhergeht, hat dessen Vermeidung einen unmittelbaren Vorteil für alle davon Betroffenen.

Marx und Schumpeter haben aber beide erkannt, dass der kreative Zerstörungsprozess ein immer wiederkehrendes Merkmal des industriellen Kapitalismus ist. Ohne ihn hätten wir alle nicht von den rasanten Sprüngen im Lebensstandard und auch nicht von der stetigen Zunahme des Beschäftigungsniveaus profitiert. Das liegt daran, dass neue Industriezweige und neue Unternehmen für bessere und sicherere Arbeitsplätzen sorgen, die verlorengegangene Arbeitsplätze ersetzen. Diese positive Dynamik der Konjunkturzyklen hat sich in unserer Zombiewirtschaft verflüchtigt.

Die Schattenseite der Großen Moderation war der Niedergang der wirtschaftlichen Dynamik. Diese „Lange Depression" war weder so zerstörerisch noch so turbulent wie ihre Vorgänger, die Weltwirtschaftskrise und die anschließende „Große Depression" in den 1930er-Jahren. Die schwächeren Rezessionen der frühen 1990er- und der 2000er-Jahre haben das veranschaulicht. Der langfristige Effekt dieses weniger volatilen Kapitalismus ist eine statischere Wirtschaft. Weniger zerstörerische Rezessionen hatten auch weniger Reinigungswirkung. Die kreativen Aspekte der Konjunkturzyklen wurden genauso gedämpft wie die zerstörerischen.

Ein weniger zerstörerischer Kapitalismus mag auf den ersten Blick wünschenswert erscheinen. Er geht aber mit einer weniger beweglichen Wirtschaft einher, die angemessene Produktivität und gut bezahlte Stellen nicht in ausreichendem Maß produzieren kann. Auch wenn es für betroffene Arbeitnehmer eine gute Botschaft sein mag, wenn alte Unternehmen mit finanzieller Unterstützung aufgepäppelt werden, hat dies oft nur aufschiebende Wirkung. Wenn es schließlich doch zu Entlassungen oder Schließungen kommt, ist es oft so, dass die Beschäftigten schon bis dahin schlechtere Bezahlung und unsichere Arbeit akzeptieren mussten.

Im Rückblick ist es leichter zu erkennen, dass die Große Moderation als Zeit bescheidenen Wachstums einfach nur eine Vorläuferin zur langen Stagnation bildete, die der Finanzkrise folgte. Die vorherige Abschwächung des traditionellen Wirtschaftszyklus war nicht das Zeichen eines wiederbelebten und erstarkten Kapitalismus, wie es in der These von der Großen Moderation angenommen wird. Ganz im Gegenteil hat die ausbleibende kreative Zerstörung auch das Potential für mehr Wirtschaftswachstum ausgehöhlt. Die Finanzkrise von 2008 hat gezeigt, dass die Bewältigungsmechanismen der vergangenen zwei Jahrzehnte einigermaßen erschöpft waren.

Niedrige Umsätze und Arbeitsplatzfluktuation

Wir sollten uns noch einmal vor Augen führen, dass eine verbesserte Produktivität sowohl auf ökonomischer Veränderung als auch auf technologischen Innovationen beruht. Sie entsteht nicht nur durch Veränderungen in Unternehmen, sondern auch, und das ist viel wichtiger, durch den Ressourcenstrom – Arbeit und Kapital – zwischen ihnen. Dass sich Ressourcen von Unternehmungen mit geringerer Wertschöpfung zu denen mit höherer Wertschöpfung bewegen, ist der wichtigste Mechanismus, durch den kreative Zerstörung die Produktivität vorantreibt. Das Nachlassen der kreativen Zerstörung bedeutet, dass die Unternehmen länger leben und weniger neue hinzukommen. Insbesondere das Tempo, mit dem neue Unternehmen gegründet werden, hat abgenommen.

In den USA sinkt seit den späten 1970ern die Rate der ausscheidenden und neu hinzukommenden Unternehmen, was sich drastisch im niedrigen Stand von Neugründungen zeigt. Die Firmeneintrittsrate, die das zahlenmäßige Verhältnis der weniger als ein Jahr alten Unternehmen zu allen

Unternehmen angibt, ist zwischen 1978 und 2011 um nahezu die Hälfte von 15 Prozent auf 8 Prozent gesunken.[10]

Großbritannien hat zwischen den frühen 1980ern und den Jahren vor der Finanzkrise ebenfalls einen Rückgang sowohl bei Unternehmensschließungen als auch bei Unternehmensgründungen erlebt. Die Unternehmensschließungen sind um ein Viertel gesunken, von 13 Prozent aktiver Unternehmen auf ungefähr 10 Prozent. Die Gründungen haben sich im selben Umfang von ungefähr 16 Prozent auf 12 Prozent verringert.[11]

Eine OECD-Analyse von Unternehmensgründungen und -schließungen in der westlichen Welt zeigt eine ähnliche Abnahme der Dynamik. Der Anteil der Start-ups an allen Unternehmen ist in den meisten Ländern konstant gesunken, und zwar sogar schon vor der Erschütterung durch die Finanzkrise.[12]

Dass weniger Firmen gegründet werden, während das Beschäftigungsniveau gleichzeitig hoch ist, bedeutet, dass mehr Menschen in alten Unternehmen arbeiten. So haben beispielsweise in den USA Unternehmen mit einem Alter von bis zu fünf Jahren 1982 ein Fünftel der Beschäftigen auf sich vereint, 2000 war es ein Siebtel und 2011 nur noch ein gutes Zehntel.[13] Durch Unternehmensverkleinerungen und

10 Ian Hathaway / Robert Litan: „Declining business dynamism in the United States: a look at states and metros", Economic Studies at Brookings, The Brookings Institution, Mai 2014.

11 Alina Barnett et al.: „The productivity puzzle: a firm-level investigation into employment behaviour and resource allocation over the crisis" in: Bank of England Working Paper 495, April 2014.

12 Chiara Criscuolo et al.: „The Dynamics of Employment Growth: New Evidence from 18 Countries" in: OECD Science, Technology and Industry Policy Paper 14, 2014, S. 30.

13 Steven Davis / John Haltiwanger: „Labor Market Fluidity and Economic Performance", revised paper presented at the Federal Reserve Bank of Kansas City's 2014 economic policy symposium at Jackson Hole, November 2014.

vor allem Unternehmensschließungen sind weniger Stellen verloren gegangen. Mehr Unternehmen mit geringer Wertschöpfung haben es also geschafft, sich zu halten, und zwar sogar unter den Bedingungen der Rezession.

All diese Entwicklungen verdeutlichen den Aufstieg einer Zombiewirtschaft: Es überleben schwächere Firmen, die früher hätten aufgeben müssen. Das sind allerdings nicht die Unternehmen, die gute Beschäftigung oder der Gesellschaft einen Mehrwert bieten, sondern vielmehr die, die den Rest der Wirtschaft blockieren.

Der Staat als Schutzherr der Zombiewirtschaft

Der moderne Staatsapparat hat immer versucht, zwei wirtschaftliche Funktionen auszupendeln: Wachstum fördern und Stabilität erhalten. In früheren Phasen des industriellen Kapitalismus galten Strategien, die das Wachstum stärken, auch als stabilitätsfördernd. Sie wurden entwickelt, um das tatsächliche Wachstum mit dem „Potenzialwachstum" in Übereinstimmung zu bringen und „Ausgeglichenheit" sicherzustellen.

Viele Strategien zur Wachstumsförderung waren aber mehr als das, vor allem seit dem Zweiten Weltkrieg. Sie hatten zum Ziel, das Wachstum der Ausbringungsmenge dadurch zu steigern, indem sie die Arbeitsproduktivität verbessern. Sollte sich dieses Antreiben der Produktivität vorübergehend als disruptiv oder destabilisierend herausstellen, dann wurde dies hingenommen. Diese Strategien für schnelleres Wachstum haben der Zukunft den Vorzug vor der Gegenwart gegeben. Das Ziel von Wachstum hat oft den Vorzug gegenüber kurzfristiger Stabilität genossen.

Stattdessen haben die staatlichen Institutionen seit dem Ende des Nachkriegsbooms und zunehmend seit den späten 1980ern den anderen Aspekt dieser Dualität bevorzugt: die Stabilisierung des Kapitalismus. Die Rückkehr wirtschaftlicher Krisen in den frühen 1970ern ging mit Versuchen seitens der Regierungen einher, die Auswirkungen der Konjunkturabschwächung abzumildern. Als die zugrundeliegende Schwäche anhielt, wurden Anstrengungen, der Krise entgegenzuwirken, durch solche zur aktiven Eindämmung mit dem Zweck der Stabilisierung der Wirtschaft ersetzt.

Dieser Hang zur Stabilität ging mit der Ausbreitung einer Kultur der Angst einher. Die Sorge um Sicherheit und Stabilität drückte niedrige gesellschaftliche Erwartungen aus. Wenn Veränderung so begriffen wird, dass sie die Dinge wahrscheinlich eher verschlechtert als verbessert, erscheint das Ziel erstrebenswert, alles zu lassen, wie es ist. Angesichts dieser Ängste wurde der Staat zum konservierenden Staat, der daran arbeitet, den aktuellen Zustand des Wirtschaftslebens zu erhalten und zu schützen.

Die staatlichen Institutionen in den meisten entwickelten Wirtschaften haben ein ähnliches Aufgebot an Mechanismen entwickelt, um Stabilität sicherzustellen. Diese Maßnahmen stützen sowohl die Wirtschaft im Allgemeinen als auch viele individuelle Unternehmen. Neben der lockeren Geldpolitik und der Verschuldungspolitik hat der Staat eine Reihe von anderen Maßnahmen angestoßen, die Unternehmen unterstützen sollen. Dazu gehören öffentlich-private Partnerschaften, regulatorische und andere Unterstützungsmaßnahmen für die privaten Unternehmen sowie die staatliche Auftragsvergabe.

Auch Gesetzesänderungen haben häufig das Überleben von Unternehmen begünstigt. So wird etwa die

Notwendigkeit reduziert, einen Insolvenzantrag zu stellen, weil es für eigentlich insolvente Unternehmen leichter ist, einfach weiterzumachen. Sogar dank staatlicher Maßnahmen, die eigentlich für andere Zwecke eingeführt worden waren, konnten Unternehmen schwierige Lagen überstehen. So werden zum Beispiel Beschäftigungsverhältnisse mit staatlichen Mitteln subventioniert, was die Lohnkosten reduziert. Der kombinierte Effekt dieser Regierungsaktivitäten hat eine Abhängigkeit der Unternehmen herbeigeführt, die sich auf die Wirtschaft so kräftezehrend auswirkt wie die ebenfalls von Regierungen geschaffene Abhängigkeit der Individuen vom Sozialstaat. Staat und Marktwirtschaft sind inzwischen so stark miteinander verwoben, dass es nicht möglich ist, sie zu entflechten.

Bei den staatlichen Stabilisierungsmaßnahmen handelt es sich freilich nicht um wohl überlegte Maßnahmen mit dem Ziel, die Zombiewirtschaft zu verankern. Aber genau das war ihre Wirkung. Regierungen versuchen größtenteils nur, die Wirtschaft zuverlässig am Weiterlaufen zu halten. Indem aber die Marktbereinigung im Wirtschaftskreislauf verhindert wird, stärken die Maßnahmen von Regierung und Zentralbanken nicht die Wirtschaft, sondern führen sie weiter in die Depression. Im Ergebnis hat dies die Zombiewirtschaft weiter vertieft.

Diese staatlichen Maßnahmen tauschen also die Möglichkeit auf angemessene, besser bezahlte Arbeitsplätze in der Zukunft mit den schlechter bezahlten, unsichereren Stellen von heute. Ein Übel – wachsende wirtschaftliche Unsicherheit und harte Arbeitsbedingungen inbegriffen, durchbrochen von regelmäßigen schweren Rezessionen – wird über eine anderes Übel gestellt: Das zweite Übel ergibt sich daraus, dass die Menschen wegen wirtschaftlicher

Umstrukturierungen eben diese Stellen verlieren. Dieses Übel bringt aber immerhin die Chance mit sich, neue und bessere Arbeit zu finden.

Wirtschaftliche Wiedergeburt

Kein Plan zur wirtschaftlichen Erneuerung kann bei so vielen Zombieunternehmen Bankrotte abwenden. Die staatliche Unterstützung muss grundsätzlich bessere Wege finden, die menschlichen Kosten abzumildern, indem Menschen in bessere Jobs geholfen wird. Während einer Übergangsphase sollte die Regierung Familien finanziell unterstützen. Sie sollte auch mit den neuen Arbeitgebern zusammenarbeiten, um die neuen Arbeitnehmer mit den Qualifikationen auszustatten, die erforderlich sein werden. Diese kollektiven Unterstützungsmaßnahmen zusammen können aber allein keine Lösung bieten. Was die Menschen brauchen, sind gute Jobs in neuen Dienstleistungs- und Industriebereichen.

Wer eine eingedämmte Depression toleriert, nimmt eine fortgesetzte wirtschaftliche Misere in Kauf. Damit akzeptiert man die Fortdauer eines Lebensstandards, der viel niedriger ist, als er angesichts unserer technologischen Möglichkeiten sein müsste. Während die Härten heute nicht abgeschafft werden, entstehen so gleichzeitig die Ursachen für unkontrollierte Störungen in der Zukunft. Wir haben die zerstörerischen Auswirkungen einer großen Finanzkrise bereits durchlebt. Eine Zombiewirtschaft ist also auf zweierlei Weise problematisch: Sie konserviert die kargen, wenngleich auch nicht katastrophalen Zustände, in denen viele heute leben, und lässt neue turbulente Krisenperioden in der Zukunft erwarten.

Der politische Fokus auf stabilisierende staatliche Interventionen war ein doppelter Schlag gegen die Wiederherstellung wirtschaftlichen Fortschritts. Die Maßnahmen des konservierenden Staats waren einigermaßen effektiv, wenn es darum ging, sich durch die Alltagsschwierigkeiten durchzuwursteln, die sich aus einem Produktivitätsrückgang ergeben. Solange die Gründe für den Rückgang aber nicht angegangen werden, gären diese und vertiefen sich. Die zugrundeliegenden Probleme verschwinden nicht davon, dass man ihnen aus dem Weg geht. Sie werden im Alltagsleben wieder auftauchen und zwar ziemlich wahrscheinlich in größeren Phasen von Turbulenzen und Notlagen.

Außerdem weicht der Staat der möglichen Rolle eines gemeinschaftlichen Akteurs aus, der gebraucht würde, um die wirtschaftliche Restrukturierung anzustoßen. Die objektiven Hindernisse für die Wiederherstellung der materiellen Grundlage für Wohlstand können vom „Markt" nicht überwunden werden. So etwas kann nur als gemeinschaftliche soziale Aktivität zustande kommen, das stückweise Agieren von Individuen wird sich dagegen schnell aufbrauchen. Die Kräfte des Marktes verfügen nicht über die Selbstheilungskräfte, die ihnen von der Ideologie des freien Marktes nachgesagt werden. Es braucht eine wie auch immer beschaffene gemeinschaftliche Institution, deren Aufgabe es ist, die Restrukturierung zu erleichtern, indem sie alten Teilen der Wirtschaft gestattet, zu verschwinden – oder dies sogar bestärkt –, während die Entwicklung von Neuem gefördert wird, das mehr Produktivität besitzt.

Stattdessen haben staatliche Institutionen unter der Leitung von dem Status quo verschriebenen Politikern seit mehreren Jahrzehnten eine konservierende Interventionspolitik betrieben, die eine Zombiewirtschaft am Leben hält.

Eine wirtschaftliche Wiedergeburt wird jedoch ohne eine Phase der kreativen ökonomischen Restrukturierung nicht auskommen. Die Voraussetzung dafür ist eine politische Erneuerung, die die Status-quo-Fixierung zurückweist und die Notwendigkeit erkennt, dass die Menschen die wirtschaftliche Veränderung selbst in die Hand nehmen.

AUTOREN